Soledad Biasatti
Gonzalo Compañy
(Compiladores)

MEMORIAS SUJETADAS
Hacia una lectura crítica y situada de los procesos de memorialización

Todos los derechos reservados. El contenido de esta obra está protegido por Ley. Queda totalmente prohibida cualquier forma de reproducción de la misma, sin consentimiento expreso del editor. Si necesita fotocopiar o escanear algún fragmento de esta obra diríjase al Editor www.jasarqueologia.es

Primera Edición, diciembre de 2014

© De la edición:
JAS Arqueología S.L.U.
Plaza de Mondariz, 6
28029 - Madrid
www.jasarqueologia.es
Editor: Jaime Almansa Sánchez

© Del texto:
Los Autores

© De las imágenes de cubierta:
Silvia Alucín y Andrés Gimeno

ISBN: 978-84-941030-6-3 (papel) / 978-84-941030-7-0 (electrónica)

Depósito Legal: M-34739-2014

Imprime: Service Point
www.servicepoint.es

Impreso y hecho en España - Printed and made in Spain

MEMORIAS SUJETADAS

Hacia una lectura crítica y situada de los procesos de memorialización

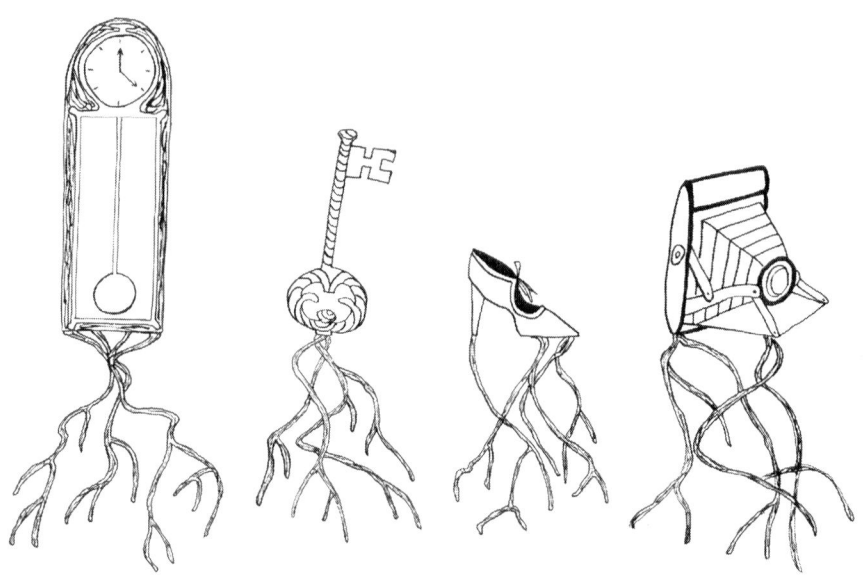

SOLEDAD BIASATTI
GONZALO COMPAÑY

(Compiladores)

ÍNDICE

Prólogo I. Un eterno minuto de sonido
por Soledad Galimberti (Argentina)   **1**

Prólogo II. ¿Cuánta memoria es necesaria para olvidar/recordar?
por Dante Ángelo (Bolivia)   **11**

Introducción
por Soledad Biasatti y Gonzalo Compañy (Argentina)   **21**

Capítulo 1. Pueblo de Indio Huasco Alto: lugar de memoria y fantasmas de la etnicidad
por Raúl Molina Otarola (Chile)   **35**

Capítulo 2. Materialidades, memoria y luchas simbólicas en la disyuntiva moderna
por Luis Gerardo Franco (Colombia)   **53**

Capítulo 3. Memoria histórica en la escuela: ejes para una pedagogía política con fuentes arqueológicas
por Jorge Rolland Calvo (España)   **75**

Capítulo 4. De "lugares de memoria" a "lugares de historia": la arqueología contemporánea ante el patrimonio de la guerra civil española y de la dictadura franquista
por Carlos Marín Suárez (España)   **109**

Capítulo 5. Escondidos en la ciudad: la invisibilidad material de los ex centros clandestinos de detención en la ciudad de Montevideo (Uruguay)
por Ayelen Montenegro Minuz (Uruguay) **145**

Capítulo 6. Materialidades que importan: visibilización y apropiación de los centros clandestinos de detención en Argentina. El caso del ex CCD Puesto Caminero de Pilar (Córdoba, Argentina)
por Marcos Román Gastaldi (Argentina) **167**

Capítulo 7. Los usos del espacio en el Museo de la Memoria: aportes críticos desde la experiencia de Voluntariado
por Cecilia Arias Morales y Alejandra Ferreyra (Argentina) **197**

Capítulo 8. Restos del asunto: Obstáculo, remoción y una alteridad alterada
por Gonzalo Compañy y Soledad Biasatti (Argentina) **219**

Epílogo. Desaparición y geografía. La memoria no se disuelve en el aire
por Marcelo Valko (Argentina) **249**

A Pablo Aroca y a los Biasattis.

*A Teres Zacharias, Jacques Cassina, Gabriela González,
Luciana Brugé y Nadia Gaffuri.*

Prólogo I
UN ETERNO MINUTO DE SONIDO

Por Soledad Galimberti[1]

Por muchos lugares pasaba la historia.
El antiguo Egipto ya nos condenaba.
Todos conspiraron para reprimirnos
y como las plagas vinieron las guerras.
Y el tiempo ha llorado detrás de estructuras,
pues nada se salva del orden perfecto.
Por eso no es raro que muchos no entiendan,
pues muchos supimos de los mismos rumbos.
Por eso no es raro que nadie domine
las riendas de todos sus mundos.
(...)
Por muchos lugares pasaba la historia.
El mundo era un vasto sembrado de huesos
y las hortalizas un día crecieron
nutridas del jugo vital de los cuerpos.
Y supe que escombros regados por tierra
pueden fecundarle el mañana a la entraña.

Silvio Rodríguez Dominguez[2]

Puesta en la tarea de reflexionar sobre los asuntos, pensamientos y motivaciones de este libro, puse en marcha un acto de escritura breve, un apasionado movimiento de creación de subjetividades que de pronto se volvió torbellino de digresiones infinitas. Si usase el listado de diez razones para escribir de Barthes[3] diría que este acto surgió en y desde el encanto, por el placer producido por la lectura de los textos que conforman el libro.

---

[1] Depto. de Antropología, Universidad Nacional de Córdoba. E-mail: ma_solgalimberti@yahoo.com.ar

[2] Fragmento de "Por muchos lugares pasaba la historia" (1968), del disco *Érase que se era* (2006). Estudios Ojalá, La Habana, Cuba.

[3] BARTHES, R. (2002) "Diez razones para escribir"; *Variaciones sobre la escritura,* Paidós, Buenos Aires, pp. 41-42.

La siguiente escritura no es transparente, tiene las marcas de mi subjetividad. Es el traslúcido producto de sensaciones y pensamientos dislocados provocados por los textos, es mi propia subjetividad dislocada por la lectura. Está dividida en dos secciones en un intento por establecer alguna trama discursiva para los lectores. Sin embargo, no señalan una secuencia 'lineal'. Más bien son dos partes discontinuas, intercambiables, sustituibles, incluso tal vez circulares.

La primera sección reúne las percepciones que me suscitaron los artículos en relación a cómo creo que deberíamos (necesitamos) los arqueólogos/antropólogos *hacer nuestra práctica* en los actuales contextos sociales, en una suerte de *devolución involucrada* con el mundo poscolonial, intercultural, contemporáneo que habitamos. De algún modo, intenta expresar mi acuerdo con los autores -acuerdo generacional, coetáneo, fraternal, afectivo- sobre que la Modernidad debe ser discutida, de que no debemos, para transitar nuestras disciplinas, despojarnos de los ropajes sociales e históricamente anclados que portamos como sujetos.

La segunda sección es un ejercicio de conjugación de experiencias, un punto de encuentro entre mis subjetividades y las de los autores de este libro. Es un intento por articular/combinar/reflejar las nociones, ideas y deseos derramados por los autores en este libro con mis propias percepciones, reflexiones y memorias. El apartado intenta ser una especie de *rebeldía discursiva*, procura mostrar aquello que la lectura del libro me despertó, lo que en mi interioridad se vio estimulado. No es una síntesis, es un movimiento *en reverso*: la sección no desarrolla cada texto, no detalla sus contenidos, no resume el libro ni anticipa claramente lo que vendrá. Por el contrario es consecuencia, secuela, desenlace de lo leído. La modesta intención que envuelve es que los lectores sientan curiosidad por hojear el libro, se aventuren a recorrerlo, a adentrarse entre sus páginas, que sientan el deseo de explorar(se) en el reconocimiento con el *otro*, que se vislumbren transitando/atravesando /surcando/ rompiendo la particularidad hasta convertirla en (con) fluencia. De allí que de alguna manera esa sección fue pensada como una provocación a narrarnos en y desde nuestras propias historias personales y colectivas.

I.

Desde la profundidad de las particularidades de cada autor, los artículos de este libro son una grata invitación a transitar el camino de la diferencia sin miedo y una eficaz incitación a desbaratar la idea de que la unicidad de criterios es la única forma posible para encontrarnos y dialogar.

Los autores -cada uno desde su *mismidad*- logran mostrar las tensiones que conlleva el proceso de hablar desde *uno mismo* pero con los *demás*, exteriorizando el arduo camino que representa emprender el proceso de transformación de individuos a sujetos con intencionalidad colectiva.

Los artículos presentados aquí son ejemplos concretos de cómo es posible activar, ampliar, reanudar los debates disciplinares; representan generosos esfuerzos en vistas a la creación de escenarios de elaboración conjunta que permitan llegar a un lugar común sin el abandono de *lo propio*. La superación de las polaridades y las incompatibilidades comienza en el reconocimiento de los *otros* como sujetos con potencial ilimitado, por el respeto por la diferencia, por la sensatez de la escucha. Este libro es una manifestación de esa búsqueda por el intercambio respetuoso de lo diferente, es un señalamiento de que es posible hablar de lo mismo desde lugares diferentes, de que se puede llegar a lugares distintos, desiguales, opuestos y diversos en armónica disonancia.

Resulta alentador que dentro de nuestras disciplinas sociales se den movimientos teóricos y metodológicos que apunten a un ejercicio firme, consciente y continuado de la *reflexividad* de los investigadores. Tales desplazamientos habilitan un también continuo proceso de (des)ajuste que nos va permitiendo desmontar colectivamente -al mirarnos a y entre nosotros- algunos supuestos disciplinares fuertemente arraigados, tales como pueden ser la *pura* materialidad del objeto, la cultura material indígena sólo como registro arqueológico y/o patrimonio, la arqueología como ciencia del pasado, la etnografía sólo como técnica, la antropología sólo como clasificatoria de sujetos, entre otras. Pero sobre todo nos permiten ir al encuentro de otros sujetos y sus propias reflexividades desde el encuentro con nosotros mismos. Nuestro *ser-investigador* precisa ser desmontado en el acto mismo de (re) conocimiento de nuestra igualdad en diferencia. Pensarnos/constituirnos como sujetos investigadores-históricos-políticos es nuestra propia devolución al mundo social que nos constituye.

Pensarnos parte del teatro de operaciones donde se desarrollan las reproducciones de las relaciones sociales que nos constituyen en investigadores, es dejar de creer en la independencia del sujeto frente al mundo y en la autonomía extrema (y el derecho exclusivo, privilegiado) de nuestras mediaciones/intromisiones. Abordar el mundo desde nosotros mismos -nosotros sujetos históricos anclados (inequívocos) y al mismo tiempo movilizados (alterables) por nuestras propias experiencias- nos permite recuperarnos desde *lo propio* y propiciar que los otros y nosotros -la sociedad- restablezcamos nuestros lugares en la historia.

Los artículos de este libro son un claro ejemplo de ese tipo de movimientos. Muestran el camino emprendido por los autores para "inquietar lo cotidiano" y buscar las marcas constitutivas de la diferencia. Las experiencias reflejan los pasos seguidos para cartografiar las opacas disyuntivas de la modernidad, palpar las invisibilizaciones de la historia, espejar los mecanismos de presentificación de las ausencias, realizar lecturas críticas y situadas sobre los procesos de memoralización, preguntarse por las rupturas o complejizar atentamente la relación entre memoria y materialidad.

Todos son una invitación a pensar a aquello que nos ha pasado desde otro lugar, una propuesta a pensar(nos) desde un lugar diferente al del objetivismo puro, ese *hacer del objeto* sin el sujeto. Los textos son una incitación a (re) inventarnos como sujetos-investigadores situados en estos convulsionados tiempos.

El libro entero es una propuesta a ponernos en marcha, a ejercitarnos en la tarea de posicionarnos desde la crítica que construya y sitúe nuestras investigaciones, con nosotros, en espacios y tiempos históricos: el movimiento abre posibilidades, interrumpe certezas, implica anhelos.

La inmovilidad ya no es sinónimo de seguridad, permanecer en viejos esquemas pospone futuras satisfacciones. Inseguros e inestables, podemos enriquecernos y marchar a futuros impensados. El proceso ya ha comenzado, detenernos ya no es posible.

II.

En el acto de escribir estas palabras experimenté por un momento los mecanismos del recuerdo y el olvido que la acción de narrar(nos) en retrospectiva, involucra. Pensar sobre el libro, recorrer las argumentaciones de los autores, intentar referenciar algo o enfrascarse en algún concepto implicó el acto de recordar (lo leído 'antes') y un intento de organización, una ordenación de las ideas que había logrado captar a lo largo de la lectura. Esas acciones me llevaron, antes que nada, a hacer consciente al menos dos cosas. Por un lado, que los sujetos podemos percibirnos rápidamente como seres históricos: en cada uno de nosotros hay un 'antes', un 'ahora' y un 'después', esa suerte de temporalidad vivencial del pasado-presente-futuro que está en nosotros mismos y que nos impide percibir nuestra existencia como una sucesión de compartimientos estancos (que más que disgregada parece más bien una temporalidad que nos atraviesa en conjunto). Por otro lado, que el orden se convierte en (o es) una ficción, una construcción imaginada que cambiará cada vez que intentemos emprenderla. Por lo tanto, y en virtud de esa suerte de *temporalización perpetua,* el orden jamás será uno solo y jamás tendrá un punto de inicio único.

En ese plano de cosas, los mecanismos del recuerdo y el olvido puestos en marcha, empantanaron mi definición de un 'punto cero' (de un inicio único para y en el proceso de recordar) y confundieron mi ordenación de las ideas, logrando que apenas pudiera esbozar una alegre algarabía de recuerdos. En virtud del recorrido por los capítulos de este libro, esto respaldaría la idea de que ninguna historia tendría un *único* comienzo ni que existiría un *orden correcto* de las cosas. Y también la noción de que la 'fidelidad' del recuerdo/olvido con el pasado no ocurre ni aún en las historias contadas por uno mismo. Narrarnos en nuestra propia historia -en vez de que otro lo haga por nosotros- no escapa a la selección, a la supresión o ponderación de recuerdos. Los hechos recordados se entretejen con los afectos, los deseos y las expectativas, en una amalgama de pasado/presente/futuro que nos constituye. Nuestras subjetividades son personales y colectivas, sociales e históricas y no nos abandonan nunca; el recuerdo y el olvido se conjugan y la repetición, las fantasías y las verdades, se instalan.

Haciendo parte de este proceso de *tensión de la situación* que proponen los editores de este libro, en un movimiento de *expresión de lo propio* junto a *otros* escogí el sendero ondulante de componer una breve narración que reconstruya mi lectura, recomponga mi relación con los textos de este libro y reanude el encuentro de subjetividades y temporalidades en ella suscitada.

El relato que sigue es la historia narrada de mi encuentro con los textos y autores de este libro. Es mi memoria expuesta, la enunciación/omisión sobre lo que creo que, en este instante de lectura y escritura, el libro despertó en mí; es el *conjuro escritural* urdido en el entramado de relaciones que me constituyen. Hace parte de mis múltiples dimensiones temporales y espaciales, del juego relacional a partir de y con diversos objetos, es la conjunción compatible de vínculos afectivos, generacionales, disonantes. En sí mismo es un aspecto entre los miles contenidos en un instante, en este *instante escritural* elegí este inicio de la historia y este orden de cosas. Ni uno ni otros son sólo míos.

Un día de mayo, en el silencio de la siesta, enredada entre las palabras de este libro, empecé a transitar por geografías disímiles y conocidas, por situaciones sabidas, por escenarios compartidos y por heterogéneas similitudes. Con cada página iba adentrándome en las particularidades profundas de cada autor, iba encontrándome con la propia y compartida incomodidad con la lógica hegemónica de Occidente, iba asimilando las tozudas presencias del sur del mundo y aprendiendo de su obstinación. Me iba re-conociendo en el relato, iba encontrándome con otros sujetos tan históricos y sociales como yo, entrelazaba historias propias y ajenas con el mundo que habito.

Pero de pronto la lectura y el silencio se alborotaron y mi atención cambió el foco. No necesité ver el reloj, sabía que eran las 14.45hs. La sirena del taller del ferrocarril de mi barrio estaba sonando con su habitual intensidad. Y entonces me di cuenta de que no se había producido en mí un cambio de foco, sino más bien una (dis)locación. Las apreciaciones y preocupaciones de este libro hicieron sentido de repente.

El eterno minuto de sonido, estrepitoso, cotidiano, me provocó una reflexión oportuna: la evocación puede empujarse por muchas razones, con varios dispositivos, pero la mayoría de las veces necesita de alguna materialidad para anclarse. En ese instante, el sonido de la sirena me empujó a la infancia, la memoria y el olvido se activaron bruscamente motivados por el ruido: mis padres, mis abuelos, mi barrio, los antiguos vecinos, yo de niña, todos en histórico encuentro, comenzamos a andar en mi memoria gracias al encantamiento del sonido. Recuerdos personales, anécdotas barriales, historias locales y nacionales se entrelazaron. Pero casi automáticamente, empecé a buscar anclajes materiales y en el acto, a llenarlos de vida. El barrio se convirtió en un sinnúmero de espacios y lugares y mi memoria se vio actualizada, al tiempo que la 'historia' me atravesó íntegramente. La memoria del barrio y la mía se conectaron, el presente, el pasado y el futuro se hicieron uno solo. ¿Adónde fui a parar tras ese empellón sonoro?

El sonido que surca el barrio donde vivo es el mismo o se le parece mucho al sonido que emitían las sirenas que anunciaban los bombardeos (el desconcierto, el inminente peligro) en las ciudades europeas durante la segunda guerra mundial. La sirena aquí no anuncia eso, no trae ese recuerdo al menos para quienes no vivimos eso. Pero sí trae cosas a la memoria, al cuerpo.

Por ejemplo, ese día me recordó una conversación que tuve con mi madre cuando tenía unos 11 años. Al mismo tiempo, me recordó cuánto trabajaban mis padres y que siempre esperábamos que al año siguiente la economía fuera más estable. En aquella conversación, ante mi pregunta sobre el por qué de la sirena, mi mamá me contó que sonaba desde siempre, que cuando ella llegó al barrio en el año 1949 ya sonaba. Que la sirena fue concebida para marcar el ingreso de los turnos de los operarios del Taller del Ferrocarril y que cuando mi mamá era pequeña sonaba seis veces al día, los cinco días de la semana.

Hoy la sirena sólo suena cuatro veces al día, pero sigue sonando. Ha sonado ininterrumpidamente en los últimos setenta y pico de años. Primero me llevó a preguntarme: ¿Cuántos perros, parientes tal vez de los perros de hoy, habrán ladrado en loca sintonía? ¿Cuántas añoranzas habrá despertado? ¿Cuántos pensamientos, o tristezas o satisfacciones? Esos tres minutos de sonido al día han hecho parte de la memoria de los vecinos. Luego reparé en algo: el sonido de la sirena además de recordarme situaciones personales o barriales, me lleva siempre a un lugar, al edificio del Taller del Ferrocarril. Ese lugar aglutina significados e historias, hace sentido en mí y en las redes de sentido de mi barrio y con su presencia interpela incesantemente al pasado-presente local, es un lugar que está muy lejos de ser *pura materialidad*, aún cuando ésta propaga una innegable presencia en su grandiosidad constructiva.

El Taller es una construcción de paredes altas, firmes, con techos de chapa, con interminables ventanas. De aspecto imponente, parece indestructible. Su fachada está limitada por un muro bajo que soporta vigorosas rejas de hierro forjado. Detrás de las rejas hay una parquización extensa de árboles variados. Uno de ellos, en realidad su tronco, es un colosal aguaribay añoso, casi inmemorial. En la puerta de entrada hay un cartel de hierro donde se lee: Conmemoración del Centenario del Ferrocarril 1850 – 1950. El contorno, la cara izquierda de la construcción, está formada por altísimas paredes sin ventanas y con un alto portón de chapa, cerrado, mudo. La sirena suena a las 6 de la mañana, a las 10, 10.30 y a las 14.45. De tanto en tanto se ve algún que otro empleado que anda por el predio y todos los días, la jauría de perros que vive en las dependencias arma algún que otro lío perruno a causa de una siempre presente perra en celo. Las veredas siempre están llenas de gente por las paradas del transporte público, el emplazamiento contiguo del club deportivo del barrio y la cercanía de un mercado de grandes superficies que se ubica en los terrenos de antigua propiedad estatal circundantes. El tráfico vehicular es constante, nunca reina el silencio, no hay mucho tiempo en soledad.

La historiografía cordobesa, con el libro de Efraín U. Bischoff 'Historia de los barrios de Córdoba' (1986) a la cabeza, pondera que el Taller del Ferrocarril de la ciudad de Córdoba fue fundado en 1904 con el objetivo de desarrollar y construir las locomotoras que utilizaban las formaciones de trenes de la Argentina. Su fundación está inscripta en el desarrollo de una 'ciudad pujante' que se vio acelerada cuando en los terrenos contiguos los obreros ferroviarios se fueron instalando. El loteo de tierras que pertenecían a dos extranjeros, empezó con precios muy bajos, acordes a los magros salarios de los empleados de la fábrica y a los sueños de los dueños de hacer negocios rápidos. Dos barrios se formaron a su lado: Barrio Firpo (hoy General Bustos y Talleres Este) y el Barrio Inglés (hoy Barrio Pueyrredón). Desde los sectores políticos y sociales Córdoba fue proyectada –según reza la bibliografía histórica- como gran partícipe del sueño nacional del progreso, los sueños de prosperidad de los trabajadores y sus familias se conjugaron con los de la próspera nación. El Taller vio nacer al Atlético Talleres Central (hoy Club Atlético Talleres) en 1913, las primeras locomotoras a vapor en 1943 y los coches de aluminio para trenes: Córdoba sigue participando del crecimiento nacional. La nacionalización total de los trenes trae la fundación, en la década de los '50, de la empresa FORJA Argentina donde se manufacturan llantas y ejes para formaciones ferroviarias para exportar a toda América Latina. El edificio del Taller del Ferrocarril se triplica. La historia cordobesa sigue, sin embargo la historiografía calla.

Estos datos, informaciones, acontecimientos, son el pasado local representado por la historiografía oficial. Son los elementos objetivados, ordenados, organizados sistemáticamente en un discurso confeccionado para la domesticación de lo social. Son sentidos hegemónicos fijados, inmóvilmente adheridos a una historia de la ciudad, unívoca, lineal, acabada. Son revelación del borramiento de algunos sujetos, la ponderación de otros. El silencio, el olvido y recuerdo de algunos sectores, son historia (des) enganchada.

En un intento por poner en duda la homogeneidad de esos relatos preparados para ser impecables, intentando una interconexión entre materialidades, temporalidades, memorias personales, sociales, culturales donde mi subjetividad no sea borrada, pienso: ¿cuánto de ésto hay en mí?, ¿cuáles son esas cosas que creo no están en esa historia oficializada? Con ella, ¿qué silencios se instalan?, ¿qué invisibles se definen?, ¿dónde están ubicados?

Y en ese orden de preguntas, persisto: ¿la Historia tiene un principio?, ¿es sólo uno?, ¿es la Historia realmente una sola? ¿No será acaso que hay multiplicidad de inicios, soportes, trayectos, finales, multiplicidad de historias? Y si intentamos narrar(nos), ¿de qué modo nos relacionamos con las materialidades que contienen a nuestras subjetividades, ¿qué memorias se activan y se desactivan en esa relación?, ¿qué narrativas, sentidos, emotividades y formas de estar en el mundo? Y en ese proceso, ¿cuándo y cómo esas materialidades se vuelven rupturantes del lugar histórico de nosotros, los sujetos presentes?, ¿cómo y de qué manera nos constituyen las relaciones con el mundo que habitamos?, ¿mediante qué procesos son colonizadas, dominadas, las relaciones antagónicas que plantea la modernidad colonial que nos constituye y nos violenta?

Al Taller del Ferrocarril lo veo todos los días, lo recorro, lo he vivido toda mi vida. Ese edificio es materialidad de mis cotidianidades. Está allí, parece imperturbable a pesar del paso del tiempo, pero no está muerto. Es parte de mí, contiene mi vida, alberga mi infancia, las historias que me relataban mis padres. Evoca el recuerdo de mi papá, invocando el dolor de haberlo perdido y al mismo instante animándome a seguir amando los trenes como él lo hacía. La monumental construcción me hace enfurecer cuando pienso en las privatizaciones de las empresas del Estado, en la venta de los ramales ferroviarios a los ingleses por peniques en 1880, en los 45 mil trabajadores ferroviarios cesanteados en los años '60, en los otros tantos que quedaron sin trabajo cuando cerró FORJA en los años '90 y en cuántos prósperos lugares se volvieron 'pueblos fantasma' con el paso del último tren en esa misma década. Su presencia me horroriza con los más de 80 ferroviarios desaparecidos en la última dictadura cívico-militar, de muchos de los cuales ni siquiera se posee referencia de haber pasado por centros clandestinos de detención, me hace estremecer y resistir el embate de los desaparecidos de mi barrio. Me recuerda el desmantelamiento de los talleres, la venta de las máquinas, de los terrenos fiscales por migajas al Walmart, la conversión del edificio principal de FORJA Argentina en Forja Centro de Eventos. Pero al instante me tranquiliza, me emociona, me hace pensarme en el domingo en que, en un paseo por la ciclovía, mi bicicleta (la misma de mi infancia) se puso a la par de la formación de un tren guiado por una locomotora pintada de celeste y blanco. Me enorgullece ver que es la Alco 6768, esa máquina que fue reparada, devuelta, restaurada en este barrio, en este Taller. Me estremezco con el compartir el momento de mirar el tren con unos padres mostrando a sus hijitos la máquina y los vagones, el tren que nunca vieron porque nacieron sin trenes. Me conmueve sentir que están haciendo lo mismo que mi papá hacía conmigo. Recuerdos mezclados. Mi papá, yo, los trenes. El fin de los trenes, la creación en agosto de 2013 de Belgrano Cargas y Logística SA (BCYLSA), el sueño de un país diferente.

En este ejercicio de (re)conocerme con el Taller, de explorar su historia y la mía, de aventurarme en lo que no conozco, hablo conmigo, con el Taller, con su edificio. Hablo con mis padres, con los afectos, los dolores, las alegrías. Convierto experiencia propia en experiencia histórica. Haciendo parte de mi ciudad, de los recuerdos, de las historias, esa materialidad ya no se presenta vacía, el Taller no está solo, está allí con multiplicidad de sentidos. Ya no es materialidad inerte, ahora es materialidad que me incomoda, me duele, me alivia y me anima. No es vacío, inmutabilidad, cosa distanciada. Con esto el Taller ya es parte de mí y yo de él. Ya no estamos en una simple relación, nos desplazamos. Juntos, hemos creado memoria.

Prólogo II
¿CUÁNTA MEMORIA ES NECESARIA PARA OLVIDAR / RECORDAR?

por Dante Ángelo[4]

El momento de escribir este prólogo me encuentra situado entre varios eventos que tienen que ver con el proceso continuo de creación y producción de memoria. Algunos de estos eventos están relacionados con esos ciclos telúricos infinitos que, cuando tienen lugar y nos sacuden, logran despabilarnos de esa idea de estabilidad y modorra, obligándonos a salir del anacronismo en el que a veces nos sumergimos. Otros, de alguna forma más personales e íntimos, nos remiten a pensar en la sensación de una abrupta interrupción del tiempo producida por la muerte y la súbita activación de recuerdos que eso conlleva, conduciendo a la reconstitución de la vida y el movimiento mediante la memoria. Esta reconstitución, sin embargo, no deja de ser problemática, ya que implica una economía de aquello que se recuerda y aquello que se olvida; esta selección permea aquello que continuamente valoramos para remarcar nuestra conceptualización ideal de la vida en relación a aquello que dejamos de lado y queda proscrito en recónditos rincones de la memoria. La tensión que se genera en relación a esta economía constituye el centro de atención del texto que me toca prologar.

Gabriel García Márquez, ese celebrado y gran narrador de la realidad mágica latinoamericana que falleció mientras yo intentaba balbucear algunas palabras para este texto, escribió en *Cien Años de Soledad* –su obra quizás más conocida (y recordada)– acerca de una temible enfermedad que había flagelado y destruido reinos milenarios: el insomnio. Lo terrible de la enfermedad del insomnio, nos dice:

> "no era la imposibilidad de dormir, pues el cuerpo no sentía cansancio alguno, sino su inexorable evolución hacia una manifestación más crítica: el olvido […] cuando el enfermo se

---
4 Universidad de Tarapacá, Chile. E-mail: dangeloz@gmail.com

acostumbraba a su estado de vigilia, empezaban a borrarse de su memoria los recuerdos de la infancia, luego el nombre y la noción de las cosas, y por último la identidad de las personas y aún la conciencia del propio ser, hasta hundirse en una especie de idiotez sin pasado."[5]

En la prosa que caracterizó su obra, García Márquez continúa su relato revelando una escalofriante distopia producida por un mundo en el que la memoria es desplazada a un punto tan contundente que ningún tipo de esfuerzos puede salvarnos. Ante un inevitable proceso de olvido, nos dice, los habitantes de Macondo recurrieron a técnicas mnemotéticas, primero confiando en la perpetuidad de la escritura, hasta sucumbir en la mistificación de una realidad imaginaria "que les resultaba menos práctica pero más reconfortante". Al principio, se empezó marcando cada objeto cuyos nombres la gente de Macondo iba olvidando –mesa, silla, pared, cama, cacerola– para luego marcar su utilidad:

> "El letrero que colgó en la cerviz de la vaca era una muestra ejemplar de la forma en que los habitantes de Macondo estaban dispuestos a luchar contra el olvido: Ésta es la vaca, hay que ordeñarla todas las mañanas para que produzca leche y a la leche hay que hervirla para mezclarla con el café y hacer café con leche [esto les dio un respiro y] así continuaron viviendo en una realidad escurridiza, momentáneamente capturada por las palabras, pero que había de fugarse sin remedio cuando olvidaran los valores de la letra escrita."[6]

El siguiente paso de la gente, nos dice, fue recurrir a la lectura de cartas en las que en vez de leer el futuro, se leía (o recordaba) el pasado:

> "Mediante ese recurso, los insomnes empezaron a vivir en un mundo construido por las alternativas inciertas de los naipes, donde el padre se recordaba apenas como el hombre moreno que había llegado a principios de abril y la madre se recordaba apenas como la mujer trigueña que usaba un anillo de oro en

---

5 GARCÍA MÁRQUEZ, G. (2012 [1969]) *Cien Años de Soledad*; Penguin Random House Grupo Editorial, Madrid, p.20.
6 Ibíd. p.22

la mano izquierda, y donde una fecha de nacimiento quedaba reducida al último martes en que cantó la alondra en el laurel."[7]

El realismo mágico de García Marquez resuena con lo que Frances Yates denominó "especulaciones cosmológicas", en sus estudios sobre el arte de la memoria durante el Renacimiento; estas especulaciones eran una forma de expresión contracultural que recurría a la alquimia, la astrología, y la magia –aquellos temas proscritos por la ciencia– como técnicas mnemónicas[8]. Adicionalmente, su aproximación a esta realidad fantástica nos ofrece una serie de elementos que nos invitan a reflexionar sobre uno de los temas que recientemente ha permeado la arqueología. Quizás algunas de ellas tengan que ver con esa conexión ineludible que tenemos con nuestro mundo material, que comúnmente es olvidado y dejado de lado[9]; el otro elemento evidentemente útil para este prólogo es precisamente el referido a nuestra fragilidad, incluso cuando contamos con la asistencia de las letras, ante el olvido.

Pocas semanas antes del deceso de García Márquez, como parte de aquellos anuncios de las catástrofes apocalípticas que en algún momento involucraron incluso lecturas oficiosas del calendario Maya, un movimiento telúrico de intensidad considerable disturbó la cotidianidad de un sector de las costas del Pacífico sur. Más allá de los daños y pérdidas provocadas en algunas ciudades costeras, la intensidad de impacto dejó su impronta en la memoria de la gente, similar a aquellas reportadas en los registros históricos de inicios de la colonia en las Américas. En algunos de estos textos es posible ver cómo la memoria de aquellos pueblos se hilvanaba en un proceso de construcción de una historia y el entendimiento del orden de las cosas y el cambio de los tiempos[10] por parte de estas sociedades. Así, la memoria, tradicionalmente concebida como historia oral en la antropología andina, está

---

7 Ibíd.

8 HUTTON, P. H. (1993) *History as an art of memory*; University of Vermont, University Press of New England, Burlington-Hanover.

9 OLSEN, B. (2007) "Keeping Things at Arm's Length. A Genealogy of Asymmetry"; *World Archaeology* 39(4), pp.579-588.

10 cf. ALLEN, C. J. (1998) "When utensils revolt: mind, matter, and modes of being in the pre-Columbian Andes"; *RES: Anthropology and Aesthetics* 33, pp.18-27. / URBANO, H. (2002) *Utopía, mesianismo y milenarismo: experiencias latinoamericanas*; Universidad San Martín de Porres, Escuela Profesional de Turismo y Hotelería, Cuzco. / URTON, G.. (2003) *Mitos incas*; Ediciones Akal, Madrid.

sedimentada en eventos cataclísmicos como erupciones volcánicas[11] y otros desastres naturales, algunos de los cuales fueron evidenciados en el registro arqueológico.

En arqueología el tema ha sido abordado en relación a aspectos conductuales más vinculados a lo ritual[12] y otros a la práctica social[13] en los que prevalece la conceptualización de memoria social que enfatiza los aspectos sociales de su construcción. Los temas de memoria con los que de a poco nos hemos ido habituando más, sin embargo, se sitúan usualmente en aquel nicho de la disciplina que recientemente se reconoce como arqueología del pasado contemporáneo[14]. Como lo muestran las contribuciones de este volumen, entre algunos de los temas que este tipo de arqueología aborda están aquellos relacionados a contextos de conflicto y represión[15]. Esto último provee de una dosis alta de elementos políticos y éticos que son incorporados como parte del debate. Finalmente, otro aspecto encomiable del trabajo de Biasatti y Compañy en su compilación de escritos es que, tomando casos de Hispanoamérica y España, releva algunas de las características más representativas de la colonialidad en nuestras sociedades. Las contribuciones provenientes de diferentes contextos de Latinoamérica nos muestran –o recuerdan, quizás es el término más apropiado– que nuestras sociedades todavía comparten, en su esencia más íntima, la necesidad de un proceso de-colonizador que puede ser observado al otro lado del Atlántico.

Así, el aporte que me gustaría resaltar en este texto, además de aquellos mencionados, es el de mostrar cómo la memoria se entreteje en la actualidad, evocando el pasado y difuminando las fronteras disciplinares para el

---

11 BOUYSSE-CASSAGNE, T. (1988) *Lluvias y cenizas: Dos pachacuti en la historia (Biblioteca andina)*; HISBOL, La Paz.

12 VAN DYKE, R. M. & ALCOCK, S.E. (Eds.) (2003) *Archaeologies of Memory: An Introduction*: Blackwell, Malden.

13 HODDER, Ian & C. CESSFORD, (2003) "Daily Practice and Social Memory at Çatalhöyük"; en I. HODDER (Ed.) *Archaeology Beyond Dialogue*; University of Utah Press, Utah, pp.131-153.

14 BUCHLI, V., & LUCAS, G. (Eds.) (2001) *Archaeologies of the Contemporary Past*; Routledge, London.

15 CROSSLAND, Z. (2002) "Violent Spaces. Conflict Over the Reappearence of Argentina's Disappeared"; en J. SCHOFIELD, W. G. JOHNSON & C. BECK (Eds.) *Material Culture. The Archaeology of the Twentieth Century Conflict*; Routledge, London, pp.115-131. / FUNARI, P.P. y A. ZARANKIN (2006) *Arqueología de la represión y la resistencia en América Latina (1960-1980)*; Editorial Brujas, Córdoba.

investigador interesado en seguirla. La memoria salta, de un lugar a otro, desde y entre diferentes espacios y espacios-tiempo, realizando conexiones y entrelazamientos no menos problemáticos que ese olvido al cual generalmente busca desafiar. En la actualidad, expresado como parte de un discurso milenarista, este cambio de los tiempos, este Pachacuti, no es solamente un elemento de memoria que adquiere dimensiones político-identitarias[16], esa especie de anclajes identitarios de los que Molina Otorola (capítulo 1) nos habla en este volumen, sino también algo que revela dimensiones ontológicas[17]. La relación e importancia entre memoria colectiva e historia, entendida como tradición, es también funcional al establecimiento de un orden ante el constante acecho del caos. Siguiendo a Marx, Lukács planteó que la pérdida de memoria en las personas involucradas en la producción de bienes de consumo conduce a la alienación de los procesos de producción en el capitalismo. Así, no es casual que muchos de los estudios de memoria hayan estado obstinados en confrontar la producción de un discurso hegemónico excluyente.

Hablar de memoria es, por tanto, hablar de la relación entre presente y pasado, es observar cómo el uno y el otro están intrínsecamente involucrados dentro de aquello que definimos como tiempo[18]. Hablar de memoria es también referirse a aquella ilusión que marca nuestro entendimiento del tiempo que Deleuze denunció; de esa sensación ilusoria creada por la composición lineal y sucesiva de eventos, donde el pasado se transforma en tal *si y sólo si* fue presente en algún momento. Hablar de memoria es desafiar esa imagen metafórica de la historia como una cinta de cine que transforma cada cuadro de la película en pasado al momento de pasar –y ser dejado atrás– por nuestra lente histórica[19]. En arqueología, la materialidad de las cosas nos regala la posibilidad de proyectar una sospecha sobre esa ilusión y de repensar el tiempo, ese factor que alimenta y define nuestras preocupaciones.

---

16 BENAVIDES, H. (2005) "Los Ritos de la Autenticidad: Indígenas, Pasado y el Estado Ecuatoriano"; *Arqueología Suramericana* 1(1), pp.5-48. / TICONA ALEJO, E. (Ed.) (2011) *Bolivia en el inicio del Pachakuti: La larga lucha anticolonial de los pueblos aimara y quechua*; Ediciones Akal, Madrid.

17 ALLEN, C. J. (1998) "When utensils revolt: mind, matter, and modes of being in the pre-Columbian Andes"; *RES: Anthropology and Aesthetics* 33, pp.18-27. / ANGELO, D. (2014) "Assembling ritual, the burden of the everyday: an exercise in relational ontology in Quebrada de Humahuaca, Argentina"; *World Archaeology* 46(2), pp.270-287.

18 BERGSON, H. (2012) *The Creative Mind: An Introduction to Metaphysics*; Dover Publications, New York.

19 DELEUZE, G. (1988) *Bergsonism*; MIT Press, Cambridge.

Una arqueología de la materialidad y la memoria, en ese sentido, carga el potencial de incorporar (de nuevo), o reintroducir aquellos aspectos menos importantes, aquello que Deetz describió apropiadamente como las pequeñas cosas olvidadas, y realizar un escrutinio de la conciencia y el ser. Si aceptamos que las cosas (ese mundo material con el que interactuamos constantemente), lejos de ser reflejo pasivo de nuestros actos generan un impacto significativo en la producción de nuestra realidad social, aún a expensas de su alienación, es más fácil concebir el rol militante de lo material como aquello que posibilita la transformación de lo posible a lo real. Este potencial emancipatorio que desafía el discurso hegemónico excluyente de una historia de vencedores está depositado en la materialidad que estudiamos como arqueólogos. Ésta es la conceptualización de la memoria propuesta por Giorgio Agamben[20], que abre espacios para el retorno de algo que no necesariamente fue real sino de lo que podría haber sido. De esta forma, la materialidad presenta ante nosotros retazos de esas realidades truncas (y más justas) que la memoria clama. A tiempo de congratular a los editores y contribuyentes de este volumen, invito al lector a un viaje de memoria.

Referencias

AGAMBEN, Giorgio (2002) "Difference and Repetition: on Guy Debord's Films"; en T. McDONOUGH (Ed.) *Guy Debord and the Situationist International*; MIT Press, Cambridge, pp. 313-319.

ALLEN, Catherine J. (1998) "When utensils revolt: mind, matter, and modes of being in the pre-Columbian Andes"; *RES: Anthropology and Aesthetics* 33, pp.18-27.

ANGELO, Dante (2014) "Assembling ritual, the burden of the everyday: an exercise in relational ontology in Quebrada de Humahuaca, Argentina"; *World Archaeology* 46(2), pp.270-287.

BENAVIDES, Hugo (2005) "Los Ritos de la Autenticidad: Indígenas, Pasado y el Estado Ecuatoriano"; *Arqueología Suramericana* 1(1), pp.5-48.

---

20 AGAMBEN, G. (2002) "Difference and Repetition: on Guy Debord's Films"; en T. McDONOUGH (Ed.) *Guy Debord and the Situationist International*; MIT Press, Cambridge, pp.313-319.

BERGSON, Henri L. (2012) *The Creative Mind: An Introduction to Metaphysics*; Dover Publications, New York.

BOUYSSE-CASSAGNE, Thérèse (1988) *Lluvias y cenizas: Dos pachacuti en la historia (Biblioteca andina)*; HISBOL, La Paz.

BUCHLI, Victor, & Gavin LUCAS (Eds.) (2001) *Archaeologies of the Contemporary Past*; Routledge, London.

CROSSLAND, Zoe (2002) "Violent Spaces. Conflict Over the Reappearence of Argentina's Disappeared"; en J. SCHOFIELD, W. G. JOHNSON & C. BECK (Eds.) *Material Culture. The Archaeology of the Twentieth Century Conflict*; Routledge, London, pp.115-131.

DELEUZE, Gilles (1988) *Bergsonism*; MIT Press, Cambridge.

FUNARI, Pedro Paulo, y Andrés ZARANKIN (2006) *Arqueología de la represión y la resistencia en América Latina (1960-1980)*; Editorial Brujas, Córdoba.

GARCÍA MÁRQUEZ, Gabriel (2012 [1969]) *Cien Años de Soledad*; Penguin Random House Grupo Editorial, Madrid.

HODDER, Ian & Craig CESSFORD (2003) "Daily Practice and Social Memory at Çatalhöyük"; en I. HODDER (Ed.) *Archaeology Beyond Dialogue*; Utah, University of Utah Press, pp.131-153.

HUTTON, Patrick H. (1993) *History as an art of memory*; University of Vermont, University Press of New England, Burlington-Hanover.

OLSEN, Bjørnar (2007) "Keeping Things at Arm's Length. A Genealogy of Asymmetry"; *World Archaeology* 39(4), pp.579-588.

TICONA ALEJO, Esteban (Ed.) (2011) *Bolivia en el inicio del Pachakuti: La larga lucha anticolonial de los pueblos aimara y quechua*; Ediciones Akal, Madrid.

URBANO, Henrique (2002) *Utopía, mesianismo y milenarismo: experiencias latinoamericanas*; Universidad San Martín de Porres, Escuela Profesional de Turismo y Hotelería, Cuzco.

URTON, Gary (2003) *Mitos incas*; Ediciones Akal, Madrid.

VAN DYKE, R. M. & S.E. ALCOCK, (Eds.) (2003) *Archaeologies of Memory: An Introduction*: Blackwell, Malden.

"La lengua determinó en forma inequívoca que la memoria no es un instrumento para la exploración del pasado, sino solamente el medio. Así como la tierra es el medio en el que yacen enterradas las viejas ciudades, la memoria es el medio de lo vivido. Quien intenta acercarse a su propio pasado sepultado tiene que comportarse como un hombre que excava. Ante todo, no debe temer volver una y otra vez a la misma circunstancia, esparcirla como se esparce la tierra, revolverla como se revuelve la tierra. Porque las "circunstancias" no son más que capas que sólo después de una investigación minuciosa dan a luz aquello que hace que la excavación valga la pena, es decir, las imágenes que, arrancadas de todos sus contextos anteriores, aparecen como objetos de valor en los aposentos sobrios de nuestra comprensión tardía, como torsos en la galería del coleccionista. Sin lugar a dudas es útil usar planos en las excavaciones. Pero también es indispensable la incursión de la azada, cautelosa y a tientas, en la tierra oscura. Quien sólo haga el inventario de sus hallazgos sin poder señalar en qué lugar del suelo actual conserva sus recuerdos, se perderá lo mejor. Por eso los auténticos recuerdos no deberán exponerse en forma de relato sino señalando con exactitud el lugar en el que el investigador logró atraparlos. Épico y rapsódico en sentido estricto, el recuerdo verdadero deberá proporcionar, por lo tanto, al mismo tiempo una imagen de quien recuerda, así como un buen informe arqueológico debe indicar no sólo de qué capa provienen los hallazgos sino, ante todo, qué capas hubo que atravesar para encontrarlos."

Walter Benjamin, *Desenterrar y recordar* (1932)

Introducción

por Soledad Biasatti y Gonzalo Compañy

Materialidades y memorias sujetadas

La interpelación, la pregunta y la re-pregunta acerca de la relación entre *materialidad* y *memoria* han signado los diferentes caminos que transitamos como antropólogos-arqueólogos, investigadores en ciencias sociales. Las vivencias que tenemos en los lugares donde trabajamos muchas veces nos proponen miradas impensadas, sensaciones a tener en cuenta, profundos replanteos y reflexiones. Son preguntas por tanto que van surgiendo de *experiencias propias* ancladas en conflictivas materialidades. Es por ello que este libro es pensado como un espacio de encuentro con el *otro* a partir del re-encuentro con *lo propio*. Espacio de encuentro, primero con *uno mismo* al abordar la propia experiencia como material de estudio y elaboración, pero también encuentro con el *otro*, cuando nuestra percepción individual puede inscribirse como parte de un proceso ya social, ya generacional, de cualquier modo contemporáneo.

En y con esta compilación proponemos discutir en torno a *lugares de memoria*. No tanto para lograr una unidad en la que se pierdan los matices sino para, por el contrario, fomentar la búsqueda de estos mismos matices (a menudo desechados) para profundizar el conocimiento de las particularidades que hubo que atravesar para encontrarlos. En vistas a ello partimos de la búsqueda de re-definiciones de la resonada categoría de *lugares de memoria* propuesta originalmente en 1983 por Pierre Nora y retomada incesantemente desde entonces con el objetivo de palpar su rugosidad, enunciar sus contradicciones, exponer sus dobles juegos. En suma, una invitación a pensar cómo concebimos la relación *pasado-presente-futuro*.

Si bien esta categoría analítica ha estado vinculada mayormente a procesos de represión estatal en contextos dictatoriales o a acontecimientos bélicos, las experiencias aquí convocadas extienden el alcance hacia otros ámbitos de la memorialización. Los distintos casos aquí tratados refieren a procesos histórico-sociales de visibilización/invisibilización que utilizan la materialidad como eje a partir del cual articular las memorias, las disputas, los olvidos; lo que nos permite relacionarlos analíticamente, aunque aborden distintos períodos y aristas del pasado desde el presente.

Desde hace al menos tres décadas, para el caso latinoamericano, y algo más para el caso de algunos países europeos (de cualquier forma con gran énfasis en la última década para ambas áreas), la identificación de *lugares de memoria* con espacios represivos recuperados como ex-Centros Clandestinos de Detención (ex-CCD) o memoriales erigidos para tal fin, ha sido llevada a cabo desde diferentes perspectivas. La propuesta formulada en este volumen, en tanto desafío presente, apunta ya no a identificar meramente estos conflictivos espacios sino especialmente a señalar algunos problemas que el interés por su recuperación están soslayando. Además, aquí ampliaremos la caracterización hacia espacios habitados, geografías sagradas, sitios emblemáticos para comunidades indígenas a partir de los cuales configuran sus identidades. Cerros, ríos y piedras donde se despliega su historia como materialidad y como memoria de una profunda genealogía que hunde sus raíces en valles, leyendas y apellidos. Lugares –muchas veces, territorios en disputa– donde se despliega una memoria situada localmente pero siempre en diálogo conflictivo con el Estado, con un *otro* que los niega y ha negado, con una historia oficial invisibilizadora. A través de estos dos ejes veremos que esto no quita –y, por cierto, tampoco implica– que los procesos de memorialización se superpongan en un mismo espacio e incluso en un mismo tiempo. Estos *lugares de memoria*, entendidos entonces como aquellos lugares que materializarían la *visibilización* de la historia, y por ello también el permanente proceso de *invisibilización* de la misma.

En este sentido, proponemos aportar al debate general a partir de una lectura crítica que permita superar la polaridad que a menudo el tratamiento de estos temas suele instalar: ir más allá del ya clásico dueto *olvido / recuerdo* para referirnos al *recuerdo / olvido* o –lo que es quizá lo mismo– lo que podríamos nombrar como diversos modos de la *persuasión*, indudable forma en la que se conjugan el *recuerdo* y el *olvido* en un mismo acto. Creemos que este es un punto crucial, pero que sin embargo –o precisamente por ello– no sólo no ha sido suficientemente trabajado, sino siquiera planteado con la elocuencia que merece y el caso exigiría. Evidentemente esto responde a la naturaleza de los elementos que se ponen en juego, así como al escenario en el cual se presentan, contextos –vale aclarar– precisamente traumáticos, de silenciamientos y re-silenciamientos.

Los *lugares*, por sí mismos, no crean memorias. Es el *sujeto* quien puede construirla en torno a aquellos. Aunque, como algunos casos indican, bien pueden utilizarse para procurar que se pierda o se desbarate. La *memoria*, concepto oído de bocas que creíamos impensables, usado muchas veces como credencial, única carta de presentación, carta vacía a sobre cerrado. La memoria presentada como *algo-en-sí*, cosificada, reducida a su mínima potencia. Si por el contrario partimos de la *memoria* como construcción social, es evidente que los *lugares de memoria* son espacios donde *crear* y no sólo a *recuperar*. Lugares a *habitar* y no a *restaurar*, a *vivenciar* y no sólo a *observar*.

Restauración y musealización de la memoria, taxidermistas del pasado, memoria envasada para su preservación impoluta, intocada, silenciosa, enfrascada al vacío, al tumulto, para que ninguna ni ninguno pueda tenerla. ¿Qué buscamos al pretender restaurar y *dejar como estaba*? ¿Deben los lugares del horror ser bonitos, pulcros y luminosos? Las memorias, ¿pueden solamente guardarse en un monolito o memorial? ¿Y en un río o una piedra? Para no abundar, la memoria como *medio* y no como *fin*. Fin y no medio. En el medio, se trataría paradójicamente de evitar el recuerdo, aprendérnoslo de memoria.

¿Qué es lo que se recupera *con* y *en* los lugares de memoria? Sin poner en duda necesariamente la buena voluntad puesta a menudo en tal recuperación, ¿qué ocurre cuando la misma se queda a mitad de camino? ¿Qué se entiende por "mitad" cuando hablamos de memoria, en un contexto de interrupción abrupta de un proceso sociocultural? ¿Cómo se están llevando adelante los procesos de musealización y exposición? ¿En qué grado remiten estas recuperaciones a la ruptura primaria? Desde el momento del primer acercamiento, el relevamiento o la excavación, por ejemplo. ¿Cuál puede ser nuestro aporte desde y en el sitio mismo? ¿Podemos pensarnos sólo como meros técnicos?

De lo que se trata, entonces, es de centrarnos en la identificación de los mencionados procesos de *visibilización-invisibilización*, a través de permitirnos una lectura crítica y situada de los *procesos de memorialización*. Concretamente, provocamos el encuentro de experiencias que dan cuenta de espacios de contradicción: lugares donde la materialidad y la memoria no necesariamente confluyen sino que se bifurcan construyendo complejas interpelaciones al pasado. La materialidad entendida como aquello que se niega a "anclarse", a "reducirse", se trata de espacios donde –por esencia– se mantiene el plano de la *multiplicidad* que se pretende recuperar. De aquí la referencia a las "memorias sujetadas", memorias que no solamente utilizan trazas materiales donde aferrarse sino además memorias elaboradas por sujetos que las acarrean y las comparten, les dan forma y las disputan, les agregan matices, música, colores y palabras, les prestan contexto social e histórico, las recrean a través de distintas prácticas colectivas, etc. Por otra parte, memorias que se aferran a lo material, pero ello no siempre en el marco de lo idílico o donde ni siquiera esto responde a una intencionalidad. Puede que incluso la memoria se aferre como se adhiere una mancha o nos asalten como recuerdos que no perseguimos. Bien sabemos como arqueólogos que también es memoria la que guarda el desecho, lo roto, lo abyecto, el resto. *Memorias sujetadas*, como decíamos, memorias narradas por los sujetos en el tiempo presente como garantía de su transmisión. En el lado opuesto, las *memorias restauradas*, preservadas, en conserva. La *memoria* como aquello que se pierde en tiempo presente (precisamente *fin* y no *medio*), escisión del presente tanto en lo sincrónico como en lo diacrónico. Pérdida de la memoria, ruptura intergeneracional, quiebre pasado-presente que imposibilita la interconexión del mismo presente.

Entonces, si los *lugares de memoria* dan cuenta de la desarticulación de procesos sociales pasados y que condicionaron ciertamente el rumbo social venidero, la idea de pensar su "recuperación" como algo externo o algo propio del pasado, limitado por ello a la patrimonialización, parquización o musealización, evidencia al menos una contradicción de cierta importancia. Sostenemos que la memoria de los *lugares de memoria* tiene que ver con la apropiación y recuperación de *lo propio* y que por ello debería acompañarse de la reflexión crítica de los procesos de memorialización de los que son parte. La memoria no como lo que se recupera (de una vez y para siempre), sino más bien como aquello que se activa de forma crítica y en situación. La memoria –huelga repetirlo– como acto de recuperación de la historia expropiada mediante la recuperación de la capacidad de historización. La memoria no como un *fin*, agotada en sí misma, donde precisamente lo que se pretende es que no se sepa que la historia puede ser protagonizada por cada uno de los sujetos.

Sitios y situaciones: un *otro* acá

En este libro hemos elegido dos imágenes para articular la misma metáfora: por un lado, los objetos con raíces que se hunden en la tierra y por el otro, el iceberg que muestra una parte mientras lo demás permanece bajo el agua. Ambas imágenes nos sirven no sólo para decorar este libro en sí mismo, sino fundamentalmente para ilustrar el análisis que lo atraviesa: la visibilización e invisibilización de memorias que la materialidad nos ofrece y el trabajo que supone ir *un poco más allá* para conocer qué hay debajo: qué procesos sociales están sosteniendo, qué disputas atraviesan, qué intereses económicos, políticos y culturales condensan, etc.

Para ello hemos convocado a jóvenes investigadores de distintos países, quienes por un lado han compartido sus experiencias a través de los escritos en calidad de autores y por el otro han aportado a través de la lectura, sugerencias y comentarios mediante el procedimiento de *revisión por pares*. Cada uno de los capítulos –y las materialidades y las memorias que nos traen estas páginas– nos invitan a arrojarnos al agua para dar con aquella otra parte del iceberg o excavar en la tierra para tratar de entender aquello que estos objetos y el sustrato que los contiene están diciendo. Los trabajos aquí reunidos nos permiten conocer más acerca de unos complejos *procesos de memorialización* desde una mirada crítica y situada.

En este sentido, el texto que nos acerca **Raúl Molina Otarola** parte de la noción de que los lugares pueden conservar la memoria y que éstos en ciertos casos pueden representar el último testimonio de la historia de los sujetos. Como veremos [Rolland, Marín, en este volumen], hay que ir a buscar ahí en los restos, oír en el silencio, aquello silenciado, nos dice el autor que los lugares sobreviven a las diferentes limpiezas simbólico-materiales. Basándose en la formación del Estado moderno chileno, denuncia el intento de invisibilización que este hiciera de poblaciones como la del Huasco Alto. El Estado, quien se nos presenta como esa supra-entidad que somos todos –cual Procusto adaptándonos a su medida preestablecida– deviene administrador, paradójicamente, del auto-reconocimiento y la auto-denominación de las comunidades.

El Huasco Alto como lugar de memoria, en tanto permite rearticular realidades invisibilizadas, es ejemplo de la potencia que posee el lugar y la memoria, tomados estos como elementos capaces de rearticular identidades étnicas soslayadas, invisibilizadas y olvidadas por parte del Estado. Interpela sobre las distintas memorias étnicas y/o desmemorias nacionales que hunden sus raíces en el paisaje, las genealogías y las geografías huascoaltinas. Aquí se va buscando en las distintas capas donde se fue guardando, conservando la memoria de estas poblaciones hasta poder plasmarse en una identidad indígena reconocida por el Estado. Pero, ¿dónde estaba agazapada esa identidad mientras el Estado no la reconocía? Estaba como esperando en la memoria local (y localizada en esas piedras, ríos, valles), en las historias de las familias, en los relatos que se iban compartiendo de generación en generación.

En la misma huella, el capítulo de **Luis Gerardo Franco**, tomando como caso de análisis su experiencia con la comunidad Nasa en Colombia, sitúa sus reflexiones desde una mirada poscolonial. Mirada desencantada del mundo moderno que redime las características sociales y culturales heterogéneas de cada país de la región como generadoras de espacios para el re-surgir de conocimientos y sentimientos "otros". El autor nos habla acerca de la regulación de los espacios de socialización, lo que viene aparejado al desafío de reflexionar acerca de las relaciones interculturales, es decir, re-pensar la relación con el *otro* sobre el que se funda la antropología. Cuestión que a su vez habilita a preguntar acerca de desde dónde realizar esta revisión sin poner en duda el lugar en donde nos colocaron, desde la ilusión de subjetividad [ver Compañy y Biasatti en este volumen]. Resurgimiento que, precisamente por ello, pone en tensión la propia experiencia disciplinar como arqueólogo. El estar frente a unas estatuas de piedra, patrimonio de dicha comunidad, lo lleva a reflexionar profundamente sobre las memorias locales y los distintos significados y modos de relacionarse por parte de los pobladores y por él mismo. Es decir, la necesidad de cuestionar la propia visión del mundo de la arqueología. Este escrito no solamente comparte la *experiencia propia* del autor para la puesta en común, sino que nos devuelve el inmenso valor de la pregunta *in-situ*, la importancia de recuperar la instancia en donde se produce el quiebre por parte del investigador, ruptura que dispara un re-encuentro con lo *propio*, como vía para producir un profundo análisis.

Ayelén Montenegro Minuz analiza la invisibilidad de los lugares que funcionaron como centros de detención en la ciudad de Montevideo durante la dictadura en Uruguay (1973-1985). Como en otras ciudades y países, estos lugares quedaron escondidos al ser incorporados en el paisaje urbano dejando entrever una serie de conflictos en torno a la construcción de memoria colectiva sobre tal período de la historia uruguaya. Se refiere entonces a la incorporación de los espacios del terror al paisaje urbano, lugares "perdidos" en la ciudad, preguntándose por qué, a pesar de las iniciativas oficiales de recuperación de la memoria histórica, estos lugares se siguen invisibilizando. Esta metáfora material daría cuenta de la presencia siniestra de la historia invisibilizada en cada uno de los habitantes.

Este capítulo abre entonces la necesaria polémica acerca de cómo explicar las contradicciones de un Estado que parecería *ceder* en un plano, para no tener que hacerlo en otro. Por otra parte, que no estaríamos ante un estado de excepción, sino ante una continuidad enlazada, red perfectamente entretejida en el entramado social. La investigadora propone que tal invisibilidad simbólico-material habría generado una situación de *doble clandestinidad* para estos lugares: la de origen y la de posdictadura. La simple ubicación en el mapa urbano de los ex CCD conocidos evidencia la visibilidad, la materialidad, la tangibilidad a la orden del día que éstos poseen frente al manto de silencio e invisibilidad histórica que los recubre. Este artículo nos revela que las materialidades en sí mismas no generan memorias, sino que se trata de recrearlas [ver Rolland, Marín, Compañy y Biasatti en este volumen]. Las memorias que *ocupan* los lugares con sentidos no son menores, tampoco las que los vacían (o desocupan) de ellos.

Las líneas arriadas por **Marcos Gastaldi** parecen hacerse eco del caso montevideano, tomando el rol que la materialidad juega en el establecimiento de sentidos. Este artículo expone una reflexión acerca del papel del arqueólogo y la comunidad en el contexto de disputas por el sentido [ver Franco en este volumen] en torno a los restos del muro de un CCD que funcionara durante la última dictadura en la provincia de Córdoba (Argentina). En este recorrido se reconoce la importancia de un discurso arqueológico que, lejos de la neutralidad, se halla en un diálogo tenso con los intereses y conflictos políticos y sociales del presente [ver Marín]. Es decir, en un contexto en donde la disciplina arqueológica (y las ciencias sociales en general) se presenta como legitimadora, imponiéndose, o como mediadora; se torna necesario reflexionar acerca del papel que está jugando en la red de intereses políticos y sociales presentes.

El autor traza un *racconto* de las distintas etapas que atravesó esa pared y las disputas sociales en torno a ella, mostrando una paradoja en la cual la materialidad del muro cobra nuevos sentidos precisamente al intentar ser eliminada, devolviendo a su vez las historias y memorias sobre este traumático período de la historia reciente. La materialidad de una pared invisibilizada, fundida en el paisaje urbano que, al momento de ser derribada, la historia de lo allí ocurrido se ve subrayada por sus cimientos, tornándola más visible que nunca.

Este trabajo nos ayuda a identificar los conflictos que presenta la recuperación de un *lugar de memoria* al mismo tiempo que deja entrever el no-sincronizado juego, por un lado, entre visibilidad-memoria, y por el otro, entre invisibilidad-desmemoria. En otras palabras, si la invisibilización puede conducir involuntariamente a la memoria, la memoria no necesariamente conduce a la visibilidad [ver Compañy y Biasatti].

El aporte de **Jorge Rolland Calvo** refiere a la memoria histórica en el contexto de la enseñanza de la Historia en el ámbito educativo. Partiendo desde su experiencia personal y profesional como arqueólogo y docente, reflexiona acerca de la escuela, espacio que define como un campo de posibilidades. Lo que no ofrece poco tratándose del campo de la Historia y – más concretamente– de la historia de la guerra civil española y la prolongada dictadura franquista. Hablar de ello es entonces referirse necesariamente a un conflicto presente, algo que pese a los intentos oficiales no está cerrado.

Se pregunta concretamente entonces por las implicancias de enseñar historia en una escuela. Lo que propone como punto de partida es intentar poner en duda la artificiosa y no cándida separación presente/pasado. Es decir, establecer estrategias para reconectar realidades que fueron desconectadas deliberadamente. Una línea concreta viene de la mano del uso de lugares de memoria como espacios en donde disparar los cuestionamientos personales, activar la subjetividad [ver Marín, Compañy y Biasatti en el presente libro]. Lugares de memorialización, en tanto espacios de abyección que permiten ver en el aparente vacío, nada menos que la presencia de lo ausentado y así animar la historia. La historia, señala, no es sólo cosa de expertos, sino de cada una y cada uno. Hablar de historia es referirse necesariamente a los silenciamientos de la historia.

La propuesta de **Carlos Marín Suárez** se presenta sin rodeos al referirse concretamente a cómo trabajar desde una arqueología posicionada contra el olvido y el ocultamiento. Una pregunta que, pese a su apariencia, no es obvia: ¿de dónde surgen nuestros "problemas de investigación"? El hilo conductor de este artículo es harto solidario: cómo poner al servicio de la subversión del orden político injusto el rigor metodológico e histórico. Precisamente desde la práctica, se propone mantener presentes aquellos lugares que han sido borrados, aquellos a los que se intenta/intentó mantener ocultos, es decir, fuera del alcance del tiempo presente. Ni más ni menos que una manipulación del tiempo a través de la intervención en el espacio. Por otra parte, se introduce de lleno en una polémica necesaria, alertando acerca del peligro de que los *lugares de memorialización* (lugares de acción) sean reducidos a *lugares de memoria* (lugares de anclaje) de cercenamiento mediante una placa.

¿Quién se atreve a poner en duda un lugar de memoria? Es así como un lugar propuesto para el recuerdo puede no sólo reducirse a objeto sino incluso convertirse en lugar puesto al servicio del poder dominante. De lo que deviene, lugar de silenciamiento, de control social, nuevamente puesto al servicio del poder, aunque actualizado en el buen nombre de la memoria, del recuerdo de lo ocurrido. En la mismo andarivel que lo planteado por Montenegro con la doble clandestinidad [ver este volumen], Marín habla de una vuelta a matar estos lugares, políticamente hablando. Diferentes aristas de un mismo proceso que parece mostrar una reactualización de los intereses creados y pretendidamente a combatir. Planteando una crítica al poder del Estado, quien históricamente y esencialmente ha estado ejerciendo la capacidad de silenciamiento al absorber estos lugares (últimamente mediante la forestación decorativa de *Gingko biloba*), Marín subraya la necesidad de mantener estos lugares abiertos a la problematización, mantener las ruinas y los lugares siempre activos (aquello que fue desechado, olvidado, roto, sepultado) [ver Rolland, Compañy y Biasatti]. En otras palabras, la materialidad concebida como una puerta de acceso, no sólo al pasado, sino a la multitud de experiencias no racionalizadas (y que por tanto escapan al control, a lo que se debe y no se debe ser pensado), materialidad concebida desde la puesta en duda de la separación persona / cosas [ver Franco, Otarola Molina], separación reactualizada permanentemente en tiempo presente.

Precisamente, el capítulo de **Alejandra Ferreyra** y **Cecilia Arias Morales** toma como caso de análisis el Museo de la Memoria de la ciudad de Rosario (Argentina). Las investigadoras desandan el camino de disputas que, entre idas y vueltas, llevaron a esta institución a la señorial casona en donde se encuentra actualmente emplazado. Asimismo el texto recoge la experiencia de las autoras en las recorridas-guiadas por las distintas salas dentro de la institución, experiencia particular que le da sentido a su preguntarse acerca de cómo juega la materialidad (y el guión museográfico) en la reconstrucción de la historia de dictadura en Argentina.

Este trabajo nos recuerda una vez más la idea de que un *lugar* por sí mismo no crea memoria, al tiempo que plasma, en gran medida, algunas de nuestras preguntas iniciales. Por una parte, ¿qué es lo que se recupera *con* y *en* estos lugares? ¿Qué ocurre cuando la *recuperación* se queda a mitad de camino? ¿Qué se entiende por "mitad" cuando hablamos de memoria, cuando se trató de la interrupción abrupta de un proceso social? ¿Cómo se están llevando los procesos de musealización y exposición? ¿En qué grado remiten estas "recuperaciones" a la ruptura primaria? Este trabajo también dialoga con aquellos que proponen la no necesaria superposición de un lugar de memoria con su visibilidad [ver Gastaldi y Montenegro Minuz].

En el escrito que realizamos **Gonzalo Compañy** y **Soledad Biasatti** alertamos acerca de las estrategias utilizadas por los arqueólogos para "acercar" el producto (o resultado, es decir lo que resulta) de sus investigaciones a la sociedad donde se insertan. El trabajo no se centra en ningún caso en particular sino que aborda aspectos y reflexiones surgidas en distintas experiencias propias. La interpelación es sobre la epistemología que subyace a las estrategias de difusión y transferencia con/hacia la sociedad. Nos preguntamos sobre las propuestas educativas, los talleres a la comunidad, los pre-conceptos que se pretenden desandar con el público o los objetivos detrás de "enseñar arqueología". Asimismo, frente a esto tratamos acerca de la excluyente necesariedad de repensar y explicitar el lugar desde el que uno lleva a cabo una investigación: ¿quién es *uno* y quién el *otro* en lo más profundo de nuestro trabajo y visión del mundo? Finalmente, la inquietud que atraviesa el escrito tiene que ver con el juego (rememorativo, aleccionador, invisibilizador, etc) al que es invitada la materialidad.

De las propias capas

Desde el inicio –huelga decirlo una vez más– nos propusimos que este libro llegara a ser un *espacio*, un punto de encuentro en donde se tratara este atravesamiento-vivencial planteado por Benjamin: aquello que *hubo que* atravesar *para* alcanzar lo buscado. Punto de encuentro que surge como necesidad de trabajar la distancia establecida con colegas de otras regiones y países, así como también de la de uno mismo.

De alguna manera puede decirse que se trata de un libro-objeto y por ello algo que está contenido en un proceso y poblado de dificultades. Antes de llevar un nombre y siquiera hablarse de un libro, este proyecto comenzó a gestarse en torno a la palabra. Palabras de ida y vuelta, palabras compartidas en persona y palabras intercambiadas en forma de carta, de cualquier manera palabras que hablaban de la necesidad –y por qué no de cierta angustia– de reflexionar sobre algunos puntos de fuga en torno al tratamiento de los *lugares de memoria*.

Uno de ellos se refería a no seguir reduciendo el concepto de *memoria* al recorte dictatorial sino que, partiendo de este tipo de experiencias, lograra trascenderlo. *Memoria* como concepto estrechamente relacionado a los siempre actualizados mecanismos de *invisibilización* (y desaparición) estatales. Entonces hablábamos de la posibilidad de ahondar en la idea de que los *lugares* en sí mismos no crean *ni son* memoria. Apostar a la relación de la materialidad y la memoria como *medio* y no como *fin*. La *memoria* entonces como la recuperación de la capacidad de reflexionar críticamente acerca de *lo dado*. Preguntas que aquí y allá eran pronunciadas en voz baja, porque parecían surgir de la inseguridad propia de unos sujetos producidos por una sociedad aterrada y que, precisamente por ésto, venían a poner en cuestión la constante actualización del manto-tabú con que se cubren ciertos temas.

El conjunto de escritos que quedaron plasmados en estas páginas ocupan espacios interesantes en este debate y sin duda podemos decir que comienzan a llenar vacíos en torno a estos ejes. Es decir que comienzan a retomar el sentido de estos aparentes *vacíos*. Sin embargo hay otras dos inquietudes que no pudimos concretar y que nos quedan, sobre el final, resonando como disonancias. En primer lugar, desde el comienzo nos propusimos salir del Cono Sur y establecer lazos con Centroamérica. Para ello invitamos a colegas y amigos nicaragüenses, salvadoreños, panameños, hondureños, dominicanos, guatemaltecos, con quienes al momento de conocernos habíamos tenido rápidamente puntos de encuentro en torno a este tipo de inquietudes respecto de *materialidad* y *memoria*. Pese a los esfuerzos realizados, lamentablemente su participación no pudo concretarse por distintas "circunstancias" (volviendo a Benjamin). Algunos de estos colegas dudaban sobre la posibilidad de intercambio entre sus prácticas y las nuestras, sintiendo que sus tareas en calidad de "técnicos" no les dejaban demasiado margen para este tipo de debates. Por su parte, los amigos hondureños, marcados por la violencia y la censura del Golpe de Estado de 2009, prefirieron mantenerse en silencio.

Esta imposibilidad de establecer la comunicación de experiencias con Centroamérica nos alertó profundamente. Ciertamente la historia centroamericana está colmada de procesos de memorialización, de invisibilizaciones y resistencias del mismo tipo de las que discutimos y que precisamente por ello hubieran sido clave en el debate. De todas maneras, al intentar recuperar estas experiencias generalmente inaccesibles, ¿no se expresaron allí mismo en forma de tensión? Los miedos, los silencios, la decisión de mantenerse al margen como modo de protección. La sensación de incertidumbre de algunos de estos colegas arqueólogos para aportar al debate teórico-político, decíamos, nos deja muchos desafíos pendientes.

En segundo lugar, la cuestión de la *visibilización-invisibilización* a la que nos exponemos (o a la que no) al escribir en castellano, en un mundo en el que la visibilidad de la producción científica se produce (o más exactamente, se publica) en inglés. Seguros en aquel momento del lugar donde queríamos instalar el debate y para o contra quiénes estábamos pensando, nos preguntábamos si esta publicación debía entonces hacerse o no en inglés. Ello, independientemente del establecimiento arbitrario del *centro* como acto fundacional del resto como *periferia*; y de que, de tener la posibilidad de adquirir las herramientas ligüísticas, no es posible comparar el punto de inicio de quienes no sólo se *ahorran* estos esfuerzos sino que además tienen la posibilidad de expresarse en su lengua materna, con el de quienes tienen que *invertir* para expresarse en una lengua que siempre será extranjera. Es cierto que el debate global requiere un plano comunicativo común y que, más allá de la ética del contexto histórico-político en el que fue definido, éste está presente y que sea cual fuere, siempre será uno. Y, si se quiere, se puede incluso pensar que no está del todo mal que de tal contexto de destrucción colonial, se establezca una lengua para que hoy podamos pensar y discutir en común. Pese a esto, el problema al que aquí nos referimos no es éste.

Decimos, que el problema central que merece ser discutido tiene que ver con el del *ser* y *no ser* que tal situación establece y que publicaciones del tipo *estado de la cuestión* o *revisión* en las más prestigiosas revistas internacionales materializan. Como resultado vemos que el grueso de la producción de conocimiento se concentra notoriamente en ciertas regiones y quiénes son los/las que llevan sus riendas a escala global. Algunos de estos elementos estuvieron pues en el centro de aquellos iniciales debates que condujeron a la necesidad de producir las páginas finalmente hoy reunidas.

Hoy nos preguntamos nuevamente, ¿se trata de la *visibilidad* por la visibilidad misma o es que lo que debemos discutir precisamente es la cuestión de la *invisibilidad*? Lo tuvimos entonces claro: el problema comenzaba cuando esta situación, cuando la *invisibilidad* reproducía la *invisibilidad*, incluso (o fundamentalmente) entre los *invisibilizados*. Puede que de mirar tanto al centro, no notemos la presencia de los pares (no que nos *rodean* – herida egocéntrica– sino de los que *hacemos que* nos rodeen o que *tengan que*) que en definitiva comparten el mismo suelo que uno. Por otra parte, que el suponerse mandatario de la voz del *otro* puede también redundar no libre de riesgos en que ensordezcamos la presencia de *uno* mismo, con las consecuencias si no éticas, epistemológicas que ello conlleva: si pretendemos dar cuenta del *otro* y de que este *otro* sea quien es, debemos asumirnos como el *otro* del *otro* desde el *uno* que somos.

Las *memorias sujetadas*, entonces como la posibilidad de trascender ciertas prescripciones (metodológicas, disciplinares, museológicas, patrimonialistas) para concentrar la reflexión sobre experiencias situadas, conflictivas, no-resueltas, incómodas. Instancia en la que volver la mirada al *sujeto investigador* en tanto sujeto que no sólo deja de negar parte de sí mismo para ponerse a investigar, sino que comienza del reconocimiento de su propia *presencia* (no sólo de su *existencia*) como una de las claves en el proceso de producción de conocimiento.

Por último, tratamos de plantear un espacio en el que tras sortear este tipo de mecanismos de deslegitimación y disociación, la pregunta surgida de la investigación como campo vivencial se constituyera material de reflexión colectiva. Si quien tiene en sus manos estas páginas se ve reflejado/a o de cualquier forma interpelada/o por alguna de ellas, nuestras inquietudes iniciales habrán tenido sentido.

Agradecimientos

A JAS en persona y JAS editorial por haber apoyado de comienzo a fin la idea de publicar lo dicho y por decirse en estas páginas. A quienes lo abren y cierran, Soledad Galimberti, Dante Ángelo y Marcelo Valko por honrarnos con su compañía e ideas. A cada uno de los autores por formar parte de este proyecto. A los evaluadores Jaquelina Cassina, Luciana Brugé, Eduardo Muttazzi, David Rossetto, Gabriela González, Lucía Moragón, Soledad Galimberti, Javier Nastri y Leonardo Ovando, por ofrecer sus lecturas críticas e incentivar activamente el intercambio genuino de ideas. A los dibujantes Silvia Alucín y Andrés Gimeno por poner nuevamente el arte a disposición.

Capítulo 1
PUEBLO DE INDIO HUASCO ALTO:
LUGAR DE MEMORIA Y FANTASMAS DE LA ETNICIDAD

por Raúl Molina Otarola[1]

1. Camino, lugares y relatos

Viajando por el Huasco Alto a principios del año 2000, voy escuchando relatos de fragmentos de una realidad desconocida e invisible. Palabras que evocan memoria y lugares con significados escondidos que se distribuyen en esa geografía de valles y montañas, recluidos en el seno de la Cordillera de los Andes. En Junta Valeriano, la última aldea del valle, al final del camino de tierra, don Jorge Campillay me habla del Llastay: "*El abuelito de mi señora murió de 99 años y conversaba que el Llastay se presentaba de varias formas. Cuando se cazaban guanacos, salían los guanacos que después se transformaba en gente... Se presentaba el Llastay cuando cazaban y hacía revivir a los guanacos. Aquí en las quebrada de Las Papas, se le presentaba a la señora Rosa Cortez, siempre se le allegaba un guanaco a la casa hasta que se le presentó en persona, se le transformó en persona, ese era el Llastay*"[2].

El mismo relato se multiplica en la palabra de otros habitantes del Huasco Alto. Frente a la localidad de Los Tambos, la larga quebrada de Colpe sube en dirección norte, casi al final de ella habita un solitario viejo del mismo apellido Campillay, que es común a casi todos los poblados del valle. Él ha dicho a mis amigos que lo han ido a visitar: "*Ustedes eran las personas que venían. En la tarde de ayer leí en las llamas del fuego que ardía, que vendría gente desconocida hasta aquí*"[3]. Sorprenden estas narraciones, que parecen de otro mundo, tan lejanas al relato modernizante que domina en el país. Bajando el valle está Albaricoque, un lugar en el recodo del camino. Destaca allí un más que centenario algarrobo de amplio follaje y profundas grietas en su trenzada corteza. Un viejo, Carlos Gallo Mauras, me invita hasta el grueso

---

[1] Doctor en Antropología. Observatorio Ciudadano, Universidad de Chile. E-mail: raul17molina@gmail.com
[2] Jorge Campillay, 67 años.
[3] Comunicación personal, M. Aballay.

tronco y me comenta: *"Bajo la sombra de este árbol, dicen los abuelos, se reunían los indios. Aquí el Cacique Pacolicuime mandaba a su gente"*.

Así, el valle se va regando de relatos memorables y lugares con memoria, quebradas, casas, rocas y árboles hablan de una realidad ignorada por la sociedad chilena a nivel regional y nacional. En Chigüinto, uno de las primeras aldeas al ingreso del valle del Huasco Alto, un poblador hace una sentencia clarificadora de la identidad del lugar: *"Estos valles, señor, se dividen en el valle de los negros (tez morena) y de los blancos. El Huasco Alto es el valle de los negros y el del río Carmen de los blancos"*, es decir, el lugar de los gente morena, lo asociado a lo indígena, antónimo sociocultural de lo español.

Cuando pregunto por los antepasados, la gente enhebra una genealogía no muy extensa. Se recuerda la descendencia de dos o tres generaciones, pero el recuerdo se pierde en las profundidades de los ancestros. Esta corta memoria pareciera ser común a formaciones etno-sociales que han sido subordinadas, como plantea el antropólogo David Hart[4] para los bereber de Marruecos, quienes a diferencia de la minoría árabe-alahuita que atesora el poder real y sustenta su dominación en una larga genealogía, verdadera, mítica o inventada que los conecta con los descendientes de Mahoma, los bereber sólo alcanzan a nombrar las mismas dos o tres generaciones que reconocen los huascoaltinos. Pero los documentos pueden alargar la memoria local. Retamal et al.[5] realizan un estudio genealógico de una de las familias del Huasco Alto, los Tamblay, a los que logra conectar documentadamente la descendencia a lo largo de 300 años, señalando que los Tamblay son una *"… familia de origen presumiblemente diaguita,…afincada en Huasco Alto hacia 1650, con filiación continuada hasta nuestros días"*. Así, la documentación colonial y republicana ayuda a sumar antecedentes, contextualizar o interpretar estás observaciones de campo ancladas al territorio, ayudando a los huascoaltinos a reconocer, legitimar y afianzar su ancestralidad, al validar y potenciar el sentido y valor de la memoria, la historia local y los lugares significativos. El conjunto de estas prácticas culturales, incluyendo las

---

4 HART, D. (2002) *Hombres de Tribu, Musulmanes en un mundo cambiante: Bereberes de Marruecos y pujtunes de Pakistán, islam tribal y cambio socioeconómico*; Biblioteca de Humanidades, Universidad de Granada.

5 RETAMAL, J., C. CELIS, J. M. DE LA CERDA, C. RUIZ y J. URZÚA (2003) *Familias Fundadoras de Chile, 1656-1700. El conjunto final*; Ediciones de la Universidad Católica de Chile, Santiago.

económicas productivas, organizativas y el reconocimiento social y natural del territorio, dan sentido propio a una conciencia identitaria propia, con la cual se autodefinen históricamente los habitantes del Huasco Alto, con el gentilicio de raigambre indígena; los huascoaltinos.

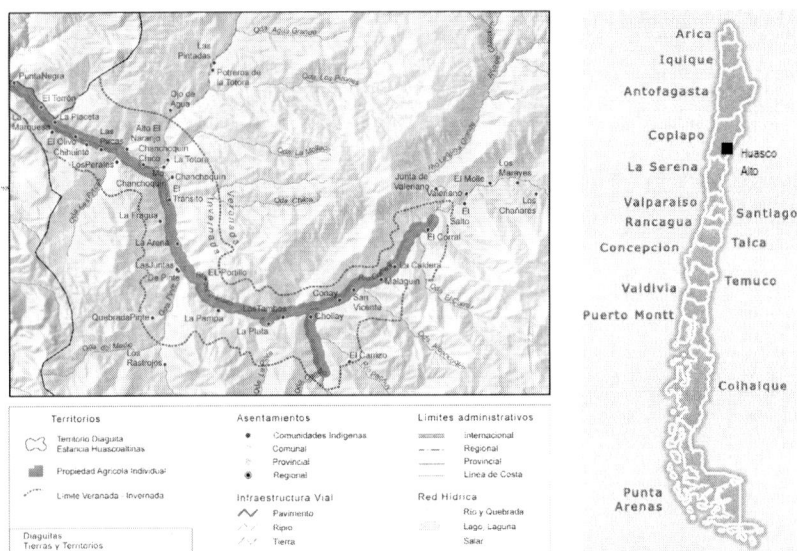

(Fig.1) Mapa Estancia de los Huascoaltinos, sus aldeas y pueblos. Ubicada en la precordillera y Cordillera delos Andes, Comuna de Alto del Carmén, Provincia del Huasco, Región de Atacama, Chile.

2. Fragmentos de memoria escrita

En libros y artículos contemporáneos -y en crónicas y documentos históricos de los siglos XVII al XX es posible encontrar varios fragmentos, que a modo de parte de la historia ayudan a construir una comprensión de los relatos de memoria y lugares, favoreciendo la labor de situar los acontecimientos relatados en la geografía, en el espacio y en el tiempo del Huasco Alto. Los antecedentes documentales entregan claves para adentrarse en los sentidos de los relatos de los huascoaltinos, como se aprecia en los siguientes comentarios de los relatos etnográficos, que tienen ciertas referencias en el amplio mundo literario.

En relación al Llastay, -presente en la memoria y en las creencias de los más longevos habitantes del Huasco Alto- según la etnóloga Ana María Mariscotti, este es un "numen" que posee atributos muy similares al *Huasa-Mallcu* de algunas regiones de Perú, a los *Uchucullko* en Bolivia, a *Coquena* en la Puna de Jujuy – y agrego al de los oasis de Atacama- y sería el mismo Llastay de los valles Calchaquíes. Todos ellos son concebidos como señores y guardianes de los animales silvestres, que castigan a los cazadores demasiado codiciosos. Esta creencia en el espíritu protector de los guanacos y vicuñas se trataría *"de superviviencias de un antiquísimo substrato de cazadores o, de lo contrario, de empréstitos tardíamente incorporados a las culturas agro-alfareras locales"*[6]. Efectivamente ese es el sentido y los significados que adquiere el Llastay en las narrativas huascoaltinas. La aproximación académica permite a la vez comprender que los huascoaltinos tienen como parte de ellos a una divinidad que pervive desde tiempos pretéritos y ancestrales, la que ocupa múltiples lugares del espacio social y geográfico de su territorio. La persistencia de la creencia en el Llastay, forma parte en los huascoaltinos de una cosmovisión indígena, ancestral y de data precolombina.

En el caso del relato del fuego, como elemento de adivinación y lectura de futuro, inevitablemente lo asocio a una observación que realiza el cronista hispano Jerónimo de Vivar en el siglo XVI, - que salvando la distancia del tiempo- señala que las prácticas de los indígenas de Copiapó, comentario extrapolable a los huascoaltinos, consistían en que "… *Creen y usan de las predestinaciones que aquellos les dice"*[7]. Son asociaciones que pueden ayudar a entender mejor cómo el complejo de geografías y prácticas culturales heredadas de los antepasados -que van conformando una velada y singular forma de concebir la vida cotidiana-, "desde nuestra perspectiva" preservando o edificando lugares de memoria que construyen pertenencias comunes en todo el valle del Huasco Alto.

En cuanto al relato referido al gran algarrobo de la localidad de Albaricoque, que es nombrado y recordado como el lugar donde el cacique Paco Licuime o Paquilicuimi efectuaba las asambleas con los miembros

---

[6] MARISCOTTI, A. Ma. (1978) "Pachamama Santa Tierra: Contribución al estudio de la religión autóctona en los Andes centro-meridionales"; *Suplemento de Revista Indiana* 8; Ibero-Amerikanisches Institut, Gebr. Mann Verlag-Berlin; pp. 217-218.

[7] VIVAR, J. (2001) *Crónica de los Reinos de Chile* (Edición de Angel Barral Gómez); Crónicas de América, Dastin, Madrid; p.77.

del valle, la literatura colonial entrega antecedentes de la presencia del este cacique en el Huasco Alto en el siglo XVIII y XVIII[8]. En un documento de 1696, el apellido aparece escrito para varias familias[9] y en otro de 1750, el apellido Pacolicuime aparece nombrado como cacique del valle: *"Primeramente: Don Ramón Paco Licuime, cacique de edad de veinte y ocho años, ausente"*[10]. En este caso un lugar de memoria y el relato del cacique es posible ahora encontrarlo en la documentación, lo que refuerza y completa relatos a veces fragmentarios, destacando su presencia histórica y continuidad en el tiempo. En efecto, el apellido Pacolicuimi, o después sólo Licuime, continúa presente en los documentos coloniales de 1792 y 1796, y luego aparecen en documentos del tiempo republicano, como en la inscripción de tierras de 1903 de la Estancia de los Huascoaltinos. Continúa este apellido hasta la actualidad, como un linaje que está presente en los diversos poblados del valle. La misma profundidad en el tiempo tienen otros apellidos, como los Tamblay, que vimos ya eran nombrados en 1650, a los que se suman los Guanchicay, los Campillay, los Liquitay, Santibáñez, Inga, Villegas, Payacta, Yriarte, Trigos, Ardiles o Cayo, entre varios otros, los que aparecen en los documentos administrativos hispanos del Huasco Alto. Todos estos apellidos aun es posible encontrarlos habitando densamente el valle.

---

8 MOLINA, R.; L. CAMPOS; N. YÁÑEZ, M. CORREA; C. SINCLAIRE, G. CABELLO; P. CAMPOS; I. PIZARRO y M. ABALLAY (2005) *Diagnóstico Sociocultural de la Etnia Diaguita en el III Región de Atacama: Informe Síntesis*; Grupo de Investigación TEPU, (Manuscrito); Informe SERPLAC, Atacama.

9 *"Don Juan Pacollicuimi de edad de treynta años casado con doña Pasquala Callada tiene un hixo llamado Sebastian de ocho años, don Franciso Pacollicuumi con veynte y siete años cassado con Ynes Campillay tiene dos hijos el uno llamado Phelipe de doze años y el otro llamado Pablo de seis años, Pedro Campillay con quarenta años casado con Antonia tiene por hixos a Joseph con doxe años y a Luis con diez años y otro Francisco con seis años, casado con Ana Villalobos Antonio Campillay tributario con treynta y cinco años con dos hijos el uno llamado Agustin con doze años y el otro Santiago con nuebe años = Lorenzo Campillay con enfermedad de muchos años con treynta años con hijo llamado Lucas de edad de diez años= Diego Guanchicay de edad de quarenta años viudo con un hijo llamado Francisco de edad de veynte años, Lorenzo Cayo de edad de treynta años casado con Luzia con un hijo llamado Lorenzo de edad de seis años, Miguel Guanchicay con treynta y cinco años casado con Phelipa sin hijos= Dionisio de edad de veynte y un años casado con Maria sin hijos= Gonzalo Payagto con veynte y cinco años casado con Lorenza sin hijos= Gonzalo Payauta con veynte años casado con Magdala sin hijos= Francisco Chilla casado de edad de quarenta años casado con Geronima con hijo de veynte años llamado Agustin= Juan Tamblay de edad de treynta años casado con Ysabel con un hijo llamado Juan de edad de un año"*, Fondo Capitanía General, Volumen 477, Año 1674, Fojas 72 vuelta a 83.

10 ARCHIVO CAPITANÍA GENERAL, Vol. 578, Año de 1750, fojas 40 a 61 vta. Archivo Histórico Nacional, Chile.

La construcción y reforzamiento de la identidad es una cuestión que históricamente ha estado presente entre los huascoaltinos, debido a la existencia de una diferenciación etno-social a nivel territorial, que se ha expresado por varios siglos, posiblemente desde periodos coloniales. El testimonio de campo más clarificador de lo señalado refiere a la diferencia existente entre el valle del Huasco Alto o valle del Tránsito y el aledaño valle del Carmen o San Félix. Esta separación expresa una división geográfica entre valles, pero también un apartamiento étnico-racial entre "blancos y negros", éstos últimos en alusión directa a la tez morena, indígena, ancestral y precolombina. Un habitante de la aldea de Chanchoquín, ratifica la división étnica-geográfica: *"Aquí hay una situación muy especial, estos dos valles, de San Félix y del Tránsito, por allá están los españoles, y por acá estamos los indios, claro, los descendientes de indios... yo soy hijo de don Gregorio López Campillay, y él fue hijo de don Raimundo López y de doña Ana Campillay, india de aquí, yo llevo la sangre india con mucho orgullo..."* (José López, comunero huascoaltino). La división entre valles ya es comentada por un historiador regional del siglo XIX, quien explica que el origen de esta división está en la entrega de mercedes de tierras en el siglo XVII a los españoles en el valle del río Carmen o San Félix, el cual tomó el nombre de "*río de los españoles*". Al contrario, el valle del Tránsito o Huasco Alto, fue nombrado "*Valle de los Naturales*", geografía territorial de los indígenas: *"...en el río del Carmen, donde residían muchos españoles a quienes se había concedido lotes de terreno; y en el río del Tránsito, donde existían algunas tolderías de indios. De aquí la distinción entre río de los españoles y de los naturales que se ha hecho de los dos, pues el primero estaba gobernado por un juez territorial, puesto que en 1785 desempeñaba el hacendado y vecino de Huasco Alto don Jerónimo Ramos Torres, mientras que el segundo era gobernado por un cacique o mandón..."* [11]. En el siglo XIX, esta división colonial continuaba presente, destacándose que el mismo río Huasco se formaba de la existencia del río de los españoles y el río de los naturales[12]. Esta separación territorial,

---

11 MORALES, J. (1896) *Historia del Huasco*; Imprentas de la Librería del Mercurio, Valparaíso; p.52.

12 *"El río Huasco (...) está formado por el concurso de cinco torrentes andinos y del río de los Naturales* (Tránsito), *el cual toma su origen en dos pequeños lagos andinos* (Laguna Chica y Laguna de Valeriano) *situados a 28°48' lat.S. Se dirige desde luego hacia el Oeste; pero llegado a Ramadilla, es considerablemente aumentado por el río de los Españoles* (del Carmen), *que recibe del norte"*. PÉREZ ROSALES, V. (1986) [1859] *Ensayo sobre Chile*; Ediciones de la Universidad de Chile, Santiago; p.89.

étnica y política, generó siguió advirtiendo de identidades distintas en ambos valles,- españoles e indígenas- las que se conservan hasta la actualidad. La reflexión histórica lo comenta así: *"... entre naturales e invasores, al cabo de la que los advenedizos se atrincheraron en el valle más próspero y estratégico: el de San Félix, mientras los antiguos señores fueron confinados al valle del Tránsito. Desde entonces ambos han sido antagónicos: en el uno los indios y en el otro los blancos "*[13].

El territorio del Huasco Alto, del río de los naturales o lugar de los "negros", en la documentación colonial se le identifica como Pueblo de Indios. En los documentos sobre matrículas y población, pagos de tributos, también contienen referencias a la posesión de las tierras del valle por parte de los indígenas. Por ejemplo, en 1642 se dicta el Auto Acordado de la Real Audiencia para la formación de Pueblos de Indios[14], pero en el Huasco Alto esta disposición colonial solo se aplicó en 1740 en un juicio de tierras. En el año 1789, el Pueblo de Indios de Huasco Alto está *"...compuesto en más de 30 leguas hasta su confín, que es el pie de la cordillera... "*[15].

Los testimonios etnográficos recogidos, la documentación colonial y republicana y la bibliografía histórica analizada permiten pensar al Huasco Alto como una geografía plagada de lugares de memoria, con una unidad espacial y territorial, que remite al Pueblo de Indios del periodo colonial y a múltiples relatos contemporáneos que tiene un anclaje en el pasado y presente histórico. Los testimonios y observaciones de campo que he comentado son una parte de la base que constituye la identidad indígena de los huascoaltinos, la que a pesar de ser negada y escondida, estará siempre presente en los siglos XIX y XX. ¿Por qué ocurre este enmascaramiento? Necesariamente, debo ir a los orígenes del estado nacional.

---

13 CASSIGOLI, R y A. RODRÍGUEZ (1995) *Investigación Antropológica del Estudio Diagnóstico de la Población Colla de la III Región* (Preinforme Final) (Manuscrito); Sur Profesionales Ltda; Departamento de Antropología de la Universidad de Humanismo Cristiano.

14 SILVA VARGAS, F. (1962) *Tierras y Pueblos de Indios en el Reino de Chile*. Esquema histórico – jurídico. Editorial Universidad Católica, Santiago de Chile.

15 ARCHIVO NACIONAL DE SANTIAGO. Fondo Capitanía General, Volumen 501, No. 6395 (1789);. SILVA VARGAS, F. (1962) op.cit. p.195.

(Fig.2) Panorama del Valle de los Huascoaltinos, regado por el río Transito. Atrás los cerros de la Cordillera de los Andes, abajo la pequeña propiedad bajo riego y las quebradas que dan acceso a los campos de pastoreo de invernada y veranada. (Fotografía de Carole Sinclaire).

(Fig.3) Familia Campillay-Cayo en las veranadas de Laguna Grande. Verano de 2005. (Fotografía del autor).

3. Invisibilización de lo indígena

El naciente Chile republicano del siglo XIX se encargó de fagocitar lo indígena que subsistía en los territorios que quedaron bajo su efectiva jurisdicción, es decir, la zona denominada Chile Central y Norte Chico. En este espacio, la república realizó una "limpieza" simbólica y material de los Pueblos de Indios que subsistían del periodo colonial, liquidando las tierras indígenas, vía mensura y remate de estas. La naciente república disolvió la vieja herencia de la sociedad de castas que estratificaba el mundo social. El discurso liberal reconocía iguales derechos a las personas, ficción jurídica que dejó desprotegidos a los indígenas, su cultura y sus tierras ante el avance del estado y el capital. Por Bando Supremo de 4 de Marzo de 1819, se decía: "... *El sistema liberal que ha adoptado Chile no puede permitir que esa porción preciosa de nuestra especie (los indígenas) continúe en tal estado de abatimiento. Por tanto, declaro que para lo sucesivo deben ser llamados ciudadanos chilenos, y libres como los demás habitantes del Estado...*", redactaba el Director Supremo Bernardo O´Higgins. Con este Bando desaparecen del discurso oficial los indígenas, ahora Chile es un país de chilenos. Los indios desaparecieron primero del léxico y luego del imaginario, los que subsistieron fueron invisibilizados, y quienes mantuvieron sus costumbres y cosmovisión debieron enmascarar su presencia durante gran parte del siglo XIX y Siglo XX. La naciente república, además, legisló para la liquidación de las tierras de los Pueblos de Indios. La Ley de 10 de Junio de 1823, complementada por la ley de 28 de Junio de 1830, estuvo destinada a eliminar los Pueblos de Indios. Ordenó la mensura de las tierras, demarcar las ocupaciones indígenas y el resto lo declaró propiedad del Estado, para ser rematada al mejor postor, es decir, particulares interesados. El proceso de mensura y liquidación se inició con fecha 20 de Marzo de 1830 en el Huasco Bajo, Pueblo de Indios ubicado en la parte final del valle y antes desembocadura del río Huasco en el mar Pacífico- y continuó en el Pueblo de Indios de San Fernando de Copiapó, donde las tierras se remataron el 5 de enero de 1836[16]. Al parecer, el Pueblo de Indios del Huasco Alto se mantuvo al margen de esta historia de reducción y remates de tierras. Esto les permitió a los huascoaltinos a inicios del siglo XX, en 1903, inscribir las tierras ancestrales de modo comunitario, las que comprenden toda la cuenca del río Tránsito y sus afluentes, propiedad que tomó el nombre de Estancia

---
16 MORALES, J. (1896) op.cit.

de los Huascoaltinos, con una superficie de 395.000 hectáreas, tierras que conservan hasta la actualidad.

En las primeras décadas republicanas, los intentos de liquidación de las tierras se frustraron en el Pueblo de Indios del Huasco Alto, pero también aquellos intentos destinados a invisibilizar a sus habitantes. Cito una vez más al naturalista Ignacio Domeyko, el cual en su viaje realizado en 1840 al norte de Chile, evidencia la presencia indígena en el Huasco Alto: *"... ya entre las montañas, en una grieta continental permanece de los tiempos precolombinos el reducto indio Guasco Alto"*[17]. Pese a estas evidencias de subsistencia étnica, las comunidades indígenas de Chile Central y el Norte Chico fueron declaradas extinguidas, culturalmente mestizadas y chilenizadas. Esta ideología de homogenización de la población nacional fue reproducida por las actas oficiales, la burocracia y las ciencias sociales. La narrativa oficial de la Independencia de Chile levanta la frontera que hace desaparecer al indígena. El Huasco Alto quedó silenciado con su historia de Pueblo de Indios, aunque su geografía quedó plagada de lugares de memoria y significado, de historias de "otro mundo" y del fantasma étnico que recorría el valle.

La vida cotidiana de los huascoaltinos bajo el proceso de consolidación del país republicano, transcurrió en algunos aspectos con pocas alteraciones. La economía agroganadera continuó siendo la actividad fundamental, construyéndose canales de riego en el siglo XIX, siendo el aprovechamiento y distribución del agua un motivo de conflicto con los regantes de los demás valles aguas abajo[18]. En el riego se conservó en el tiempo el cargo de *"Camayo"*, el nombre quechua posiblemente desde tiempos Incas, que correspondía al funcionario que regulaba la entrega de aguas en las diversas localidades. El agua, las tierras de cultivo de fondo de valle y las estancias ganaderas de la cordillera fueron la base de la autosuficiencia económica del valle. A estas actividades se suma una extendida industria de molienda, cerámica y textil. Se mantuvo el uso de artefactos indígenas en la molienda de granos, las "chancuanas" y los morteros para el algarrobo, la

---

17 DOMEYKO, I. (1977) *Mis Viajes. Memorias de un exiliado* (Tomo I); Ediciones de la Universidad de Chile, Santiago de Chile.

18 ARANDA, X. (1969) *Evolución de la agricultura y el riego en el Norte Chico: Valle del Huasco*. Informaciones Geográficas. Departamento de Geografía. Universidad de Chile. Número Único; Santiago de Chile.

importante producción de cerámica doméstica y la industria del telar indígena que se encontraban en todos los poblados del valle. También se conservó la producción de cultivos introducidos y la fabricación de un vino dulce y asoleado, denominado "pajarete". La Cordillera a su vez fue el espacio de caza de guanacos y vicuñas y la zona de pastoreo por excelencia, en especial en torno a la Laguna Grande o Valeriano y la Laguna Chica.

La cordillera del Huasco Alto fue un importante soporte de rutas ganaderas usadas por la arriería que abastecía a la industria salitrera (1880-1930). Por los pasos fronterizos de la Cordillera de los Andes cruzaban los principales senderos de entrada del ganado desde La Rioja, San Juan y provincias de más al sur de Argentina. Los vínculos transcordilleranos se desarrollaron hasta la década de 1970 por medio de intensos lazos socioeconómicos con el poblado de Rodeo y Jáchal, en la provincia de San Juan, Argentina. El valle era también la ruta natural de acceso a los baños termales de San Crispín, allende los Andes, a los que acudían cada año la mayoría de las familias del Huasco Alto. El uso permanente, temporal y eventual del espacio "Huasco Alto", como parte de la vida social, y de una geografía que se vincula a narrativas de hechos, acontecimientos y significación, creó y recreó entre la población del Huasco Alto múltiples lugares de memoria identificables en el terreno, así como en la configuración de los mapas mentales que daban cuenta de los espacios vividos y conocidos por los huascoaltinos.

El temprano proceso de *chilenización* y los cambios culturales tuvieron más de algún inconveniente. Los caminos, como vías de penetración de un territorio, no ingresaron al Huasco Alto hasta las primeras décadas del siglo XX y recién en la de década de 1990 el camino vehicular alcanzó hasta Junta de Valeriano, localidad ubicada a cien kilómetros de la entrada del valle del río Tránsito. Hasta 1940, el camino llegaba con dificultad a la localidad de El Tránsito y los huascoaltinos tenían por principal medio de transporte y carga al caballo, la mula y los burros. Era una zona con poca accesibilidad, lo que permitía la subsistencia y reproducción de prácticas culturales y productivas ancestrales, que no debían lidiar con la penetración de formas culturales que eran parte de la sociedad dominante. Esto no significaba que el Huasco Alto estuviera aislado, al contrario, sus habitantes estaban acostumbrados a largos periplos no sólo a pueblos de la provincia de San Juan en Argentina, sino que mantenían relaciones con las demás localidades del valle del Huasco, e incluso desarrollaron circuitos hasta feria de Huari en Bolivia[19]. Muchos huascoaltinos se enrolaban en el trabajo asalariado en las minas y se ausentaban por largo tiempo de sus tierras. Cada año viajaban a caballo a la fiesta de Andacollo y en el mismo valle fundaron las cofradías, en cada pueblo del valle donde existían capillas. En el caso de la fiesta del Carnaval y la Challa de raigambre andina, esta fue prohibida en 1973, luego del Golpe de Estado en Chile, siendo reemplazada contemporáneamente por fiestas bailables, que cada verano duran toda la estación veraniega. De algún modo, tanto el lugar y su geografía actuaron como refugio de la población, permitiendo a los miembros de Pueblo de Indios del Huasco Alto, mantenerse alejados del poder colonial, lo que siguió ocurriendo durante gran parte de los siglos XIX y XX.

Sin embargo, el mayor agente de colonización cultural republicano en pueblos indígenas ha sido la Escuela, que imparte a los niños y niñas, escolares o estudiantes secundarios, los contenidos históricos y cívicos propicios a la reproducción centralizada del Estado nacional, programas educativos, que como se sabe, negaban las particularidades locales y de algún modo la enseñanza no ha cesado en este empeño de unidad nacional y negación de la diversidad etno-cultural. Así, en los textos escolares por largo tiempo se mantuvo la invisibilización y ocultamiento de los pueblos indígenas de Chile, con excepción de los mapuches. Sin embargo, cuando se trataban contenidos atingentes a los pueblos indígenas, se le presentaban como contenido pretérito, como algo que fue, pero que ya no existía. Se reforzaba de este modo la diferencia entre ciudadano e indígena, los primeros civilizados, los segundos bárbaros, salvajes e incivilizados. Esta ideología inspirada en el darwinismo social, fue dominante en las escuelas y la sociedad nacional durante el siglo XIX y gran parte del siglo XX. Sin embargo, en las mismas aulas escolares estaba la semilla de la duda, en especial, la pregunta acerca de la identidad étnica. Un profesor de Chollay, otro de los poblados del Huasco Alto, me cuenta que mientras estuvo en la escuela de El Tránsito, los niños le preguntaban por la singularidad de sus apellidos (Payauta, Campillay, Licuime, etc.) y por la historia local. Él ensayaba respuestas, señalándoles que los huascoaltinos eran herederos de los "Molles", una cultura arqueológica del Norte Chico, situada entre el Complejo Cultural Las Ánimas y la Cultura Diaguita[20]. Como fuese, la pregunta sobre el pasado prehispánico siempre estaba presente entre los habitantes del Huasco Alto.

---

19 CASSIGOLI, R y A. RODRÍGUEZ (1995) op. cit.
20 CORNELY, F. (1956) *Cultura Diaguita Chilena y Cultura El Molle*; Santiago de Chile.

Esta latencia étnica no se manifestó al unísono con la emergencia de otros pueblos indígenas del país, que ocurría a fines de la década de 1990. La maduración de la identidad y el auto reconocimiento de los huascoaltinos no se manifestará hasta la década del 2000, por ello, quedaron fuera de la discusión de la Ley Indígena 19.253 que fue promulgada en 1993. Esta reconoció la existencia de aymaras, atacameños, quechuas, collas, mapuches, kaweshkar, yamana y rapanuí. Ninguno de estos pueblos indígenas incluía la identidad y el etnónimo con el cual se podrían auto reconocer los habitantes del Huasco Alto.

4. Emergencia diaguita en el Huasco Alto

El valle del Huasco Alto es un lugar de memoria indígena con presencia de manifestaciones culturales, algunas claramente prehispánicas, como los apellidos indígenas de la población, los topónimos geográficos, la creencia en el Llastay, el uso de instrumentos de moliendas prehispánicos, y la conservación de prácticas cerámicas y textiles, entre otras. Sus habitantes iniciarán un camino propio de identificación étnica. Este recorrido será más difícil, puesto que perfectamente podrían haberse constituido en pueblo indígena y autodenominarse huascoaltinos, pero el Estado Chileno no tenía en sus registros este nombre o etnónimo de "Pueblo Indígena". La legislación chilena en materia indígena se caracteriza por su conservadurismo, puesto que el Estado se reservó el derecho a "reconocer" a los indígenas, y "huascoaltino" les refería a un nombre extraño, no reconocible y merecedor de nombre para alguna etnia. Quedó cerrada desde el Estado la posibilidad al autoreconocimiento y la autodenominación. Se mantuvo la misma política decimonónica de negar y en el mejor de los casos controlar la diversidad indígena, reservándose el Estado Chileno, el derecho exclusivo a nombrar y visibilizar nuevos pueblos indígenas. De allí que los huascoaltinos debieron desarrollar un camino que los llevara a una adscripción étnica que rompiera con la negación, invisibilización e ignorancia del aparato burocrático del Estado.

Un estudio académico propuso incluir a los huascoaltinos como parte de los collas, comunidades indígenas que se encontraban en la provincia de Copiapó (Cassigoli y Rodríguez 1995), pero estas aproximaciones no prosperaron. Más tarde se publicó un estudio antropológico, cuyos antecedentes podrían haber ayudado a los huascoaltinos a definir un etnónimo, pero las conclusiones de la investigación fueron oclusivas y de cierta indefinición frente a la evidente realidad étnica del Huasco Alto[21]. En 2001, a instancias del gobierno de turno, se formó la Comisión de Verdad Histórica y Nuevo Trato, la que entre otros documentos contó con un ensayo histórico territorial acerca del "Refugio Diaguita Huascoaltino"[22], documento que aportó algunos antecedentes que evidenciaron cierta adscripción histórica de los huascoaltinos con los diaguitas. La tesis de la pertenencia Diaguita fue formulada por el etnólogo Ricardo Latcham en la década de 1930, a través de un acucioso estudio y de un constante diálogo con investigadores argentinos, concluyó la necesidad de denominar 'Diaguitas Chilenos' a los habitantes originarios de los valles de Copiapó, Huasco, Elqui, Limarí y Choapa, propuesta que formuló en virtud de evidencias arqueológicas, dialectales y de los apellidos de los indígenas de Atacama y Coquimbo. Al respecto escribe: *"A esta rama* (indígenas del Norte Chico) *no se ha asignado un nombre oficial, hablándose de ella simplemente como naturales de los diversos valles que ocupaban",* (...) *"Hace veinte o más años, el que esto escribe, confirmando sospechas insinuadas por el Dr. Moreno y otros escritores argentinos, propuso que se diera a estos indios el nombre de 'Diaguitas Chilenos', el que poco a poco ha sido adoptado por autores posteriores"*[23].

La argumentación etnográfica más concluyente de Ricardo Latcham estuvo en la consideración de los apellidos. Escribe: *"La semejanza y a menudo la identidad de los apellidos es todavía más concluyente (para denominarlos Diaguitas chilenos). Entre aquellos que se han sacado de los antiguos registros parroquiales de Copiapó, Huasco y La Serena, hallamos muchos que son iguales a los de igual procedencia argentina. De los que todavía se usan en las provincias en cuestión, podemos citar: Albayay, Abancay, Calchin,* <u>*Campillay*</u>*, Caymanqui, Chanquil, Casmaquil, Chavilca,*

---

21 LORCA, M. (2002) *Hacia Una Antropología de las Ausencias. El Desarrollo Histórico – Étnico del Huasco Alto*; Municipalidad de Alto del Carmen, Fundación Nacional para la Superación de la Pobreza y Fundación Volcán Calbuco; Lom Ediciones, Santiago de Chile.
22 MOLINA, R. (1997) El Refugio Diaguita del Huasco Alto (Manuscrito). También capítulo 5° "Los Diaguitas" en J. BENGOA (comp.) *La Memoria Olvidada: historia de los pueblos indígenas de Chile*; publicado por la Comisión Verdad Histórica y Nuevo Trato, Santiago.
23 LATCHAM, R. (1937) "Arqueología de los Indios Diaguitas"; *Boletín del Museo de Historia Natural*, Tomo XVI, Santiago de Chile; p.893

Chapilca, Chupiza, Liquitay, Pachinga, Lainacache, Payman, Quilpitay, Quismachay, Sapiain, Talmay, Talinay, Tamango, Salmaca, Chillimaco, etc."[24]. Entre estos apellidos terminados en la desinencia "ay" típicamente kakana o antigua lengua diaguita, se encuentran: Campillay, Guanchicay, Tamblay, Liquitay, todos del Huasco Alto. La propuesta de Latcham repone un etnónimo olvidado, cuyo nombre era concebido en Chile sólo como existencia prehispánica y anotada muchas veces en la documentación colonial. Pese al constante desconocimiento, existieron en el siglo XX algunos renuncios a la extendida creencia de la extinción de los diaguitas. En el año 1971, la Cámara de Diputados de Chile en un documento estimaba que la población Diaguita junto a Atacameños y Changos, conformaban una población cercana a las 20.000 personas las que *"conservan algunas formas de vida y tradiciones*[25].

Los huascoaltinos van paulatinamente auto reconociéndose diaguitas, y a la vez forman convicción que por este etnónimo el Estado estaría en condiciones de reconocerles su identidad étnica y su larga historia indígena. A partir de la década del 2000 algunos dirigentes y dirigentas huascoaltinas, se dicen diaguitas. Lo mismo ocurre con los estudios e informes etnográficos que comienzan a referirse a los huascoaltinos como diaguitas[26]. En 2003, la Comisión Verdad Histórica y Nuevo Trato, formada por dirigentes indígenas e intelectuales, incluye entre los pueblos originarios a los Diaguitas y reconoce su existencia y presencia en el norte del país, y específicamente en el Huasco Alto. Quedaba sólo el último impulso al reconocimiento oficial, para lo cual los huascoaltinos piden la modificación de la Ley Indígena 19.253, a fin de incluir a los diaguitas como pueblo originario. En 2006, ocurre la modificación en virtud de los argumentos de los huascoaltinos, que señalan que ellos son herederos del Pueblo de Indios del Huasco Alto, que su cultura conserva muchos rasgos étnicos y sus apellidos son parte de la antigua lengua *kakan*. Esta argumentación surgía de la memoria colectiva, de los documentos, y fue avalada preferentemente por la vida cotidiana de

---

24 LATCHAM, R. (1937) op.cit. pp.894-895. Subrayado del autor
25 35° sesión Cámara de Diputados de Chile, p.3235, Año 1971.
26 Ver: AGUIRRE, O.; P. RIVERA; M.E. LICUIME; N. VARAS y A. SEPÚLVEDA (2004) *Rescate de la memoria histórica del pueblo diaguita*; (Manuscrito) Ministerio de Salud de Vallenar. Mimeografiado. También, ver MORAGA, J. (2002) *Estudio exploratorio del saber alopático en el valle de El Tránsito en la comuna de Alto del Carmen* (Informe Borrador); Ministerio de Salud, Santiago.

la gente del Huasco Alto. Revivía así el viejo fantasma étnico que siempre deambuló por la historia y la cultura de los huascoaltinos, apoyados en los lugares de memoria del Huasco Alto, geografía simbólica, ritual y material que actuó como un referente de resistencia cultural ante las colonizaciones de la modernidad y de los intentos de asimilación de las políticas culturales del Estado Chileno. Allí, el territorio, el poblamiento ancestral, los apellidos y la historia propia favorecieron la emergencia étnica de un nuevo pueblo indígena en Chile; Los Diaguitas.

Conclusión

El Huasco Alto es un buen ejemplo para exhibir la relevancia y la potencia que posee el lugar y la memoria como elementos capaces de rearticular realidades étnicas negadas, invisibilizadas y olvidadas, por el poder del Estado. Son las narrativas internas y locales, las creencias y las prácticas ancestrales, las que constituyen los lugares de memoria, que en el Huasco Alto han sido capaces de recrearse en el tiempo y re emerger en la actualidad en gran parte del valle del Huasco Alto. Allí, el viejo fantasma indígena repelido por la república, se encarna en un pueblo que se autoreconoce diaguita y levanta su narrativa histórica y demandas culturales, sociales, económicas y políticas, que hacen diverso el sentido del espacio habitado, donde los lugares de memoria, algunos relatados al principios de este trabajo, fueron piedra angular para la emergencia y presencia Diaguita en el Huasco Alto.

Bibliografía

AGUIRRE, O.; P. RIVERA; M.E. LICUIME; N. VARAS y A. SEPÚLVEDA (2004) *Rescate de la memoria histórica del pueblo diaguita*; (Manuscrito) Ministerio de Salud de Vallenar. Mimeografiado.

ARANDA, Ximena (1969) *Evolución de la agricultura y el riego en el Norte Chico: Valle del Huasco*. Informaciones Geográficas. Departamento de Geografía. Universidad de Chile. Número Único; Santiago de Chile.

BENGOA, José (comp.) (2004) *La Memoria Olvidada: historia de los pueblos indígenas de Chile* (Capítulo 5° "Los Diaguitas"); publicado por la Comisión Verdad Histórica y Nuevo Trato, Santiago.

CASSIGOLI, Rossana y Álvaro RODRÍGUEZ (1995) *Investigación Antropológica del Estudio Diagnóstico de la Población Colla de la III Región* (Preinforme Final) (Manuscrito); Sur Profesionales Ltda; Departamento de Antropología de la Universidad de Humanismo Cristiano.

CORNELY, Francisco (1956) *Cultura Diaguita Chilena y Cultura El Molle*; Santiago de Chile.

DOMEYKO, Ignacio (1978) *Mis Viajes. Memorias de un exiliado* (Tomo I); Ediciones de la Universidad de Chile, Santiago de Chile.

HART, David (2002) *Hombres de Tribu, Musulmanes en un mundo cambiante: Bereberes de Marruecos y pujtunes de Pakistán, islam tribal y cambio socioeconómico*; Biblioteca de Humanidades, Universidad de Granada.

LATCHAM, Ricardo (1937) "Arqueología de los Indios Diaguitas"; *Boletín del Museo de Historia Natural*, Tomo XVI, Santiago de Chile.

LORCA, Mauricio (2002) *Hacia Una Antropología de las Ausencias. El Desarrollo Histórico – Étnico del Huasco Alto*; Municipalidad de Alto del Carmen, Fundación Nacional para la Superación de la Pobreza y Fundación Volcán Calbuco; Lom Ediciones, Santiago de Chile.

MARISCOTTI, Ana María (1978) "Pachamama Santa Tierra: Contribución al estudio de la religión autóctona en los Andes centro-meridionales"; *Suplemento de Revista Indiana* 8; Ibero-Amerikanisches Institut, Gebr. Mann Verlag, Berlin.

MOLINA, Raúl (1997) El Refugio Diaguita del Huasco Alto (Manuscrito).

MOLINA, Raúl; Luis CAMPOS; NANCY Yáñez, Martín CORREA, Carole SINCLAIRE, Gloria CABELLO, Pedro CAMPOS, Iván PIZARRO y Mario ABALLAY (2005) *Diagnóstico Sociocultural de la Etnia Diaguita en el III Región de Atacama; Informe Síntesis;* Grupo de Investigación TEPU (Manuscrito); Informe SERPLAC, Atacama.

MORAGA, Jorge (2002) *Estudio exploratorio del saber alopático en el valle de El Tránsito en la comuna de Alto del Carmen* (Informe Borrador); Ministerio de Salud, Santiago.

MORALES, Joaquín (1896) *Historia del Huasco*; Imprentas de la Librería del Mercurio, Valparaíso.

PÉREZ ROSALES, Vicente (1986) [1859] *Ensayo sobre Chile*; Ediciones de la Universidad de Chile, Santiago.

RETAMAL, Julio, Carlos CELIS, José Miguel DE LA CERDA, Carlos RUIZ y José URZÚA (2003) *Familias Fundadoras de Chile, 1656-1700. El conjunto final*; Ediciones de la Universidad Católica de Chile, Santiago.

SILVA VARGAS, Fernando (1962) *Tierras y Pueblos de Indios en el Reino de Chile*. Esquema histórico – jurídico. Editorial Universidad Católica, Santiago de Chile.

VIVAR, Jerónimo (2001) *Crónica de los Reinos de Chile* (Edición de Angel Barral Gómez); Crónicas de América, Dastin, Madrid.

Capítulo 2
MATERIALIDADES, MEMORIA Y LUCHAS SIMBÓLICAS EN LA DISYUNTIVA MODERNA

por Luis Gerardo Franco[27]

Introducción

El contexto (post)colonial Latinoamericano es particularmente rico en experiencias que encausan los agenciamientos simbólicos de los grupos oprimidos hacia la búsqueda de la emancipación social y de nuevos órdenes sociales más equitativos. Las características sociales y culturales heterogéneas de cada país de la región ofrecen numerosos ejemplos del desencantamiento del mundo moderno y evidencian un amplio abanico de situaciones en las que -desde diferentes cosmovisiones y perspectivas- se denuncia la violencia y la dominación impuesta por la modernidad, y todos sus agenciamientos individuales e institucionales, proponiendo al mismo tiempo la superación de las categorías de la modernidad/colonialidad. De esta manera, en nuestros contextos existen prácticas configuradas como agenciamientos simbólicos dentro de la disyuntiva moderna que desafían el sentido constituido de la racionalidad moderno/colonial.

Haciendo juego y sentido a estos agenciamientos están las materialidades presentes y pertenecientes a tradiciones culturales particulares. Estas hacen parte de redes de sentido que existen en los márgenes de la mirada disciplinaria e institucional, generando espacios prolíficos para el re-surgir de conocimientos y sentimientos "otros". Tales conocimientos y sentimientos, en su mayoría, están ausentes de las disciplinas sociales debido a una concepción hegemónica de lo social y de su pretensión de objetividad, la cual vuelve marginal y subsidiario (conocimiento no válido, pre-científico) toda clase de pensamiento que no se ajuste a los protocolos de la razón.

Distintas experiencias permiten visualizar el conflicto entre lo que puede ser denominado conocimiento local y el conocimiento moderno esgrimido

---

27 Antropólogo de la Universidad del Cauca, Colombia. Estudiante del doctorado en Ciencias Humanas en la Universidad Nacional de Catamarca, Argentina. E-mail: luisge7@hotmail.com

en disciplinas como la arqueología en su concepción del mundo material como algo pasado e inanimado y sin conexiones de carácter ontológico con quienes son puestos en relación con ese mundo. Tales experiencias señalan lo que se menciona como el vacío intercultural del encuentro y evidencian la diferencia de legados históricos, culturales y políticos que intervienen en la relación entre personas y el mundo material. No obstante, cuidémonos de caer en el error de pensar como entidades separadas a los agentes humanos y a los objetos materiales. Ambos son constitutivos del ser y del estar en el mundo. Ambos poseen memorias que conectan y diluyen historias, memorias que hacen presente lo ausente y viceversa. La memoria juega un rol clave en los procesos socio-históricos de todas las sociedades humanas articulando un entramado simbólico que actúa como como base para la proyección de su imagen como sociedad ante ella misma y ante los otros. Regímenes de memoria y olvido son instaurados como puntas de lanza para proyectos nacionales, étnicos, y en general, identitarios.

Gnecco y Zambrano[28] ya han señalado que "la representación del pasado se aborda como un hecho social contemporáneo inextricable de los procesos de construcción de identidad". La memoria, muchas veces depositada en expresiones materiales de la cultura, y en ocasiones, activada por éstas, entra en el juego del poder al momento de definir qué memoria prevalece sobre otra. Este juego del poder ha sido escenificado a la perfección, en el contexto de las comunidades indígenas, en la supresión -de vieja data- tanto física como discursiva, que ejercieron las prácticas y discursos modernos frente a las estrategias de conservación y difusión de la memoria indígena. Digamos sobre este punto, y sus consecuencias, lo que ya enunciaron Gnecco y Zambrano[29]: "La supresión de la memoria es la supresión de la identidad, así mismo, la recuperación de la memoria es la recuperación de la identidad".

La disyuntiva moderna en el contexto de las sociedades indígenas latinoamericanas pone en cuestión el optar por un hacer de la memoria propia, inmersa en redes de sentido local y ancestral, o un dejarse hacer por la memoria ajena (colonizadora). Este texto intenta contribuir, en lo posible,

---

28 GNECCO, C. y M. ZAMBRANO (2000) "Introducción: El pasado como política de la memoria"; en GNECCO, C. y M. ZAMBRANO (Eds.) *Memorias Hegemónicas, Memorias Disidentes. El pasado como política de la historia*; Instituto Colombiano de Antropología e Historia, Universidad del Cauca, Colombia.

29 GNECCO, C. y M. ZAMBRANO (2000) op.cit. p.14.

al hacer de la memoria propia. No obstante, no se pone en el lugar de esa memoria sino que la sitúa en la cartografía antagónica de las relaciones sociales y de conocimiento. Deja entrever cómo el hacer de esa memoria está ligado al trabajo de re-memorización como una búsqueda activa puesto que "el esfuerzo de rememoración es el que ofrece la ocasión más importante de hacer "memoria del olvido"[30].

Volviendo sobre la idea que expresa que la recuperación de la memoria es la recuperación de la identidad nos enfrentamos al momento de la re-memorización como el momento del reconocimiento. Esta acción implica, desde mi perspectiva, un cara a cara con aquellas tradiciones encargadas de silenciar las voces de los ancestros. Lo siguiente no es un intento por hacer surgir esas voces, es más bien, un intento por rastrear las condiciones que llevaron a creer en el silencio del mundo y en el monólogo de los humanos. Así mismo intenta, y a pesar de mantenerse en el lugar disciplinario, moverse hacia los márgenes donde lo legendario se confunde con lo real.

Contornos y desbordes en el mundo social

Para iniciar, unas breves consideraciones sobre algunos acercamientos acerca de cómo se ha pensado el mundo social y su conformación, esto permitirá abordar la problemática de los agenciamientos simbólicos y las luchas (post)coloniales planteadas en este texto. La composición de lo social se da a través de la interacción de múltiples seres entre los cuales los seres humanos son sólo uno de ellos. Grosso[31] afirma que: "Estamos, de entrada, en lo social: es imposible su objetivación; ni exhaustiva, ni progresiva, ni utópica; estamos siempre implicados". Desde que nacemos nos insertarnos en las diversas redes de relaciones que existen en las diversas sociedades. Estas redes van configurando nuestras experiencias y percepciones de lo que identificamos como realidad y también nos afirman como integrantes de una cultura particular que articula una red de significados compartidos[32]. Así, los

---

30 RICOEUR, P. (2004) *La memoria, la historia y el olvido*; Fondo de Cultura Económica, Buenos Aires, p.50.
31 GROSSO, J.L. (2009-2010) Notas seminario Teoría social: La torsión simbólica en la luminosa modernidad y la situación postcolonial, Doctorado en Ciencias Humanas, Universidad Nacional de Catamarca, Argentina.
32 GEERTZ, C. (1989) *La interpretación de las culturas*; Gedisa, Barcelona.

procesos de socialización que constituyen el mundo social se desenvuelven dentro de espacios cultural y socialmente regulados. No obstante, y a pesar de la regulación de los espacios culturales y sociales en los que se desenvuelven las vidas de los individuos, estos poseen la capacidad para la transformación de esos espacios. Esto lo podemos ver mejor a través de las *teorías de la estructuración* de Giddens[33] y del *habitus* de Bourdieu[34], las cuales se ocupan de establecer las relaciones entre acción (agencia) y estructura, producción y reproducción. Sin embargo, aunque los planteamientos de Giddens y Bourdieu constituyen herramientas importantes en el estudio de la vida social en general, los mismos pueden verse excedidos en el momento de aplicarlos en los contextos latinoamericanos debido, particularmente, a la "heterogeneidad temporal" característica de nuestros países[35]. Detengámonos un momento en los planteamientos de estos dos autores.

La teoría de la estructuración de Giddens hace una crítica a la idea de estructura defendida por el funcionalismo anglonorteamericano y por el estructuralismo francés que la definen como algo descriptivo, el primero, y como algo reduccionista, el segundo. Estos tipos de acercamientos a la noción de estructura han borrado conceptualmente al sujeto y su acción. Hablar de un individuo, nos dice Giddens[36] no es hablar sólo de un sujeto, sino también de un agente. Por esto, la intención de Giddens al poner el énfasis en las "prácticas reproducidas", es decir, en la conjunción entre individuo y sociedad, es la de resaltar el carácter de producción y reproducción de la vida social, lo que correspondería a una "dualidad de estructura" concerniente a la dependencia entre acción y estructura, y también la de resaltar el hecho de que "todos los actores son teóricos sociales", condición necesaria para ser agentes sociales[37]. Por tanto, la vida social está ligada a una estructura, la cual nace de prácticas regulares que se anudan íntimamente a una institucionalización[38]. Sin embargo, tal estructura, una vez estructurada, depende para su sostenimiento de las acciones de los individuos. En este punto toman vital importancia las nociones de producción y reproducción.

---

33 GIDDENS, A. (1997) *Las nuevas reglas del método sociológico. Crítica positiva de las sociologías comprensivas;* Amorrortu, Buenos Aires.

34 BOURDIEU, P. (1999) *Meditaciones pascalianas*; Anagrama, Barcelona.

35 GARCÍA CANCLINI, N. (1989) *Culturas híbridas. Estrategias para entrar y salir de la modernidad*; Grijalbo, México.

36 GIDDENS, A. (1997) op.cit. p.15.

37 GIDDENS, A. op.cit. p.15.

38 GIDDENS, A. op.cit. p.18.

> "La producción o constitución de la sociedad es un logro diestro de sus miembros, pero tal que no ocurre en condiciones que están enteramente dentro de su intención o comprensión. La clave para entender el orden social…no está en la "interiorización de los valores", sino en las relaciones cambiantes entre la producción y la *reproducción* de la vida social por sus actores constituyentes. Pero *toda reproducción es necesariamente producción:* la simiente del cambio existe en cada acto que contribuye a la reproducción de cualquier forma "ordenada" de vida social"[39].

Por otro lado, Bourdieu establece su noción de habitus para resaltar una serie de disposiciones duraderas y transferibles en la vida social. Al igual que Giddens, piensa lo social como una estructura estructurada que tiene una capacidad de estructuración de los individuos que participan en él, los cuales están provistos con habitus y conocimientos prácticos que les dan la capacidad de enfrentar situaciones muy variadas. Sin embargo, el conocimiento práctico de las prácticas (estructuradas por el habitus) por parte de los individuos -agentes- no es objeto de un conocimiento totalmente consciente.

En este sentido, las prácticas, y por tanto el habitus, estarían incorporados (naturalizados) en los agentes humanos al punto de que su reproducción sería de manera inconsciente. En palabras de Bourdieu:

> Los agentes sociales están dotados de habitus, incorporados a los cuerpos a través de las experiencias acumuladas: estos esquemas de percepción, apreciación y acción permiten llevar a cabo actos de conocimiento práctico, basados en la identificación y el reconocimiento de los estímulos condicionales, y convencionales a los que están dispuestos a reaccionar, así como engendrar, sin posición explicita de fines ni cálculo racional de los medios, unas estrategias adaptadas y renovadas sin cesar, pero dentro de los límites de las imposiciones estructurales de las que son producto y que los definen[40].

---

39 GIDDENS, A. op.cit. p.128 (cursivas en el original).
40 BOURDIEU. P. (1999) op.cit. p.183.

La perspectiva de Bourdieu se caracteriza, como la de Giddens, por querer devolverle la capacidad de agencia al individuo a través de sus cuerpos pensantes, para transformar las estructuras en las cuales se encuentran insertos. Sin embargo, una pregunta puede ser pertinente aquí. En la cita anterior se lee que las estrategias de los individuos siempre están dentro de los límites de las imposiciones estructurales de las que son producto y que los definen; así: ¿no se trata de una agencia ilusoria? ¿Puede haber agencia fuera de esos límites? Sin ánimos de dar respuestas concluyentes a estas preguntas diría para el caso de la primera que sí se trata de una agencia ilusoria, y para el caso de la segunda diría que sí puede haber agencia fuera de esos límites, e incluso, que una agencia potencialmente transformadora sólo es posible por fuera de esos límites. Esto último, trae una cuestión problemática que tiene que ver con la interacción de habitus provenientes de formas de estructuración diferentes. En otras palabras, y situándolo en los contextos de los países latinoamericanos, tiene que ver con los conflictos inherentes al reconocimiento de las relaciones interculturales que se plantean en la cotidianidad de la gente, y más aún, en las políticas estatales que buscan la convivencia de las personas.

De esta manera, parece ser que las acciones de producción y reproducción están pensadas para colectivos de individuos que, si bien se mueven por intereses y se posicionan de acuerdo a relaciones de poder, comparten un único sentido de la vida social, un mismo habitus. La producción, cabe pensar, es siempre una producción de lo mismo, o en el caso de que se genere algo novedoso, es algo que ya ha sido anticipado o preestablecido por la reproducción misma de la estructura. En la sociedad moderna, o posmoderna, el campo de la tecnología nos brinda ejemplos sobre esta situación. Considerada por muchos como el motor de cambio de las sociedades, a la tecnología en la sociedad occidental se le ha otorgado el papel de generadora de grandes cambios estructurales. Sin embargo, estos cambios han sido de una u otra forma anticipados por la misma estructura que los genera. El escape de un estructuralismo reduccionista llega a convertirse en una estructuración habilitante pero dentro de un marco de acción reducido. Tal estructuración no acepta las irrupciones de marcos de sentido que desafíen o contradigan su orden de cosas. Para que aquellas irrupciones puedan ser aceptadas deben ser convertidas a formas reconocibles ya estructuradas. En pocas palabras, deben ser traducidas al lenguaje de "lo mismo" y purgadas de toda alteridad. Sin duda, se trata de una forma de la modernidad eurocéntrica de entender la vida social, lo cual no le quita su valor conceptual y metodológico pero sí, al pensar desde Latinoamérica, debemos integrar otros componentes que están presentes en nuestros países como lo es el problema de la colonialidad y de las luchas por la descolonización epistémica, política y social. En este punto es relevante lo planteado por Grosso[41]:

> Los entramados poscoloniales, a lo largo y a lo ancho de esa tortuosidad histórica, no pueden ser descritos desde una posición objetivadora que dibuja los mapas y otras configuraciones icónicas del conocimiento objetivo (ni siquiera la objetivación reflexiva y crítica al modo del socioanálisis de Pierre Bourdieu), sino al precio (paradójico) de suspender la gestión del sentido de los actores sociales en sus luchas.

En nuestros contextos, a pesar que ha querido convertirse toda irrupción dentro del marco de sentido o de la estructurada modernidad, la conversión de la alteridad en mismidad ha sido combatida, rechazada y resistida por aquellos que irrumpen desde los márgenes de la modernidad. Indígenas, negros, campesinos, dominados en cualquier campo (incluido el académico) se niegan a entregar su poder de lucha y de transformación. El poder de lo que hay más allá de los márgenes siempre es temido por la "estructura estructurada" de la dominación. Desde un panorama general, Stuart Hall[42] plantea que en el siglo XX:

> la revolución cultural más profunda ha sido una consecuencia de las márgenes entrando a la representación: en el arte, en la pintura, en el cine, en la música, en la literatura, en las artes modernas de todos lados, en política y, en términos generales, en la totalidad de la vida social. *Y estas márgenes no lo hacen para ser situadas por otro régimen, por el ojo del imperio, sino que lo hacen para reclamar para sí mismas alguna de las formas posibles de representación*[43].

---

41 GROSSO, J.L. (2007) "El revés de la trama. Cuerpos, semiopraxis e interculturalidad en contextos postcoloniales"; *Arqueología suramericana* 3: 2, pp.185-186.
42 HALL, S. (1991) "Lo local y lo global: globalización y etnicidad"; Versión digital disponible en: www.cholonautas.edu.pe/bibliotecavirtualdecienciassociales p.18.
43 Las cursivas son mías.

En un sentido similar, Grosso[44] señala desde la semiopraxis cómo las formaciones hegemónicas colonial y nacional y sus discursos logocéntricos, en América Latina, han hundido en los cuerpos, pliegue sobre pliegue, identidades hechas en la descalificación, estratificación, sometimiento, borramiento y negación. Tales identidades han sido confinadas a los márgenes por no corresponder ni funcional ni estructuralmente a la visión hegemónica que constituye el orden social moderno.

En las teorías de Giddens y Bourdieu la *agencia* hace referencia sólo a la condición humana y deja por fuera otros seres que habitan el mundo, así como, el hacer de la materialidades. Por tanto, es pertinente una visión más amplia para que la agencia no quede exclusivamente en los humanos sino que también se tenga en cuenta a los no-humanos pues los procesos de socialización, por ende la constitución de la vida social y de los habitus, no son procesos que se traten sólo de relaciones entre humanos. En este sentido, Bruno Latour ha señalado que la constitución moderna se debe a la creación de dos tipos de prácticas diferentes que para resultar eficaces debieron mantenerse separadas, por tanto, asimétricas[45]. "El primer conjunto de prácticas crea, por "traducción", mezclas entre géneros de seres totalmente nuevos, híbridos de naturaleza y cultura. El segundo, por "purificación", crea dos zonas ontológicas por completo distintas, la de los humanos, por un lado, la de los no humanos, por el otro"[46]. A pesar de su separación en la constitución moderna estos dos tipos de prácticas no pueden pensarse si no a condición de la dependencia una de la otra. Esto, porque la creación y la mezcla de híbridos entre naturaleza y cultura, la práctica de traducción, no sería posible sin la práctica de purificación, la separación de lo humano y de lo no humano.

Esta doble separación tiene sus representantes particulares, por un lado, la política, y por otro, la ciencia. No obstante, Latour nos señala que: "Si la constitución moderna inventa una separación entre el poder científico encargado de representar las cosas y el poder político encargado de representar los sujetos, no saquemos de esto la conclusión de que los sujetos están lejos

---

44 GROSSO, J.L. (2007) op.cit.
45 LATOUR, B. (2007) *Nunca fuimos modernos. Ensayo de antropología simétrica*; Siglo Veintiuno Editores, Argentina.
46 GROSSO, J.L. (2007) op.cit. p.28.

de las cosas"[47]. El poder de la constitución está, entonces, en otorgarles estancias independientes a cada una de sus partes, volviendo invisibles, negando, los vínculos entre ellas para garantizar el ser moderno. Todo lo contrario pasa con los colectivos pre-modernos, como los llama Latour, pues estos "fueron acusados de mezclar horriblemente las cosas y los humanos"[48]. Con esta perspectiva, podemos ver que los colectivos humanos, los modernos incluidos, movilizan para la constitución de sus relaciones sociales aspectos provenientes de la esfera de lo humano como de la esfera de lo no humano.

El vacío intercultural del encuentro

Quiero evocar una situación de mi trabajo de campo en el resguardo[49] Juan Tama (Fig.1). En ese momento me dirigía junto a un grupo de personas pertenecientes a la comunidad a un sitio donde se encuentran ubicadas tres estatuas de piedra. En ese momento, yo caminaba junto a Jesús Reinel Torres, gobernador del resguardo en esa época. Debido a las irregularidades del camino, al llegar al lugar denominado El Aguacatal, vi las estatuas primero, Jesús lo haría unos segundos después. Al momento de ver las estatuas, pensé en esos grandes monolitos de piedra, en las técnicas de elaboración, en el tiempo que invirtieron los escultores para tallarlas, cuántos se habrían necesitado para hacerlas. Pensé también en el significado que pudieran tener las estatuas para la comunidad, pero el corpus de conocimiento que había adquirido a lo largo de mi formación universitaria me arrojaba a interpretaciones muy arqueológicas donde prevalecía una asociación de las estatuas con procesos sociales del pasado. Me encontraba en medio de mis pensamientos cuando Jesús vio las estatuas y pronunció las siguientes palabras: "Llegamos donde

---
47 GROSSO, J.L. (2007) op.cit. pp.55-56.
48 GROSSO, J.L. (2007) op.cit. p.67.
49 El resguardo es una institución colonial establecida por la corona española ante el descenso demográfico de la población indígena en América y las dificultades de administrar encomiendas de indígenas ya que estas no poseían límites territoriales fijos. En el territorio que hoy ocupa Colombia, el resguardo, durante la colonia, buscó una forma territorial definitiva para la administración de las poblaciones indígenas. Ya entrada la República, en el siglo XIX, éste empezó a convertirse ya no en una institución explícita de dominio sino que empezó a ser reivindicada como una forma para la organización de las comunidades indígenas y como forma para reclamar su derecho al territorio. Actualmente, la figura del resguardo sostiene muchos de los procesos indígenas relacionados con la economía de las comunidades y la reproducción de su cultura.

los abuelos". Estas palabras fuera de quedarse grabadas en mi mente, derrumbaron todo lo que había estado pensando acerca de las estatuas. También me indicaron que estaba frente a un modo diferente de relación con aquella materialidad que se nos presentaba ante nosotros (Fig.2)

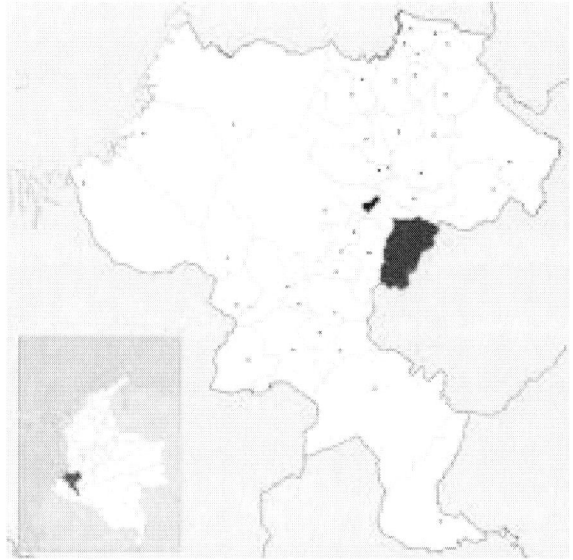

(Fig.1) Ubicación Santa Leticia, departamento del Cauca, Colombia.

(Fig.2) Estatuas de piedra. El Aguacatal, Santa Leticia. Comunidad de Juan Tama.

La anterior situación expresa claramente modos de relación con el mundo, y con los objetos que lo habitan, distintos. Los pensamientos que circularon en mi mente y las palabras que escuché de Jesús delataron mundos relacionales muy diferentes, quizás opuestos. Eran percepciones de un mismo referente desde diferentes ópticas, interpretaciones que si bien estaban referidas a las mismas "estatuas de piedra" diferían en su sentido final. Delataban también, el lugar del pensamiento de cada uno de los involucrados en la escena, la cual nos enfrentó ante la dificultad de un diálogo intercultural. Al decir de Kusch, "un diálogo es ante todo un problema de interculturalidad. La distancia física que separa a los interlocutores y las vueltas retóricas para entenderse, refieren a un problema cultural"[50].

Por su parte, Alfred Schutz[51] señaló que: "Todo nuestro conocimiento del mundo, tanto en el sentido común como en el pensamiento científico, supone construcciones…propias del nivel respectivo de organización del pensamiento…los hechos puros y simples no existen…se trata siempre de hechos interpretados". En este sentido, las interpretaciones que circularon aquella vez en torno a las estatuas, podría decirse, estuvieron a tono con el "conocimiento a mano"[52] o las comprensiones de sentido común o saber mutuo -de Giddens- que poseía cada uno de los participantes en la escena. El "conocimiento a mano", según Schutz[53] se relaciona con el hecho de que "toda interpretación de este mundo se basa en un acervo de experiencias previas sobre él, que son nuestras o nos han sido trasmitidas por padres o maestros"[54]. En este sentido, habría sido difícil esperar una "reciprocidad de

---

50 KUSCH, R. (1978) *Esbozo de una antropología filosófica americana*; Castañeda, Buenos Aires, p.13.

51 SCHUTZ, A. (1995) El sentido común y la interpretación científica de la acción humana; *El problema de la realidad social*. Amorrortu, Buenos Aires, pp.36-37.

52 Cf. SCHUTZ, A. (1995) op.cit.

53 SCHUTZ, A. (1995) op.cit. p.39.

54 El sentido dado por Jesús Reinel a las estatuas no estaba, para usar una palabra de Schutz, tipificado en mi acervo de conocimientos, lo cual imposibilitó mi comprensión. La acción social que se desarrolló en ese momento niega algunos de los supuestos de la comprensión del otro de Schutz puesto que no siempre se dan las condiciones según la cual "En cualquier encuentro cara-cara el actor trae a la relación un acervo de saber disponible o comprensiones de sentido común, en función de lo cual tipifica al otro, puede calcular la probable respuesta del otro a sus acciones y sostener una comunicación con él" (GIDDENS, A. comentando a SCHUTZ. A, (1995) op.cit. p.46). Igualmente, dicha acción expresa una limitación concerniente a la dificultad de la comprensión cuando las acciones sociales se dan entre actores de culturas diferentes con lo cual se puede resaltar la dificultad (imposibilidad) de comprender al otro desde el sí mismo.

perspectivas" en la escena, la cual se presentaría normalmente en personas de un mismo grupo social y/o cultural ya que compartirían los sistemas de significados propios de tal grupo.

A riesgo de equivocarme en mi interpretación, asumo que las prácticas relacionadas con las materialidades, hablarle a los objetos, ofrecerles ofrendas, etc., además de contribuir a los procesos de producción y reproducción social contribuyen también a fortalecer la lucha simbólica que se libra contra las fuerzas hegemónicas de la razón, representadas por algunas de las disciplinas sociales y por el Estado. Sin duda es una lucha contra esa violencia simbólica que el Estado-Nación ha ejercido por casi dos siglos y los gobiernos coloniales por otros tres y que han destruido, silenciado, reprimido y sin caer en contradicción alimentado y reanimado.

Es sugestivo pensar este tipo de acciones (hablarle a los objetos, ofrecerles ofrendas), de interacción con los "objetos", en el sentido de semiopraxis que les imprime Grosso, a saber: como "prácticas que se desarrollan en el contexto de *maneras de hacer y modos de representar* fuertemente cargados y orientados por mediaciones no lingüísticas, ligados a una corporalidad escénica y a una materialidad simbólica, no explicitas, tal vez nunca enunciadas en "lenguaje", pero no por ello menos operantes". Tales *maneras de hacer,* que no son como nuestras maneras de hacer, pues implican *otros* tiempos, *otros* ritmos, expresan posiblemente una conciencia de lo que ha sido la historia de la lucha indígena en Colombia. Son unas *maneras de hacer* que no visibilizan plenamente todas sus acciones o estrategias, que parecen conscientes de los juegos del poder que para dominar y regular visibiliza. Podría pensarse quizás en un arte de la espera, ellos a su tiempo han sabido pasar del silencio a las voces, han sabido "caminar la palabra" para que se escuche con más fuerza. Han vivido en los márgenes y en las opacidades de la modernidad pero no se condenan a vivir eternamente en la oscuridad, ni por imposición ni por estrategia. Están ahí en un "estar siendo", excediendo la materialidad.

La construcción del tipo de conocimiento que nos llevó, a Jesús y a mí, a interpretar un objeto de forma diferente es inherente a los modos y los medios en que se han dado nuestros procesos de socialización. Aquí, más que la socialización en una sociedad en general conviene mejor apelar a la socialización dentro de culturas particulares con sus respectivos modos de encarar y relacionarse con el mundo. Las subjetividades implicadas en las relaciones interculturales no están en un mismo plano en lo que se refiere a la construcción del conocimiento del mundo y sus objetos. Esto no implica que algunas se consideren más desarrolladas o menos desarrolladas, sólo se pretende resaltar, algo que puede resultar una obviedad, el carácter geocultural[55] de cada sujeto involucrado en la situación intercultural. Pensar este tipo de situaciones en Colombia, y en general en Latinoamérica, requiere tener en cuenta la composición heterogénea de sus sociedades. Tal como lo señaló García Canclini[56], en Latinoamérica convive una heterogeneidad multitemporal (temporalidades que conviven en un mismo presente) que es consecuencia de una historia en la que la modernización operó no pocas veces mediante la sustitución de lo tradicional y lo antiguo. Esta situación hace que no podamos pasar de soslayo las intrincadas relaciones de poder implicadas en las violencias simbólicas y epistémicas en los contextos interculturales y postcoloniales de América Latina. Se convierte en todo un desafío para las disciplinas sociales y humanas pensar los contextos interculturales y postcoloniales de nuestro continente en términos de los procesos histórico-políticos que los constituyen.

Reasentamiento y afirmación de una cultura

Antes de continuar, es importante presentar algunos datos generales del contexto de donde parte la situación expuesta anteriormente. En 1995 parte de la población del resguardo de Vitoncó, ubicado en el municipio de Páez, fue reubicada en el municipio de Santa Leticia al nororiente del departamento del Cauca a consecuencia de la avalancha ocurrida en Tierradentro un año antes. El asentamiento se denominó Juan Tama en homenaje al importante cacique colonial, y figura importante en la tradición oral nasa. Esta denominación muestra según Rappaport y Gow[57] el interés y compromiso con el resurgimiento de valores comunitarios y con la revitalización de la conciencia histórica Nasa. Datos concretos nos indican que el terreno de la reubicación

---

55 Cf. KUSCH, R. (1978) op.cit.
56 GARCÍA CANCLINI, N. (1989) op.cit. p.72.
57 RAPPAPORT, J. y D. GOW (1997) "Cambio dirigido, Movimiento indígena y estereotipos del indio: el estado Colombiano y la reubicación de los Nasas", en Ma. V. URIBE y E. RESTREPO (Eds.) *Antropología en la modernidad. Identidad, etnicidades y movimientos sociales en Colombia*; ICANH, Bogotá.

se extiende sobre una geografía montañosa perteneciente a las montañas de la cordillera central. Con temperaturas de clima templado (oscilando entre los 10 y los 16 grados centígrados) y con abundante vegetación pero con un suelo relativamente pobre para el usufructo a través del trabajo de la tierra. Los predios donde actualmente está el resguardo pertenecían a varias fincas, las cuales fueron compradas por parte del gobierno nacional a través de la corporación Nasa Kiwe, la cual fue creada por el Estado colombiano con el encargo de coordinar las actividades de los distintos organismos públicos, orientadas a apoyar el proceso de recuperación de la zona afectada por el terremoto del 6 de junio de 1994 y sus efectos colaterales.

Más allá del espacio físico hay una dimensión simbólica/cultural que le da un carácter particular a este proceso. Una vez reubicados, la comunidad de Juan Tama empezó un proceso de convertir el espacio en su territorio. Los comuneros Nasa desplegaron su cultura sobre ese espacio; nombraron ríos y montañas en su idioma constituyendo ese espacio como propio. Una circunstancia contribuyó positivamente a que el proceso de integración entre la cultura Nasa y su espacio se diera con mayor fluidez: el lugar de la reubicación no fue considerado como un lugar extraño, sino todo lo contrario, la comunidad lo percibió como una ampliación de su territorio, e incluso como una recuperación de un territorio que les había sido arrebatado, pues la comunidad nasa Juan Tama, como todo el pueblo Nasa reclama la pertenencia a Tierradentro y sus zonas aledañas desde tiempos ancestrales pre-coloniales. El suceso se convirtió en una oportunidad para recomponer y ampliar el territorio y para mejorar las relaciones de convivencia social que se encontraban en puntos críticos[58].

Es importante anotar que tal concepción de continuidad desde tiempos ancestrales, es decir más allá del momento de la conquista española, no es la versión aceptada en los medios académicos y/o institucionales para quienes los momentos de la conquista y la colonización actuaron como suerte de tabula rasa instaurando un nuevo comienzo e inaugurando la ruptura histórica que cortaría los vínculos de las comunidades indígenas con sus antepasados pre-coloniales. Por parte de los indígenas Nasa, tanto los de Santa Leticia como los de Tierradentro, la lucha por el reconocimiento de su historia se ha tornado en una lucha política por el reconocimiento tanto de su pueblo como

---

58 GÓMEZ VALENCIA, J.H. (2000) "Lugares y sentidos de la memoria indígena Páez"; *Convergencia* 21, Universidad Autónoma del Estado de México, p.193.

de su autonomía. Su historia habla de una continuidad entre los habitantes prehispánicos y ellos. No son grupos diferentes, son el mismo pueblo Nasa y lo reconocen en las evidencias materiales esparcidas por su territorio.

Agenciamientos y sentidos emergentes

La modernidad, como proyecto cultural inaugurado con la conquista de América buscó crear tipos de prácticas fundadas en el *yo* europeo[59]. La inauguración de la subjetividad moderna, de la cual somos parte, se alimentó en un primer momento de prácticas fundadas en el cristianismo como sistema de pensamiento y como concepción del mundo. En lo que se denomina la primera modernidad (siglos XVI y XVII), el mundo que rodeaba a los individuos, y las relaciones intersubjetivas, estaban mediados y explicados por la presencia de Dios. Para estos momentos en América, desde la perspectiva eurocéntrica, eran pocas las personas que pertenecían a la categoría humana, y que por tal, podían desarrollar procesos de intersubjetividad. La humanidad, y por ende la pertenecía al mundo de Dios, estaba reglada por la lengua y la religión. Aquellos que no tuvieran estos dos elementos en su experiencia existencial eran considerados del lado de lo no-humano o del lado del diablo, expresión del "otro" radical para la época. Sin embargo, el "otro" debía ser atraído hacia el lado de lo humano. La conquista y colonización del territorio, y la dominación de los cuerpos, sirvió como herramienta para lograr la conversión de la diferencia en mismidad. La imposición del cristianismo fue la base ideológica y cultural sobre la cual se moldearon las prácticas y los cuerpos de los habitantes del nuevo mundo durante los siglos XVI y XVII. El ejercicio de esta imposición se ejerció a través de la negación del *ser* de los nativos (ahora indios) y/o de la asimilación de éste como *cosa*, como un *ser* que todavía no *es*, y se sustentó sobre la plataforma de la violencia física y la violencia epistémica.

Me interesa señalar ahora, algunos aspectos que marcaron las relaciones interculturales en los distintos momentos del proceso histórico- social y que involucraron prácticas "indígenas" y la materialidad del pasado pre-hispánico. En este sentido, las "comunidades indígenas" sufrieron una ruptura, producto

---

59 DUSSEL, E. (1994) *El encubrimiento del otro. Hacia el origen del mito de la modernidad*; Ediciones Abya-yala, Quito.

de la conquista española y su proceso de colonización y evangelización, en la relación entre el significante y el significado de sus materialidades. Gnecco y Hernández han señalado que: "La relación activa y significativa entre los pueblos indígenas y algunos aspectos de la cultural material existente en sus territorios (que forman parte de lo que los arqueólogos ahora llaman "registro arqueológico") fue cortada en algún momento de la historia de su dominación colonial"[60]. Algunos de los momentos claves de esta transformación son: primero, el periodo de la colonia, entre el siglo XVI y mitad del XVII, en el cual se ejerció un proceso de extirpación de idolatrías. Este implicaba la destrucción de la cultura material indígena asociada con la idolatría, es decir, los objetos que según los españoles estaban asociados con prácticas demoníacas; segundo, el periodo desde finales de siglo XVII hasta la primera mitad del XIX con los procesos de independencia en la mayoría de los países latinoamericanos, los cuales iniciaron el proceso de la construcción de una identidad nacional basada en un paradigma europeo, denostando a los indígenas del presente y resaltando a los del pasado, con la particularidad de señalar la no existencia de vínculos entre unos y otros; y por último, desde la segunda mitad del siglo XIX (incluso hasta hoy), con la aparición de los saberes expertos, en especial, las disciplinas sociales, las cuales ayudaron a imponer una memoria histórica de acuerdo a un proyecto nacional hegemónico.

En términos de las materialidades, la pluralidad de sentidos existentes fue cubierta por la fijación de un sentido nacional a través de la categoría de "patrimonio", con lo cual se despojó, tanto en el discurso como en las prácticas, de cualquier significación local. Sin embargo, los sentidos locales estuvieron lejos de desaparecer. Al contrario, se han mantenido a lo largo de la historia. Ha sido documentado el hecho que los indígenas continuaran reproduciendo sus prácticas bajo el régimen de la colonia, muchas veces camuflando sus ritos en ritos cristianos, y en periodos posteriores. Si bien, sus prácticas, deslegitimadas y marginalizadas, se han mantenido en los puntos donde el poder moderno hegemónico no las alcanza, éstas continúan ejerciendo su poder de cohesión social y en el escenario contemporáneo juegan un papel central. Es posible encontrar en esas relaciones entre las materialidades y las comunidades locales "prácticas epistémicas a las espaldas de las políticas del

---

[60] GNECCO, C. y C. HERNÁNDEZ (2008) "History and its Discontents. Stones statues, Natives Histories, and archaeologists"; *Current Anthropology* 49:3; p.439.

conocimiento hegemónicas"[61] que se instalan en el campo de lo simbólico produciendo efectos incontrolables para un pretendido acercamiento objetivo a tales prácticas. Las prácticas locales, ajenas a cualquier intención de sistematización, despliegan su poder simbólico en la vida cotidiana de quienes están inmersos en ellas. Sirven de plataforma para las luchas contra la imposición de sentidos que buscan pasar por encima de todo, ejerciendo aquella violencia simbólica que conceptualiza Bourdieu. Traen, y sacan a la luz, relaciones impensadas para aquellos encargados de dar cuenta de lo social y poseen un componente que excede lo político y lo epistémico. Desafían a las categorías analíticas desde las cuales se acostumbra pensar las relaciones entre los seres humanos y el mundo, ya que están enlazadas a un acervo cultural que se alimenta de una tradición que reactualiza lo heredado y lo proyecta como sostén de sus resistencias y "re-existencias"[62].

El hacer de las materialidades

La vida de los seres humanos está constituida por relaciones. Creamos redes de símbolos y significados, relacionados unos con otros, que nos permiten construir un orden de mundo. Sin embargo, no todos los órdenes de mundo se construyen de la misma forma ni eligen los mismos símbolos ni los mismos significados para establecer las relaciones entre personas, distintos tipos de seres, objetos, y espacios. Lo anterior podría denominarse como una acción de ponerse en relación con el mundo. El ponerse en relación con el mundo sobrepasa para muchas comunidades humanas el plano del ser humano y se instala en una compleja red de relaciones con otros tipos de seres de los cuales el ser humano es sólo uno, ni principio ni final. La relacionalidad entre personas, objetos y espacios, puede diferir de un grupo a otro. Para captar esta relacionalidad no se debe dejar por fuera las condiciones espacio-temporales e histórico-políticas en las cuales se despliegan. La sociedad, y los grupos sociales, no obedecen a un patrón predeterminado y atemporal de

---

61 GROSSO, J.L. (2009) "Símbolo, cuerpos y emociones. Conversaciones antropológicas en el revés escritural de las ciencias sociales"; en J. MEJÍA NAVARRETE (comp.) *Sociedad, Cultura y Cambio en América Latina. Memorias del I Foro Internacional y Encuentro Pre-ALAS, Lima, 4 al 6 de Mayo de 2009;* Universidad Ricardo Palma, Lima, pp.5-6.

62 ALBAN, A. (2007) *Tiempos de zango y de guampín: transformaciones gastronómicas, territorialidad y re-existencia socio-cultural en comunidades Afro-descendientes de los valles interandinos del Patía (sur de Colombia) y Chota (norte del Ecuador), siglo XX*; Tesis doctoral, Doctorado en Estudios Culturales Latinoamericanos, Universidad Andina Simón Bolívar, Quito.

comportamiento, experimentan, según sean sus condiciones de existencia, procesos dinámicos que configuran sus formas de relacionarse con el mundo. Las diferencias temporales (diferentes concepciones del tiempo y/o diferentes formas de construir el tiempo) y espaciales (diferentes concepciones del espacio y/o diferentes formas de construir el espacio) también entran en juego y nos enfrentan de lleno a las diferencias coloniales, pues estamos hablando desde un lugar permeado por estas diferencias: Suramérica.

Existe un componente dentro de las redes de relaciones que, como parte de un grupo humano, configuramos en ánimos de ordenar el mundo. Este componente es el de las materialidades, la cual se hace y se inserta dentro de redes de relaciones contextuales y culturalmente localizadas. A pesar que el término "materialidades" implica una limitación considerable, en tanto que desde una perspectiva (la occidental) se considera lo material como algo inanimado, podemos tratar de expandirlo a visiones de mundo diferentes a la occidental y así servir como categoría analítica transicional para señalar ya desde "otras" perspectivas que lo material puede estar, o está, lleno de vida.

No obstante, el concepto de *materialidades*, introducido en la arqueología desde hace por lo menos una década, puede servirnos para expresar la complejidad de las relaciones del hombre y la mujer con el mundo. Las materialidades, entendiendo por éstas un juego de relaciones culturales establecido a partir de, y con, objetos, no precede ni excede sino que cohabita con los procesos de relacionalidad. Esta perspectiva teórica "se enfoca sobre las amplias connotaciones interpretativas alrededor y más allá del objeto, sobre el inestable terreno de las interrelaciones entre socialidad, temporalidad, espacialidad y materialidad[63]. De aquí que el carácter de la cultura material sea leído como un proceso de interrelación inherentemente social en el cual están involucrados una serie de alianzas y asociaciones, tanto con personas cuanto con objetos[64]. Las lecturas y los relatos configurados a partir de la relacionalidad entre las materialidades y las personas en un territorio particular involucran diversos aspectos que van desde los económicos, los políticos y los culturales. En tal configuración no se puede dejar de considerar las relaciones de poder como herramienta para comprender este tipo de procesos.

---

[63] MESKELL, L. (2004) "Introduction: Object Orientations"; en L. MESKELL (ed.) *Archaeology of Materiality*, Blackwell, Oxford, p.2.

[64] THOMAS, J. (2002) "A materialidade e o social"; *Revista do museo de arqueología do Brasil* 3, Sao Paulo.

Otra herramienta es la experiencia, que puede entenderse como *registro simbólico* creador de memoria, individual o colectiva, y que se convierte en una experiencia histórica, pues no basta con la concepción que se genere en el aquí y el ahora de la interacción (materialidades/personas) sino que tal concepción está atravesada por una larga cadena de experiencias permeadas por las condiciones socio-históricas que a determinado grupo de personas les ha correspondido vivir. De ahí que, "cómo las cosas son materializadas, dependen del lenguaje de las concepciones, de la experiencia y de las relaciones de poder que convergen en una experiencia particular"[65]. Esta perspectiva permite ampliar un poco el panorama pero aún conserva algunas limitaciones puesto que no es posible a través de ella escapar del objeto material. Para abrirse a una arqueología que pretenda hacer parte de aquellas realidades en las que trabaja es necesario dejar la fascinación que la ha caracterizado por el objeto e ir más allá de éste.

La fascinación por el objeto es algo que está presente en el hacer de la arqueología desde sus comienzos. Actúa a modo de un fetichismo del objeto, el cual llega a encubrir (desaparecer) las relaciones sociales (sociabilidad entre humanos y no humanos) prácticas de las personas y las reemplaza por relaciones sociales teóricas (funcionales o estructurales) entre los objetos. Siguiendo la línea argumentativa de Žižek[66] podría decirse que es en el hacer de la arqueología donde se encuentra la fantasía ideológica de una abstracción real como soporte de un conocimiento científico universal. Parangonando a Žižek[67] diría: "el objeto no contiene "valor" de la misma manera que posee un conjunto de propiedades que determinan su "valor de uso"; es decir, el objeto no tiene valor por fuera de sus relaciones prácticas en una teoría de la relacionalidad[68]. Si bien, "los objetos arqueológicos" han sido inscriptos en una red de relaciones, esto se ha hecho a través de una ficción ideológica que ha consistido en la fijación, y naturalización -efecto de cierre- de un solo sentido, acto de poder por excelencia, que opera a favor de la eliminación de la pluralidad de sentidos existentes. Lo que subyace a esta imposición,

---

65 THOMAS, J. (2002) op. cit. p.19.
66 ŽIŽEK, S. (2008) "¿Cómo inventó Marx el síntoma?"; en S. ŽIŽEK (Comp.) *Ideología: Un mapa de la cuestión*; Fondo de Cultura Económica, Buenos Aires, pp.330-370.
67 ŽIŽEK, S. (2008) op.cit. p.335.
68 HABER, A. (2007) "Arqueología de uywaña: un ensayo rizomático"; en A. NIELSEN; M. C. RIVOLTA, V. SELDES; Ma. VÁZQUEZ y P. MERCOLLI. (Eds.) *Producción y circulación prehispánicas de bienes en el sur andino*; Córdoba, Editorial Brujas, pp.13-34.

invisibilización de la heterogeneidad, es la voluntad de poder del pensamiento moderno/colonial.

Enfrentar esa voluntad de poder es algo que los grupos subalternizados ejercen en su cotidianidad, manteniendo y recreando sus prácticas. Las disciplinas sociales, particularmente, en América Latina, se encuentran en aquella relación de tensión señalada por Giddens[69] en cuanto a actuar como un instrumento potencial para expandir la autonomía racional de la acción o actuar como potenciales instrumentos de dominación. Para seguir siendo instrumento de dominación las ciencias no deben cuestionarse grandes cosas, pero si el desafío es el de expandir la autonomía de la acción no solamente debe cuestionar sus propios supuestos teóricos sino también la forma en que se relaciona, y se pone en relación con el mundo y todos sus seres.

Agradecimientos

Me gustaría dar mis agradecimientos a la comunidad de Juan Tama por permitir acompañar su proceso de re-afirmación cultural y territorial. A Cristóbal Gnecco por sus enseñanzas y su disposición hacia un modo de hacer arqueología distinta a lo que había empezado a experimentar. Así mismo, agradecer a los editores de este libro y a la evaluadora del texto quienes contribuyeron a darle una mejor forma. Todos los contenidos del texto son responsabilidad del autor.

Bibliografía

ALBAN, Adolfo (2007) *Tiempos de zango y de guampín: transformaciones gastronómicas, territorialidad y re-existencia socio-cultural en comunidades Afro-descendientes de los valles interandinos del Patía (sur de Colombia) y Chota (norte del Ecuador), siglo XX*; Tesis doctoral, Doctorado en Estudios Culturales Latinoamericanos, Universidad Andina Simón Bolívar, Quito.

BOURDIEU, Pierre (1999) *Meditaciones pascalianas*. Anagrama. Barcelona.

DUSSEL, Enrique (1994) *El encubrimiento del otro. Hacia el origen del mito de la modernidad*; Ediciones Abya-yala, Quito.

---
69 GIDDENS. A. (1997) op.cit. p.191.

GARCÍA CANCLINI, Néstor (1989) *Culturas hibridas. Estrategias para entrar y salir de la modernidad*; Grijalbo, México.

GEERTZ, Clifford (1989) *La interpretación de las culturas*; Gedisa, Barcelona.

GIDDENS, Anthony (1997) *Las nuevas reglas del método sociológico. Crítica positiva de las sociologías comprensivas;* Amorrortu, Buenos Aires.

GNECCO, Cristóbal y Carolina HERNÁNDEZ (2008) "History and its Discontents. Stones statues, Natives Histories, and archaeologists"; *Current Anthropology* 49:3; pp.439-466.

GNECCO, Cristóbal y Martha ZAMBRANO (2000) "Introducción: El pasado como política de la memoria"; en GNECCO, C. y M. ZAMBRANO (Eds.) *Memorias Hegemónicas, Memorias Disidentes. El pasado como política de la historia*; Instituto Colombiano de Antropología e Historia, Universidad del Cauca, Colombia, pp.11-22.

GÓMEZ VALENCIA, José Herinaldy (2000) "Lugares y sentidos de la memoria indígena Paez", Convergencia 21, Universidad Autónoma del Estado de México, México, pp.167-202.

GROSSO, José Luis (2007) "El revés de la trama. Cuerpos, semiopraxis e interculturalidad en contextos postcoloniales". *Arqueología suramericana* 3:2; pp.184-212.

(2009) "Símbolo, cuerpos y emociones. Conversaciones antropológicas en el revés escritural de las ciencias sociales"; en J. MEJÍA NAVARRETE (comp.) *Sociedad, Cultura y Cambio en América Latina. Memorias del I Foro Internacional y Encuentro Pre-ALAS, Lima, 4 al 6 de Mayo de 2009;* Universidad Ricardo Palma, Lima.

(2009-2010) Notas seminario Teoría social: La torsión simbólica en la luminosa modernidad y la situación postcolonial. Doctorado en Ciencias Humanas. Universidad Nacional de Catamarca, Argentina.

HABER, A. (2007) "Arqueología de uywaña: un ensayo rizomático"; en A. NIELSEN; M. C. RIVOLTA; V. SELDES; Ma. VÁZQUEZ y P. MERCOLLI. (Eds.) *Producción y circulación prehispánicas de bienes en el sur andino*; Córdoba, Editorial Brujas, pp.13-34.

HALL, Stuart. (1991) "Lo local y lo global: globalización y etnicidad". Versión digital disponible en: www.cholonautas.edu.pe/bibliotecavirtualdecienciassociales.

KUSCH, Rodolfo (1978) *Esbozo de una antropología filosófica americana*; Castañeda, Buenos Aires.

LATOUR, Bruno (2007) *Nunca fuimos modernos. Ensayo de antropología simétrica*; Siglo Veintiuno Editores, Argentina.

MESKELL, Lynn (2004) "Introduction: Object Orientations"; en L. MESKELL (ed.) *Archaeology of Materiality*; Blackwell, Oxford, pp.1-17.

RAPPAPORT, J. y D. GOW (1997) "Cambio dirigido, Movimiento indígena y estereotipos del indio: el estado Colombiano y la reubicación de los Nasas", en Ma. V. URIBE y E. RESTREPO (Eds.) *Antropología en la modernidad. Identidad, etnicidades y movimientos sociales en Colombia*; ICANH, Bogotá.

RICOEUR, Paul (2004) *La memoria, la historia y el olvido*, Fondo de Cultura Económica, Buenos Aires.

SCHUTZ, A. (1995) El sentido común y la interpretación científica de la acción humana; *El problema de la realidad social*. Amorrortu, Buenos Aires, pp.36-37.

THOMAS, J. (2002) "A materialidade e o social"; *Revista do museo de arqueología do Brasil* 3, Sao Paulo.

ŽIŽEK, S. (2008) "¿Cómo inventó Marx el síntoma?"; en S. ŽIŽEK (Comp.) *Ideología: Un mapa de la cuestión*; Fondo de Cultura Económica, Buenos Aires, pp.330-370.

Capítulo 3
MEMORIA HISTÓRICA EN LA ESCUELA: EJES PARA UNA PEDAGOGÍA POLÍTICA CON FUENTES ARQUEOLÓGICAS

por Jorge Rolland Calvo[70]

"Memoria histórica"

En la escuela, desde luego, también se plantea el tema de la "memoria histórica"; de hecho, para algunos, más que en ningún sitio, una vez se ha tratado con los directamente afectados, las llamadas víctimas. Lo veremos aquí a propósito de la "memoria histórica" en España. Aclaremos, de entrada, el entrecomillado. Eso de "memoria histórica" lo utilizamos aquí para abarcar el tratamiento del conflicto de la guerra civil española y la instauración y desarrollo de la dictadura franquista, incluyendo los acontecimientos, procesos, participantes, afectados, momentos y lugares que tienen que ver tanto con la dimensión histórica de la guerra y la dictadura (lo que pasó) como con su elaboración historiográfica (no necesariamente académica) en el presente (lo que se dice que pasó).

Por supuesto, la memoria histórica es mucho más, sobre todo cuando se alude a su "recuperación", en tanto connota un esfuerzo por abordar y reconocer públicamente multitud de aspectos del pasado negados por el discurso general y oficial: el discurso de los regímenes políticos y el discurso de la propia historiografía académica (aun cuando parte de ésta se renovó desde los años 80 y comenzó a considerar "la historia de los vencidos", centrándose, eso sí, como es tradicional, en la historia política y de los grandes personajes). Gran parte del enfoque dado a este esfuerzo e incluso al que pretende trascenderlo (p.e. Marín, en este volumen), inspira este trabajo, pero aquí vamos a partir de la acepción general del término de memoria histórica a la que nos hemos referido.

---

[70] Profesor de educación secundaria, Madrid. E-mail: cronosytopoi@gmail.com

¿Por qué y cómo cabe la memoria histórica en la escuela?

Por tanto, el tratamiento del conflicto de la guerra y la dictadura se plantea en la escuela. ¿Por qué? Por varias razones, obviamente. Primero, porque en la escuela se puede plantear todo, por principio (aunque luego se debata cómo hacerlo); es, entre otras muchas cosas, un foro desde el que ver y reflexionar (para después poder actuar) sobre la realidad, y como tal puede recoger cualquier aspecto, vértice o dimensión de la realidad. Segundo, porque la guerra y la dictadura forman parte de la historia y, de momento, en la escuela estudiamos historia, desde Primaria hasta 2º de Bachillerato, entre otras cosas. Y hay más razones, pero digamos que, para empezar, con estas bastan.

La memoria histórica tiene, pues, cabida en la escuela. Pero, ¿cómo cabe en la escuela? Desde luego se trata de una actividad o un tema, según se prefiera, claramente conflictivo, dado que aborda un conflicto que no está cerrado (en parte porque es la base del presente) y dado que, como decíamos, entraña aspectos ocultados y silenciados de la realidad histórica concernida. Por lo demás, es conflictivo como lo es todo en la escuela (y más allá), ya que pocas cosas están cerradas y, de ese modo, el resto plantea elaboración, debate y discusión, actividades claramente conflictivas. Y, en tanto el conflicto está planteado, su tratamiento y su resolución o desplazamiento pasan por una actividad política, porque, como veremos, exige una toma de postura o, al menos, el trazado de un panorama completo (si bien siempre particular) para decidir después una toma de postura. Así, el tratamiento de la guerra y la dictadura ofrece una serie de claves, tanto dentro como hacia fuera de la escuela, para el tratamiento de un conflicto, y por ello su pedagogía será política.[71]

Esta pedagogía política de la memoria histórica se inspira, por un lado, en la práctica docente que desarrollo como profesor de Historia desde el curso 2010-2011 en varios colegios de Madrid y, por otro, en mi participación en el proyecto de investigación y acción en el destacamento penal de Bustarviejo

---

[71] En la línea de lo planteado por FREIRE, P. [1993] (2001) *Política y educación*; Siglo XXI, México DF y CHESNEAUX, J. [1976] (1982) *¿Hacemos tabla rasa del pasado?*; Siglo XXI, Madrid. Algunos prefieren descartar el epíteto de "política" y considerar que toda pedagogía es política, en tanto que, al intervenir en el pensamiento y pronunciarse sobre la realidad, orienta su mirada. Sin embargo, aquí preferimos mantenerlo, con el fin de subrayar el compromiso de nuestra pedagogía para que los alumnos definan su postura en el marco del conflicto lo más libremente posible.

(Madrid), donde, como en muchos otros lugares a lo largo de los años 40 y 50, en plena dictadura franquista, distintos presos políticos y comunes fueron obligados a construir obra pública. Este proyecto se ha desarrollado a lo largo de varios años, entre 2006 y 2010, con las aportaciones voluntarias de distintos investigadores, aunque en el último contó con una subvención del Ministerio de la Presidencia en el marco del programa de subvenciones para actividades relacionadas con la guerra civil y el franquismo. Integra distintos registros y fuentes históricas, aunque se centra en las prácticas y conocimientos que genera la investigación arqueológica especialmente. Ha combinado la investigación estrictamente histórica (con prospecciones y excavaciones arqueológicas, así como con el estudio de archivos y testimonios orales) y numerosas actividades de proyección pública, como las visitas guiadas (con escolares, asociaciones y particulares) y un proyecto de musealización, entre otras.[72]

Tal y como lo vamos a plantear (fig.1), este trabajo ofrece una estructura para el tratamiento de la memoria histórica en y desde la escuela. No pretende limitarse a reivindicar una recuperación de la memoria y los lugares de memoria para simplemente proponer "cómo fue" y "homenajear a las víctimas", que no es poco, obviamente. Se trata, más bien, de hacerlo con unos fundamentos teóricos y metodológicos concretos, es decir, con unas líneas fundamentales de reflexión y acción, y también con el compromiso de contribuir a la subversión de la labor totalizadora del estado franquista y sus derivaciones.

Partiendo de las constricciones y posibilidades generales que plantea el mundo escolar en España para abordar este tema, se dirige, en efecto, a un tratamiento que impulse el conocimiento y reconocimiento profundo, consciente y activo de las realidades históricas concernidas (con sus características, acontecimientos, personas, lugares...) y que, de ese modo, contribuya a la neutralización y subversión de la realidad impuesta por la

---

[72] FALQUINA, A. *et al.* (2008) "Arqueología de los destacamentos de trabajos forzados franquistas en el ferrocarril Madrid-Burgos: el caso de Bustarviejo"; *Complutum*, 19 (2), pp. 175-196. FALQUINA, A. *et al.* (2010) *"De estos cueros sacaré buenos látigos.* Tecnologías de la represión en el destacamento penal franquista de Bustarviejo (Madrid)"; *Ebre 38*, 5, pp. 247-271. MARÍN, C. et al. (2012) "Última estación. Arqueología de los destacamentos de trabajos forzados en el ferrocarril Madrid-Burgos (España)"; A. ZARANKIN, M.A. SALERNO y M.C. PEROSINO (comps.) *Historias desaparecidas. Arqueología, memoria y violencia política*, Encuentro Grupo Editor, Córdoba, pp. 117-140.

violencia del Estado franquista, que, entre otras cosas, se ha apoyado en un régimen de olvido, negación y ocultamiento. Entendemos que, en la línea planteada por numerosos movimientos de recuperación de la memoria histórica, esto implica un esfuerzo por lograr una verdadera ruptura y aportar a la construcción de una realidad justa.

Los ejes básicos para articular estos puntos de partida y objetivos son la discusión en torno a la artificiosa y tendenciosa separación entre pasado y presente, al estudio de la materialidad y su relación con otras fuentes históricas y al debate en torno a la gestión del conflicto, particularmente a través de los focos o lugares de memoria.

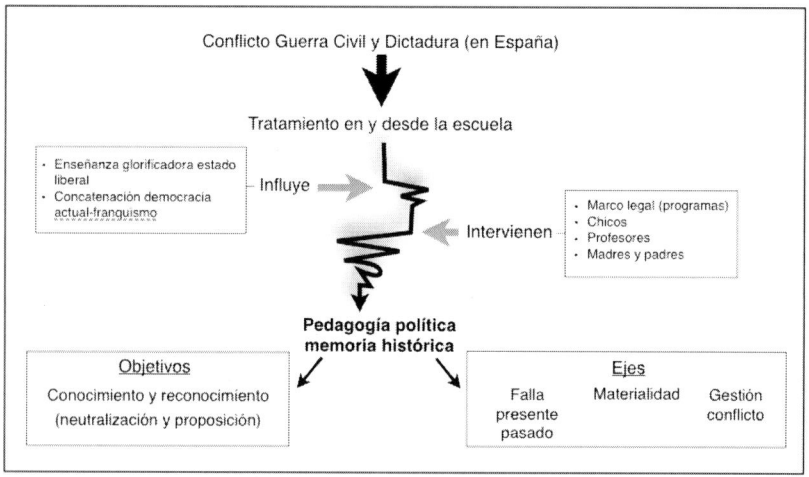

(Fig.1) Mapa conceptual del recorrido seguido en este trabajo para articular una propuesta sobre memoria histórica en la escuela.

Aunque habría sido una opción válida para desarrollar este trabajo, esta propuesta no entraña una revisión y evaluación de las experiencias que se hayan podido lanzar desde distintas escuelas en España para tratar este tema, que las hay.[73] Hemos preferido, en esta ocasión, aprovechar el tiempo y el

---

[73] ACOSTA, G. *et al.* (2008) *La recuperación de la memoria histórica. Una perspectiva transversal desde las Ciencias Sociales*; Centro de Estudios Andaluces, Sevilla, pp. 124-136. DIEZ, E. y RODRÍGUEZ, J. (2009) *Unidades didácticas para la recuperación de la memoria histórica.2º Bachillerato*; Foro por la Memoria de León, León. PAGÉS I MONTSERRAT CASAS, J. (2005) *Republicans i republicanes als camps de concentració nazis. Testimonis i*

espacio trazando unas líneas generales de reflexión y actuación propias. Quizás en otro foro podríamos ponerlas en común.

Dos puntos de partida: enseñar y aprender historia y hacerlo en una realidad compleja

A la hora de tratar la guerra civil y la dictadura en y desde la escuela hay que contar con dos puntos de partida decisivos: la función y sentido de la enseñanza de la historia en nuestras escuelas y las características de la realidad en la que lo hacemos.

Una historia de glorias

Aunque lo han dicho ya diversos autores[74], es preciso insistir en ello: la enseñanza y aprendizaje de la historia, especialmente en los cursos de Secundaria, están enfocados al ensalzamiento de la democracia parlamentaria (liberal) (constitutiva de los estados nacionales, también por ello ensalzados), así como de la burguesía y de la economía de mercado (capitalista) en sus distintas versiones; un ensalzamiento que, por lo demás, incluye la valoración etnocéntrica de los desarrollos de (ciertos sectores sociales y geográficos de) Europa occidental exclusivamente. Este fin se persigue (y en muchos casos se logra) a través del tratamiento lineal y progresivo de la historia, apuntalado por la división etnocéntrica de "la historia" en las cinco grandes edades

---

recursos didàctics per a l'ensenyament secundari; Institut d'Educació del Ajuntament de Barcelona- Amical de Mauthausen, Barcelona. GONZÁLEZ CORTÉS, O. (2011) *El sistema de campos de concentración franquista. El Campo de concentración de Castuera. Unidad didáctica*; AMECADEC, Mérida. Números monográficos como el 55 de *Iber. Didáctica de las Ciencias Sociales, Geografía e Historia* apenas recogen referencias concretas y constructivas al caso español y encuentros incomparables como *El taller de la memoria: la memoria en el aula*, coordinado por Fernando Hernández Sánchez (del I.E.S. Sefarad de Fuenlabrada) en el marco de las VIII Jornadas "El maquis en Santa Cruz de Moya (Cuenca)" en el 2007, están sin publicar. En perspectiva está la prometedora mesa sobre "Didáctica de la guerra civil y el franquismo" en el marco del congreso *Posguerras: 75 aniversario de la guerra civil española*, que se celebrará en la Universidad Complutense de Madrid en abril de 2014 (http://geografiaehistoria.ucm.es/textos/25218).

74 CHESNEAUX, J. Op. cit. PAGÈS, P. (1983) *Introducción a la Historia. Epistemología, teoría y problemas de método en los estudios históricos*; Ed. Temas Universitarios, Barcelona. FONTANA, J. [1982] (1999) *Historia: análisis del pasado y proyecto social*; Ed. Crítica, Barcelona. VALLS, R. y LÓPEZ FACAL, R. (2011) "¿Un nuevo paradigma para la enseñanza de la Historia? Los problemas reales y las polémicas interesadas al respecto en España y en el resto del mundo occidental"; *Enseñanza de las Ciencias Sociales: revista de investigación* 10, pp.71-81.

(prehistórica, antigua, media, moderna y contemporánea). Los contenidos de los programas de historia en la Educación Secundaria Obligatoria (en adelante, ESO) y Bachillerato españoles, en las asignaturas de Ciencias sociales, Historia del mundo contemporáneo e Historia de España, articulan con gran coherencia esta historia glorificadora.

Especialmente ilustrativo para lo que aquí comentamos es el caso de la asignatura de historia del último curso del Bachillerato (dirigido a estudiantes de unos 17 años), Historia de España, cuyo contenido (o al menos el correspondiente a los períodos más recientes), por lo demás, suele ser añadido por los más competentes, resumido al máximo, al temario del último curso de la ESO (con chicos de en torno a 14 años), por si acaso no continúan los estudios formales después. En el caso de Historia de España, y más allá del problema que plantea iniciar esa historia en el Paleolítico inferior, la asignatura ofrece un tratamiento más o menos amplio (el de los "temas largos", el 60% de la asignatura) a los siglos XIX y XX, presentados como un largo y sinuoso camino de gestación y nacimiento del estado liberal que culmina en la implantación de una democracia parlamentaria (por supuesto, monárquica).[75]

---

[75] La construcción del estado liberal se realiza a lo largo del siglo XIX (a partir de la uniformización borbónica del XVIII) y se presenta como la salida inevitable a las contradicciones del Antiguo Régimen [y gracias al ascenso de una burguesía vinculada con el expolio americano y la piratería mediterránea cristiana], aunque se ve temporalmente interrumpido por viejos intereses aristocráticos y corruptelas de nuevo cuño. El movimiento campesino y obrero es presentado como una queja desesperada y exagerada ante estos baches, y el carlismo y nacionalismo como una resistencia patética y maniática de las periferias.

Desde esta perspectiva, el apaño que supone la última parte del XIX, con la Restauración borbónica tras la aventura del Sexenio democrático (1868-1874), se demuestra insuficiente y sume a España en una crisis desde comienzos del XX, marcada tanto por la pérdida de las últimas colonias [exceptuando Canarias y parte de Marruecos] como por las diversas resistencias (en muchos casos de la propia monarquía, que acepta y participa en la dictadura de Miguel Primo de Rivera, entre 1923 y 1930) para llevar a cabo un régimen verdaderamente liberal. En este marco, la II República lo intenta, pero fracasa y estalla así una guerra fratricida, se nos dice, en la que se acaba imponiendo uno de los dos bandos (1936-1939).

El país sólo se recupera dos décadas más tarde, gracias a la presión que sobre [y, en realidad, desde] el régimen ejercen ciertos grupos pretendidamente apolíticos, como el *Opus dei*, cuando reclaman una apertura económica al exterior (o sea, al mercado capitalista europeo, principalmente), después de que el régimen, a través de los "propagandistas" de la Asociación Católica Nacional de Propagandistas (ACNP), hubiera aceptado ya la entrada de capital norteamericano desde el Pacto de Madrid de 1953. Esa recuperación y esa apertura tienen un solo sentido y destino (a pesar de los, digamos, desatinos del régimen y sus elementos más reaccionarios): la liberalización de la economía y, por extensión, de la política (bajo la forma de una monarquía –por supuesto–, en definitiva parlamentaria), animada esta última no sólo

La glorificación derivada de este relato, relativa tanto a la democracia liberal, la economía de mercado y las burguesías de viejo y nuevo cuño, como al estado centralista, tiene en el conflicto de la guerra civil su principal fuente de alimentación. La guerra tiende a presentarse como la explosión de las contradicciones en la implantación de ese estado liberal y supone el nexo entre los numerosos desatinos previos y la reconducción del proceso posteriormente. Para ello se concatena II República y guerra civil, por un lado, y dictadura y democracia, por otro, apuntando a la culminación del devenir en esta última. Todo lo que hay en medio está, en efecto, en medio y conduce a la democracia actual y si no, se desecha.[76]

En definitiva, este relato muestra que el pasado importa sólo en cuanto conduce a un modelo político particular (el actual), menospreciando el resto. Como veremos un poco más abajo, estas implicaciones tienen un sentido profundo en el contexto específico de la realidad española. Sin embargo, muestran por sí mismas que el profesor se encuentra en una tesitura compleja cuando ingenuamente intenta satisfacer las demandas de apoliticismo, imparcialidad y neutralidad (por confundir términos bien dispares...) habituales en numerosos compañeros, directores, alumnos y familiares de alumnos. Con tradición y programas glorificadores, ¿cómo podríamos no hacer una historia política, que tome partido ante lo que es una historia ya parcial, decantada, orientada, politizada?

---

por las luchas de los antifranquistas sino también por los elementos menos reaccionarios y los "aperturistas". Y ahí finaliza el relato, con el tratado de Maastricht y los fantasmas que traen los atentados de GRAPO y ETA, finalmente neutralizados *por mor* de la unidad de España.

76 Así, por un lado, la República ha sido un intento democrático (un tanto radicalizado, a pesar de Alcalá Zamora, presidente conservador durante la mayor parte de ella) que desemboca en la guerra, horror de los horrores provocado por el fanatismo y la crueldad de todos, aunque en una versión más encendida, la de los piomoas y cesarvidales (voceros seguidores de Pío Moa y César Vidal, los indulgentemente llamados revisionistas), la República fue una perversión de lo que tenemos hoy y condujo inevitablemente a la guerra. Y, por otro lado, la dictadura ha sido una operación despiadada que ha desembocado en nuestra querida, segura y limpia democracia; una operación que, por cierto, parece que también fue inevitable y en parte sanadora, como lo fue la dictadura de Miguel Primo de Rivera, salvapatrias que se presentó, empleando las palabras de Joaquín Costa (en COSTA, J. (1967) *Oligarquía y caciquismo. Colectivismo agrario y otros escritos*; Alianza, Madrid), como el "cirujano de hierro" que abría un "paréntesis de curación" para sanar al país de "sus males" (el señor Vallejo Nájera amplió estas metáforas para servir a las matanzas y obras de ingeniería social de la guerra y posguerra –en obras como *La locura y la guerra: psicopatología de la guerra española*; Valladolid, 1939– y el propio Franco definió a "su" ejército ante el periodista portugués José Augusto como "el cirujano que realiza en este momento la grave operación que va a salvar a España" –cit. en ESPINOSA, F. (2007) *La columna de la muerte*; Crítica, Barcelona, p. 40).

Por lo demás, hay que decir que sería interesante evaluar bien cómo acaban percibiendo los alumnos la trayectoria histórica: ¿se cumplen realmente las implicaciones de las que hablamos? y ¿en qué medida se cumplen? Además, la asignatura de Historia no es la única que contribuye en la escuela a la glorificación aludida; se puede pensar también, por supuesto, en Geografía, Economía y organización de la empresa, Ciencias de la Tierra y el medioambiente, e incluso Biología, Historia del arte e Historia de la filosofía. Sin embargo, tal y como está planteada, sólo con Historia los chicos pueden llevarse ya, al menos en cuanto al planteamiento general (si bien implícito), esta lección que comentamos. Asumámoslo. ¿Qué pasa cuando, además, estudiamos la historia de un conflicto y cuando lo hacemos en una realidad compleja que se ve afectada e impregnada por ese conflicto, es decir, cuando hablamos de un conflicto abierto?

Una realidad compleja y conflictiva

Tratar la guerra civil y la dictadura franquista en la España actual implica también tener en cuenta la realidad general en la que se hace. La realidad en la que vivimos, la que nos rodea y en la que estamos inmersos es el resultado (contradictorio, provisional) de la convergencia de distintos aspectos. Uno de ellos, el que aquí nos interesa, es la acción totalitaria para recomponer a una población organizada en (o sometida a, según se prefiera) un estado nacional, el Estado español; una acción totalitaria cuyo origen se remonta a 1936.

Digamos, como se ha dicho respecto a otros lugares[77], que la democracia en España es un escenario de relaciones del que la fuerza totalitaria, hegemónica antes de su establecimiento, se ha retirado una vez que ha cumplido con la misión que tenía (o se adjudicaba) de recomponer la realidad, y lo ha hecho para mantener esa realidad recompuesta, cambiando la faz del estado y recogiéndose a los cuarteles de invierno, hasta el próximo desmán. Esa acción totalitaria ha supuesto en verdad un "reseteamiento" o *reinicio del sistema* que ha garantizado la permanencia (más o menos adaptada) del bloque de poder instalado a la cabeza del estado en un momento dado (burguesía industrial, financiera y terrateniente desde el siglo XIX), justo cuando se ha acumulado

---

[77] COMPAÑY, G. (2009) *Del* pars pro Todo *a la puesta en duda que instala la intemperie. Un hacer arqueológico en un centro clandestino de la ciudad de Rosario: El Pozo (1976-1979)*; Sol en Turín, Buenos Aires. PAUWELS, J.R. (2002) *El mito de la guerra buena: EE.UU. en la Segunda Guerra Mundial*; Hiru, Hondarribia.

cuantitativa y cualitativamente la contestación y oposición radicales. El resultado, obviamente, pudo ser otro, es decir, el desarrollo de un proceso revolucionario que diera acceso a un nuevo bloque de poder, pero en el caso español no fue así.

En este sentido, y sólo en este sentido, la democracia es una creación del totalitarismo, porque en otros es, en realidad, el resultado de diversas y enconadas luchas anti totalitarias. Y, de esta forma también, los conversos a la democracia, junto con los arribistas, se dedican a patentar su idea y a legitimarse con, entre otras cosas, historias que niegan otras historias (o seleccionan de éstas determinadas partes y personajes desechando el resto). Pero en numerosos cuarteles, comisarías, juzgados, bancos y empresas se sabe de dónde viene todo, y se aseguran de recordarlo cuando se olvida (o de olvidarlo cuando se recuerda). Se ha repetido hasta la saciedad que la democracia era ruptura (a pesar de la precisa expresión de "transición") y que las heridas estaban cerradas, pero muchos saben que no es así y algunos lo ocultan, mientras desde hace tiempo algunos otros insisten en que, en efecto, no lo es, que es por lo que escribo esto.

He ahí, entonces, el conflicto. Hablamos de una realidad democrática no sólo derivada del totalitarismo sino también empeñada en negar, silenciar, ocultar, enterrar, prohibir, censurar..., o de hacer todo lo contrario según convenga. Es una realidad abierta, una realidad que trasluce por las costuras de sus prendas, que supura por las heridas de su geografía, que emite a través de sus cicatrices... el conflicto y la imposición de una parte sobre otras muchas. ¿Por qué, si no, están las cunetas llenas de cadáveres? ¿Por qué, si no, se exilia al único juez que ha intentado esclarecer las responsabilidades de múltiples asesinatos, desapariciones y torturas? ¿Por qué, si no, el partido que hoy gobierna con mayoría absoluta en España no ha condenado jamás, en el Congreso de los Diputados, el golpe militar de 1936? Y a ello podríamos añadir las cicatrices, brechas y rendijas de la geografía y discursos en España, por las que supura el pus: restos materiales abandonados[78]; empresas y empresarios, bancos y banqueros florecientes (a pesar de todo) que hunden

---

78 MONTERO BARRADO, S. (2001) "Arqueología de la guerra civil en Madrid"; *Historia y comunicación social*, 6, pp. 97-122. GONZÁLEZ RUIBAL, A. (2008) "Arqueología de la Guerra Civil española. Presentación del Dossier"; *Complutum*, 19 (2), pp. 11-20. CASTELLANO, R. (2007) *Los restos de la defensa. Fortificaciones de la Guerra Civil en el Frente de Madrid*; Ed. Almena, Madrid. RODRIGO, J. (2003) *Los campos de concentración franquistas. Entre la historia y la memoria*; Ed. Siete Mares, Madrid.

(Fig.2) El conjunto monumental de la entrada noroeste de Madrid, en Moncloa, junto a la Ciudad Universitaria, donde se detiene el avance golpista por este lugar durante más de tres años. A la izquierda, el llamado Arco de la victoria, con un detalle de graffiti actual que reivindica la "demolición monumento franquista" y es tachado; las inscripciones que se encuentran a un lado y otro de la parte superior del arco triunfal dicen: "Templo de estudios matritense, construido por la munificencia real, restaurado por el caudillo de los españoles, florece bajo la mirada de Dios" (lado norte) y "La razón que vivirá perennemente da, dona y dedica (D. D. D.) este monumento a las armas que vencieron en este lugar" (lado sur), flanqueadas por medallones con las fechas de 1936 y 1939. A la derecha, el Ministerio del Aire, con un detalle de la placa que hasta la aplicación de la Ley 52/2007, de 26 de diciembre, de la Memoria Histórica se veía a ojos de cualquiera en el friso de la entrada principal al edificio ("Francisco Franco, Caudillo de España, 1954") (fotografías del autor).

sus raíces en los años 40 y 50[79]; conjuntos glorificadores construidos en la época y mantenidos (polémicamente) desde entonces (figura 2), junto con restos camuflados y apresuradamente apartados (figura 3) [80]; testimonios combativos pero dolientes de un pasado que no pasa[81]y que se transmite en lo que los psicólogos llaman transmisión generacional del trauma[82]; calles (en el municipio de Madrid, por ejemplo) más o menos céntricas que llevan los nombres de célebres militares golpistas (generales Yagüe, Cabanellas, Fanjul, Moscardó) y periféricas que incluyen a algún republicano (Avenida de Manuel Azaña, Avenida Niceto Alcalá Zamora), excluyendo a célebres socialistas (Francisco Largo Caballero, Juan Negrín), por no hablar de otros, y polémicas sonadas en torno a las banderas bicolor y tricolor.

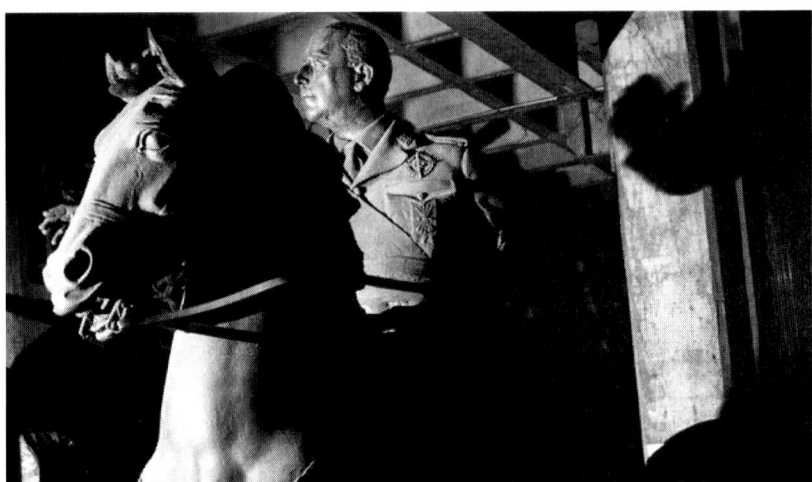

(Fig.3) Estatua ecuestre de Franco retirada de Montjuïc (Barcelona) en 2008 y depositada, como muchas otras, en un almacén. Foto de Llibert Teixidó, publicada en La Vanguardia el 18/12/2011.

79 SÁNCHEZ SOLER, M. (2007) *Ricos por la guerra de España*; Ed. Raíces, Madrid.
80 [http://www.lavanguardia.com/vida/20111218/54241235777/reliquias-franquistas-almacen.html] Acceso el 6 de marzo de 2013.
81 ECHEVERRIA, F. (2005) *El testimonio de Esperanza Pérez*. Documental en vídeo (inédito), 35 min. Véase además el Archivo Digital de la Guerra Civil española de la Universidad de California (San Diego) [http://libraries.ucsd.edu/speccoll/scwmemory/about-esp.html]
82 Ver, p.ej., el I Congreso Internacional sobre Psicotraumatología (Casa Sefarad-Israel, Madrid, 2010)   (http://www.casasefarad-israel.es/site/es/casa_sefarad_israel_virtual/casa_sefarad_israel_virtual/0/285).

Ante ello podemos fingir no oír lo que oímos, no ver lo que vemos, no sentir lo que sentimos. Podemos seguir creyendo en fantasmas y considerar espectros lo que en verdad son presencias chirriantes de las ausencias. Pero también podemos dejarnos interpelar por esos ruidos, panorámicas, sentimientos y, sí, vacíos; o por los lugares de los que se habla en este libro, los lugares (de memoria) que se nos ofrecen, si queremos, como enganches con realidades desconectadas del presente deliberada y políticamente.

En la escuela, la historia glorificadora converge y se encuentra con la democracia que deriva de la dictadura. Y, en consecuencia, allí se plantea una Historia (por hablar sólo de una materia) que toma partido, sin que lo parezca, y lo hace, por un lado, considerando el pasado sólo en cuanto a su contribución (o resistencia) respecto a un modelo político particular y, por otro, presentando la guerra como un accidente inevitable y la dictadura como la antesala, también inevitable, de la democracia actual. Así, la escuela plantea una historia decantada que apuntala la tarea totalitaria y perpetúa el conflicto.

En este marco nuestro trabajo está casi obligado (si no fuera porque esto parte de un compromiso político elegido) a neutralizar el esfuerzo de la historia parcial y tendenciosa de un sistema recompuesto a sangre y fuego y maquillado con parte del polvo de los huesos de los muertos y las lágrimas de las víctimas. En este sentido, la escuela es también un campo de posibilidades inmenso, y bien lo saben los que hoy censuran y pretenden estar reformando la educación y los que antaño masacraron a maestras y maestros. La escuela ofrece, en efecto, una apertura que podemos aprovechar. ¿Cómo? Vamos a seguir intentando verlo.

Trabajo en la escuela

Antes, sin embargo, debemos tener en cuenta, muy a grandes rasgos y simplificando mucho, qué tenemos delante cuando hablamos de escuela y cómo puede influir eso en el trabajo de la memoria histórica con los estudiantes. Podemos identificar varias dimensiones en el mundo de la escuela con las que, en efecto, hay que contar: el marco legal, del que vamos a destacar aquí tan sólo su componente curricular; los alumnos; los profesores (incluida la dirección), y las madres y padres. Veamos, pues, cada una y algunas de las vías que en relación con ellas se pueden ir abriendo.

El marco legal, y específicamente el programa que se va a desarrollar, plantea el significado de fondo que nuestra historia va a adquirir si no intervenimos, es decir, el de la historia glorificadora a la que nos hemos referido. Sin embargo, podemos intentar contrarrestar este aspecto, no sólo amparándonos en una genérica (y necesariamente definible) libertad de cátedra y expresión, sino también en la innovación curricular que la propia ley reconoce a los centros.[83] Esto puede incluir, por ejemplo, la alteración del recorrido cronológico convencional (lineal), como hice, a modo de prueba (aún pendiente de evaluar), el curso pasado, esto es, trazando una historia "acrobática" que comience en la guerra civil, prosiga con la dictadura y la democracia actual, y salte al siglo XVIII, para que, a través del XIX, llegue al momento inmediatamente anterior a aquel en el que comenzamos. Esta historia, pese al galimatías que puede suscitar en los alumnos si no se acompaña de ejes cronológicos convencionales, permite contemplar los vericuetos, salidas de pista, tendencias malogradas y oportunidades que han ido conformando y conforman las historias del mundo en general y de este impuesto Estado español en particular.

El capítulo de los estudiantes, pese a ser complejo, no es complicado. Los chicos insisten, una y otra vez, en que, ante todo, quieren estudiar la guerra civil. Manifiestan esto con mayor vehemencia y claridad que cuando se les pregunta por la segunda guerra mundial, que ya es decir. No vamos a meternos aquí a ver por qué, pero el caso es que, al menos de partida, les fascina el tema de la Guerra. El año pasado se entusiasmaron cuando comenzamos por la guerra, y éste, ya en otro centro, se desesperan y enervan cuando ven que apenas nos va a dar tiempo a llegar a ella y al franquismo (cosa, la falta de tiempo para tratar la guerra, sobre la cual también debemos reflexionar). Nada de esto significa que quieran tratar la guerra para glorificar a alguno de los bandos, para hacer revancha o cosas por el estilo; de hecho, bien interesante sería detenerse a ver detalladamente por qué les gusta. Pero en cualquier caso lo cierto es que, al menos de entrada, les gusta. Y esto debe aprovecharse y satisfacerse animándoles para que hagan de historiadores, para que se apropien de la historia, que busquen y critiquen fuentes, debatan los temas denotados o connotados.

---

83 Grupo de Didáctica de las Ciencias Sociales del Proyecto IRES (coord.) (1996) *Experimentación curricular en Ciencias Sociales. Planteamientos y perspectivas*; Ed. Alfar, Sevilla.

Algo parecido pasa con los profesores y las madres y padres. En cuanto a los profesores, muchos se apasionan también con la guerra y la dictadura; es uno de los puntos en los que se pueden tocar pasado y presente. Con ellos se abre un mundo de posibilidades, claramente, y su acción ha concretado muchas de ellas. Pero también hay resistencias y recelos. Los proyectos de centro, área o departamento, la propia iniciativa de algunos profesores y/o la acción de ciertos grupos de alumnos o sectores dentro de ellos ayudan a tratar muchas de esas resistencias y recelos, no tanto para neutralizarlos sino para colocarlos en el contexto del conflicto abierto, de modo que puedan ser tratados y asimilarlos o decantarlos.

En cuanto a las madres y padres, se presentan igualmente demandas (o anhelos) y resistencias.

Aquí, de nuevo, la escuela puede invitar a aproximarse al pasado, a que ejerzan de historiadores, a inspirar a los chicos y a la propia escuela, a ser inspirados por ellos...

De todas formas, el encuentro entre padres, madres y profesores recelosos y refractarios puede conducir a operaciones de censura, con el acuerdo o participación de la dirección, que para algo está, obviamente. En los centros privados, tan extendidos en España, esto puede conducir a amonestaciones e incluso expulsiones, así que habrá que contar también con ello. En cualquier caso, se podrá entender este tipo de operaciones como un movimiento de gran coherencia en la tarea de defensa de la realidad que muchos tienen encomendada por las posiciones que ocupan en las bisagras y junturas del sistema (deliberadamente o no).

Globalmente, por tanto, nos encontramos con una realidad escolar multidimensional que va a atravesar toda nuestra actividad. Se trata de una realidad que, por un lado, encorseta la interpretación histórica en el marco de una historia (escondidamente) politizada; por otro, contiene un motor de gran fuerza que anima a tratar (como sea) la guerra y la posguerra, y, finalmente, entraña numerosos recelos que pueden boicotear el trabajo. Ante ello se puede cambiar el significado de fondo (alterando, como decíamos, el recorrido cronológico convencional), animar al planteamiento abierto y con tiempo del tema (participando y fomentando las actividades de investigación histórica entre profesores, alumnos y familiares) e incorporar (o, en ciertos casos, capear u obviar) las resistencias (planteándolas como pruebas de la existencia de un conflicto abierto que puede y debe tratarse también abiertamente y con espíritu reparador y conciliador en y desde la escuela).

Estos aspectos básicos que enmarcan el trabajo de la memoria histórica en la escuela y ante los que se pueden trazar estas líneas generales no plantean, como decíamos, nada más que la plataforma desde la que diseñar y llevar a cabo una pedagogía política de la memoria histórica. ¿Qué buscamos realmente, dado el panorama trazado? Y, además, ¿qué ejes fundamentales podemos seguir para articular nuestro trabajo?

Los objetivos y ejes básicos para un tratamiento de la memoria histórica en la escuela

El tratamiento del conflicto abierto de la guerra y la posguerra, en el marco de una historia glorificadora que apuntala desde la escuela la labor reconstructiva de la población del país a manos de las tropas golpistas de 1936 y el régimen franquista, exige, como decimos, elaborar una pedagogía política. El objetivo principal que se plantea es neutralizar la historia parcial y tendenciosa hegemónica y lograr un conocimiento y reconocimiento profundo de las causas, características y consecuencias de la guerra y la dictadura, así como de la participación de numerosos actores. Este esfuerzo puede ir derivando en una elaboración histórica mucho más radical, ya que, dado el enfoque que veremos que tiene, trata el tema de la guerra y la posguerra en el marco general de una historia del poder que conoce y reconoce el conflicto en el pasado y su contribución a los momentos posteriores. Fundamentalmente trata de subvertir la labor totalizadora del Estado franquista y sus derivados, que se apoyan, entre otras cosas, en el olvido, la negación y la ocultación. Es también una historia hecha por sujetos sobre sujetos, de modo que no entraña la diferenciación entre los que estudian y los que son estudiados, e intenta por ello eliminar la tendenciosa brecha entre expertos y profanos; es una historia que concierne a todos.[84]

---

84 FREIRE, P. Op. cit. FREIRE, P. [1969] (2002) *La educación como práctica de libertad*; Siglo XXI, Madrid. ROLLAND, J. (2011) "De los sistemas expertos a prácticas democráticas en arqueología"; J. ALMANSA (coord.) *Charlas de café. El futuro de la arqueología en España*; JAS Arqueología Editorial, Madrid, pp. 209-215.

En efecto, ante todo, el trabajo de la memoria histórica en la escuela debe permitirnos elaborar historias (por no decir *una* historia) de la guerra y la dictadura que permitan esclarecer las grandes preguntas de la historia, al menos tal y como las solemos formular algunos en la escuela: qué (sucedió), cuándo y dónde (ocurrió), quiénes (intervinieron), cómo (se produjo), por qué (se desencadenó) y en qué desembocó. Esta elaboración aspira a incluir en el relato histórico las partes y a los personajes tradicionalmente silenciados y en algunos casos también encubiertos, así como una gran diversidad de fuentes (en cuanto a su formato, naturaleza y número). De este modo, el conocimiento construido y constantemente reconstruido (en realidad, *en construcción*) supone un reconocimiento de los aspectos, personas y fuentes normalmente relegados al campo de la memoria, tal y como decíamos al comienzo.

Esta memoria histórica se articula, en nuestro caso, en tres grandes ejes o líneas básicas de actuación: el tratamiento y subversión de la ruptura o falla entre pasado y presente, el estudio de la importancia de la materialidad en la historia (y su relación con otras fuentes) y la gestión del conflicto a través, especialmente, de los lugares de memoria. Veamos a continuación en qué consisten estas tres líneas y cómo se concreta el trabajo planteado en relación con cada una de ellas.

La falla entre pasado y presente[85]

En la escuela, entendida como foro de reflexión, intercambio y aprendizaje, debemos trabajar con los alumnos la compleja relación entre pasado y presente. Y no sólo para establecer comparaciones y que les resulte más sencillo y ameno aprender, como se suele decir y, en algunos casos, también hacer, sino para que además se sitúen y nos situemos en la historia. Esto implica tener en cuenta que somos (entre otras cosas, obviamente) resultado de una trayectoria histórica. Esto no es una reedición de las nociones esencialistas sobre el ser histórico que se desarrolla a lo largo del tiempo y se concreta (incluso realiza) en las distintas etapas de un devenir o trayectoria histórica general y universal, al modo hegeliano. Supone más bien tomar contacto con (y elaborar) la idea del enraizamiento complejo de nuestro presente, entendiéndolo como la convergencia en la actualidad de distintos procesos y fenómenos, muchas veces contradictorios, incompletos,

---

[85] La expresión se la debemos a COMPAÑY, G. Op. cit.

mutilados, mestizos..., en definitiva (nuevamente) complejos, procedentes de momentos precedentes (y de distintos lugares).

El presente, por lo demás, es una plataforma sobre la que se proyecta el futuro, que acaba siendo un nuevo presente a partir de la recomposición compleja, inacabada, atravesada, mutilada, adulterada, renovada, enriquecida, empobrecida, desprovista, saturada... del nuevo pasado. Y así se puede entender que somos parte de un *continuum* que, para complicarlo más aún, se encadena a otros *continua*. No vamos a elaborar aquí teóricamente esa concatenación, pero defendemos que el mundo (los mundos, en verdad) muere a cada minuto y renace, recompuesto complejamente, al siguiente, dejándose pedazos en el camino e incorporando otros en el avance arrollador que es el paso del tiempo.

De todas formas, es cierto, en efecto, que hay cosas perdidas y pasadas para siempre. Y conviene tenerlo en cuenta, abordando y teorizando los caminos que se cerraron, las oportunidades que se perdieron, la marcha de gente que nunca volverá. Así es la vida. Del mismo modo que también hay que tener presente que el pasado no puede, por definición, presentarse en el presente; como decía, en mi opinión, sólo puede proyectarse de modo fragmentario, renacer complejamente como antiguo futuro convertido en un presente que acaba siendo pasado, y así sucesivamente. Pero también es cierto que el pasado queda, y de nuevo lo hace complejamente; la falla, la separación, la ruptura, el abismo entre pasado y presente es más una rareza de la historia que otra cosa. ¿Acaso no estamos todos aquí porque los antepasados, en coyunturas específicas y a costa de múltiples vidas, sobrevivieron a las pestes? Piénselo, es muy obvio: no hemos aparecido de la nada, sino que somos la manifestación compleja de una proyección, sólo a medias exitosa, de realidades pretéritas.

En el caso de la memoria histórica de la guerra y la dictadura esto es muy claro, como hemos expuesto más arriba: muchas de las realidades contemporáneas españolas, desde el régimen político hasta el sistema de poblamiento y la estructura de la propiedad, pasando por la industria de la construcción y del turismo, por no hablar del fútbol y los toros, no pueden entenderse si no es en relación con el pasado de la guerra y el franquismo, entre otras cosas (algunos remiten incluso, respecto a ciertos asuntos, a las sucesivas expulsiones de sefarditas hasta 1492 y moriscos hasta 1609). ¿Cómo podríamos entonces replantear la relación entre pasado y presente, y más aun cuando el trabajo de la "cultura de la Transición" ha consistido precisamente en abrir la brecha entre ese pasado y el presente?

Al trabajar con chicos, casos como el de Bustarviejo, se plantean varias opciones extrapolables a distintos contextos escolares. Bustarviejo es uno de los nueve destacamentos penales que a lo largo de los años 40 y 50 instaló el régimen franquista en Madrid para acabar de construir la línea de tren que unía Burgos y la capital. En ellos se utilizaron presos políticos, adscritos a un programa que les reducía la condena en proporciones variables a cambio de trabajo (programa dependiente del "Patronato para la redención de penas por el trabajo"), posiblemente buscando el desahogo de las prisiones (atestadas con una población de hasta 0,5 millones de personas en los 40) y reconstruir el país material y simbólicamente. Se les alojaba en precarios barracones y trabajaban en penosas condiciones. En algunos casos las mujeres e hijos se iban a vivir junto a los destacamentos una temporada o el final completo de la condena. Nos han quedado de todo ello múltiples testimonios. Es un caso más de trabajos forzados de los muchos que encontramos a lo largo de la mayor parte de la dictadura.[86]

¿Qué se plantea, pues, en Bustarviejo? En primer lugar, por tratarse de un escenario y de restos materiales del pasado, como podemos encontrar en muchos otros lugares[87], la propia presencia (a través de la materia) de la ausencia, de lo que ya no está, suscita casi de forma inmediata una serie de preguntas: ¿qué *son* esos restos?, ¿son *simplemente* ruinas?, ¿cambian en algo el paisaje respecto al panorama que se veía antes de su aparición?, ¿están completamente abandonados?, ¿alguien sabe algo sobre ellos? Las respuestas que van ofreciendo los estudiantes van abriendo la puerta a un pasado (o por lo menos a sus retazos), a una realidad pretérita, y de pronto todo comienza a animarse.

El pasado y, especialmente, sus restos pueden quedar ahí de muy diversos modos. En el caso de gran parte del, digamos, patrimonio histórico-arqueológico de la guerra y la dictadura en España, muchos restos están abandonados, deliberadamente abandonados, cuando no tapados, escondidos, enterrados (todas estas acciones tienen convergencias semánticas, como se puede apreciar). Y lo están *en el presente*. Son una presencia fantasmal

---

86 TORRES, R. (2006) *Los esclavos de Franco*; Oberon, Madrid
87 GONZÁLEZ RUIBAL, A. Op. cit.

del pasado. Es casi obvio que han cambiado el paisaje para siempre, y los alumnos pueden entender que el cambio no es sólo de forma, sino que entraña el desencadenamiento de multitud de nuevas experiencias en la vida de la gente (más o menos directamente concernida). Esto, claramente, aproxima el pasado al presente, y viceversa.

Cuando además vemos que en muchos casos ese abandono implica borrar toda huella sobre la superficie, como con los campos de concentración, la presencia subterránea, sedimentada de los restos indica que se mantiene hoy la intención con la que fueron borrados y sepultados. No estamos hablando de Lidice, en la República Checa, por ejemplo, donde el hiato creado por los nazis (al arrasar el pueblo en venganza por la supuesta participación de alguno de sus habitantes en el asesinato de Reinhard Heydrich en 1939) ha sido puesto a la vista por distintos colectivos desde 1945, utilizando el vacío visibilizado como denuncia de lo ocurrido (figura 4).[88]

(Fig.4) Lugar en el que se ubicó Lidice (República Checa), recuperado desde 1945. (fotografía de Lucía González).

---

[88] [http://guerraenlauniversidad.blogspot.com.es/2013/03/lidice-shall-live.html] Acceso 1 de abril de 2013.

Si, al mismo tiempo, preguntamos qué se sabe, veremos que los discursos prueban el mantenimiento oculto (deliberadamente oculto) de unas realidades pretéritas. En la memoria personal y colectiva, de hecho, el pasado está mucho más vivo, y es ese contraste el que nos remite de nuevo al mantenimiento de la obra realizada por el franquismo y la cultura de la Transición.

La conexión entre pasado y presente, como se ha sugerido, no tiene por qué implicar una derivación genealógica, más o menos incompleta, del presente respecto al pasado, sino que puede suponer simplemente una comprensión, un acercamiento al otro, una experiencia histórica desde el punto de vista de la alteridad. Aquí de nuevo el uso de restos y la visita (o estudio) de los escenarios facilitan la conexión pasado y presente en este sentido, dado que nos invitan a preguntarnos quiénes los usaron y frecuentaron, por qué y cómo lo hicieron (tanto según ellos como según los que les empujaron allí), cómo habría sido un día cualquiera allí (en invierno, en verano), o una noche, desde cualquier perspectiva (la de los niños, hombres, mujeres, animales...) de los que allí vivieron. Se trataría de poner en marcha dinámicas de empatía.

En un sentido más general, y volviendo a la re-conexión genealógica entre pasado y presente, e independientemente del contexto estudiado, se puede impulsar una perspectiva histórica en el sentido más profundo del término, es decir, una perspectiva de reencuentro o, mejor, ubicación histórica que, como tal, relacione lo que ponga de relieve el aspecto, episodio, escenario o personaje de la guerra o la dictadura que se trate en cada caso y las realidades del presente. Esto exige explotar los temas transversales denotados o connotados. En el caso del destacamento de Bustarviejo, estos temas eran la gestión de las discrepancias políticas, las democracias y los fascismos, los derechos humanos y el problema de la reclusión y represión, entre otros. Se trataba de preguntar, por ejemplo, por las diferencias entre la democracia española actual y la de la República; las transformaciones que habrían desencadenado la guerra y la dictadura respecto a los periodos previos; la relación entre las obras públicas realizadas por presos y algunas de las infraestructuras que utilizamos hoy en día (agua, ferrocarril, carreteras...); las consecuencias de un golpe de estado y una guerra como los del 36 si se produjeran hoy, por ejemplo para los que se han manifestado alguna vez en un sentido u otro; las razones por las que se recluye a personas en la cárcel y las experiencias que viven los presos y sus familiares, etcétera. Estas preguntas ponen sobre la mesa diferencias y semejanzas entre distintos momentos históricos, dando pie a trabajar esa convergencia compleja de la que hablábamos, que, como tal, obviamente incluye divergencia.

Por supuesto, otro de los registros que más se ha trabajado ha sido el de las experiencias de los familiares de los alumnos, a través de la realización de historias de vida con una gran variedad de fuentes (escritas, orales y materiales). Y los resultados son siempre estimulantes. No nos extenderemos aquí en ello, pero creemos que se puede (y debe) insistir en cómo ese trabajo de estudio es en sí mismo un proyecto de recuperación que opera en todas las líneas aquí planteadas: recuerdos sepultados y en muchos casos ocultados, papeles y objetos archivados pero hasta entonces ignorados, historias fuera de la historia, etcétera.

Toda esta actividad, por lo demás, contiene un aspecto crucial apuntado más arriba: la conexión entre pasado y presente borra la idea de una realidad (pretérita) que va a ser estudiada por los especialistas y propone, en su lugar, un presente ligado en muchos aspectos al pasado, que por ello va a ser estudiado desde el presente y por la gente del presente que hunde sus raíces en el pasado; en este sentido, la labor de la memoria histórica es una labor que se desarrolla en el presente para situarlo en su trama histórica, una mirada hacia atrás sobre uno mismo o aquello de lo que viene o, simplemente, de aquello que le antecede, mucho más que una mirada desde la Historia, entendida como disciplina académica. Esto es una auténtica apropiación de la historia, de la realidad pretérita y, sobre todo, del quehacer del investigador vulgar; una apropiación que se encontrará con la contundente condena de los especialistas pero que es celebrada, una y otra vez, por los chicos cada vez que se lo planteo; ahí está Vlad, que se yergue desde su letargo y levanta la cabeza afirmando "eso sí que mola, profe; eso sí que mola. Tiene razón: la historia es de todos"…

La materia de la historia

El eje de trabajo que tiene puesto en la materialidad y los restos arqueológicos el foco de su atención contribuye también decisivamente a nuestra pedagogía política. El uso y estudio que proponemos aquí van en la línea planteada desde la arqueología del conflicto[89] y la arqueología política[90]; con ella no sólo se busca un inventario de los restos o una mera confirmación de las conclusiones obtenidas con el estudio de otras fuentes, sino un conocimiento y reconocimiento profundo de las experiencias concernidas (tanto en la dimensión histórica como en la de la elaboración de su relato, esto es, en la historiográfica). Creemos, como veremos a continuación, que esta arqueología entraña un campo fructífero de investigación y actividad. Sin embargo, apenas ha sido desarrollada en el caso de la arqueología de la guerra civil y la posguerra (exceptuando en el específico de la arqueología o antropología forense)[91], y mucho menos ha sido considerada por los grandes historiadores ni tampoco por los movimientos de recuperación de la memoria histórica.

Los restos arqueológicos, contextualizados en un yacimiento preferiblemente, presentan dos grandes virtudes (por lo demás interrelacionadas). Por un lado, evocan una realidad pretérita, lo que sucede en ella, de un modo especial (aunque perfectamente complementario con) respecto a otros elementos (como los relatos, los textos primarios y secundarios, las imágenes…). Por otro, constituyen específicamente un conjunto de fuentes históricas muy productivas.

En efecto, los restos arqueológicos son profundamente evocadores. Con los jóvenes se puede ejercitar, en ciertas tesituras, la imaginación histórica a

---

[89] La arqueología del conflicto puede definirse someramente como la práctica de investigación de los conflictos (normalmente del pasado reciente) a través de sus restos materiales (trincheras, campos de batalla, centros de detención, fosas...), atendiendo a los distintos procesos que los han creado y transformado, así como a los agentes implicados en las relaciones de poder y resistencia concernidas. Ver SCHOFIELD, J. *et al.* (eds.) (2006) *Re-mapping the field: new approaches in conflict archeology*; Westkreuz-Verlag, Berlín. MARÍN, C. *et al.* (2012) "Arqueología del conflicto contemporáneo: de la teoría a la práctica política"; CASCALHEIRA, J. y GONÇALVES, C. (eds.) *Actas das IV Jornadas de Jovens em Investigação Arqueológica - JIA 2011* (Universidad do Algarve), vol. I.; Promontoria Monográfica 16, pp. 361-368.

[90] La arqueología política es una práctica de investigación especialmente comprometida con la comprensión de la creación y transformación del orden social y de las relaciones de desigualdad, dominación y resistencia a lo largo del tiempo, atendiendo principalmente a la materialidad. Persigue contribuir a la transformación y subversión del orden social y del entramado de relaciones del poder en el presente. Como indicábamos al comienzo, aunque el término de "arqueología política" puede considerarse redundante, dado que toda práctica investigadora supone un esfuerzo por comprender y transformar, mantenemos el epíteto para explicitar el compromiso teórico y práctico. FALQUINA, A. *et al.* (2006) "Arqueología y práctica política. Reflexión y acción en un mundo cambiante"; *Arqueoweb*, 8 (1). FERNÁNDEZ, V. (2006) *Una arqueología crítica*; Crítica, Barcelona.

[91] GONZÁLEZ RUIBAL, A. Op. cit.

partir de retazos de la realidad pretérita. A veces parece que una casa, un jirón, una sortija, un tintero o un zapato pueden hablar por sí mismos, y aunque no es así, porque somos nosotros los que hablamos, en este caso sin la materia no diríamos lo mismo ni tanto. Hay un campo enorme abierto: dibujar a Franco antes y después de una visita o del estudio de un equipo material, escribir un poema ante un escenario de conflicto, invitarles a que organicen un concierto o una obra teatral en el propio terreno… Estas actividades, complementadas con el enfoque del eje anterior, sientan una base interesante (y, desde luego, amena) para el tratamiento situado de la guerra y la posguerra con los estudiantes, aunque sus frutos pueden ser luego ampliados, matizados y concretados por otro tipo de actividades.

En un sentido más académico, los restos arqueológicos pueden ser considerados también como fuentes históricas. En este caso, ya no son meros estímulos para impulsar el tratamiento, sino que aparecen como medios y objetos de conocimiento. Y lo son porque entrañan, encarnan formas específicas de hacer. Me explico. Las cosas del mundo, las fabricadas y las no fabricadas, las recientemente creadas y las heredadas, incluyendo la arquitectura, las herramientas, los objetos de consumo, los caminos, los paisajes, son elaboraciones, producciones de los humanos, claro está; en este sentido, decimos que la materialidad es resultado de la acción. Pero, al mismo tiempo, todas esas cosas son también medios y escenarios para la acción, y no sólo porque esa materialidad permite hacer cosas, sirve para hacer cosas, sino porque además sirve para que los demás hagan tal o cual cosa, de esta o de aquella forma, y más cuando hablamos de una materialidad que se desarrolla en un ambiente social. En este sentido, la materialidad se fetichiza y cobra vida propia, colaborando en la organización y estructuración de las relaciones con los demás y con el mundo, contribuyendo a formas específicas de ser y estar en el mundo, incluyan o no relaciones de dominación. Además, muchas veces lo hace de un modo inconsciente, no explícito, latente… Sea como fuere, en cualquier caso podemos decir que la materialidad es un producto y un medio de la acción social, y como tal entraña, encarna numerosos sentidos de la acción, de la práctica social, y por eso mismo podemos contemplarla como fuente para conocer y reconocer esa práctica.[92]

---

[92] FALQUINA *et al*. 2006 Op. cit. BOURDIEU, P. (1997) *Razones prácticas*; Anagrama, Barcelona. OLSEN, B. (2003) "Material culture after text: re-membering things"; *Norwegian Archaeological Review*, 36 (2), pp. 87-104. BARRETT, J.C. (2001): "Agency, the duality of structure, and the problem of the archaeological record" en I. Hodder (ed.): *Archaeological*

Cuando se trata de la historia de la guerra y la posguerra y queremos conocer, por ejemplo, en qué consistió la acción represiva de un bando sobre otro, podemos acudir a la materialidad como fuente histórica para entender cómo contribuyó ésta a aquélla. Es decir, nos podemos preguntar qué nos pueden ofrecer esos restos para entender el entramado de prácticas y operaciones dirigidas a lograr el control de la población y la neutralización de sus resistencias, o lo que se puede llamar la *tecnología de la represión*. (Por supuesto, este es un aspecto entre muchos otros.)

Para empezar podemos aplicar el método habitual de trabajo con fuentes históricas en la escuela: por un lado, definir, describir y analizar qué tenemos delante, qué son los restos, qué dicen, y, por otro, interpretar, discutir y proponer por qué los tenemos delante, por qué son lo que son, por qué nos dicen lo que nos dicen y de ese modo. En el caso de Bustarviejo, los chicos han ido viendo un complejo de estructuras (en superficie, prospectadas o en proceso de ser exhumadas), con sus distintas características; han observado su estado de degradación y transformación respecto a su estado originario como consecuencia de los procesos posdeposicionales (incluyendo el abandono deliberado), y se han esforzado en definitiva por darles un sentido (figura 5). Esto último pasa habitualmente por buscarles una función: serie de cuatro edificios circulares rodeando el complejo de los barracones de los presos y parte del área de trabajo igual a garitas de vigilancia; edificio exento sin ningún vano, posible celda de castigo, almacén, polvorín… (Esta búsqueda de función, por cierto, da paso a un estudio y debate que les sumerge en el quehacer de la investigación arqueológica.) A menudo es preciso insistir en que diferencien un paso (descripción y análisis) de otro (interpretación), para que no condicionen demasiado este último, pero resulta un esfuerzo demasiado rígido que, del mismo modo, puede condicionar *sus* interpretaciones.

Sea como sea, se puede seguir adelante y llevar la reflexión más allá; ellos responden. En el caso de Bustarviejo, precisamente, muchas chicas y chicos, en cuanto veían el conjunto, con el que se vincula un auténtico pueblo (formado por las casas de las mujeres e hijos de los presos, que les acompañaban, digamos, durante parte o el resto de la condena) (figura 5), planteaban el fondo del asunto: esas estructuras de familiares, específicamente, constatan la presencia de familiares, permitida y alentada para retener a los presos; es decir, son una herramienta clave de la tecnología de la represión franquista.

---

theory today. Blackwell Publishers Ltd. y Polity Press, Malden, MA: 141-161.

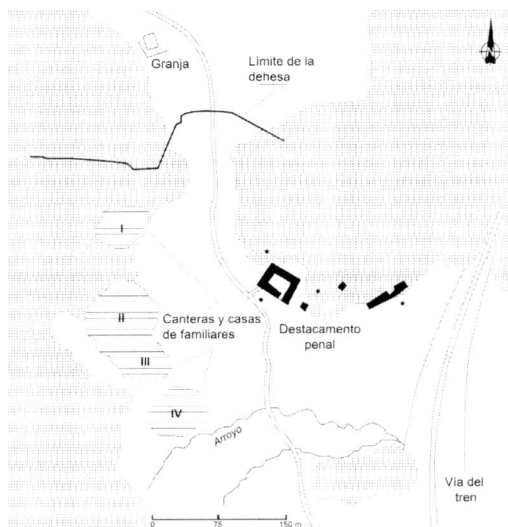

(Fig.5) Arriba: mapa de los principales restos documentados en torno al destacamento penal de Bustarviejo. Abajo: visita de un grupo del instituto Alto Jarama (Torrelaguna, Madrid).[93]

---

[93] FALQUINA *et al.* (2008) op. cit., fig. 3 y FALQUINA *et al.* (2010) op. cit., fig.10, respectivamente.

Por supuesto, de aquí se puede seguir tirando del hilo y conducirles para que confirmen, maticen o refuten explicaciones que se les hayan ocurrido a otros, quienes sean, respecto a la tecnología de la represión: ¿por qué la falta de alambradas (ya sabemos que no nos preguntamos sólo por lo que hay sino también por lo que falta)?, ¿por qué la mirilla de las garitas mirando hacia fuera del penal y no hacia el espacio de los presos?, ¿por qué los frisos decorativos en las salas de los barracones?, ¿por qué esa precariedad material para las familias?, ¿por qué una pintada actual en el muro del penal, de autor desconocido en la zona, representando a dos samurai enfrentados, con un sol naciente en el fondo y dedicada a "mi abuelo" (figura 6)? Muchas de las respuestas, que abren nuevas preguntas, obviamente, remiten a los sentidos profundos, estructurantes de la materialidad; al estudio de la encarnación material tanto de prácticas cotidianas de acción y reacción, de dominación y resistencia, como a auténticos programas de ingeniería social.

(Fig.6) Graffiti sobre uno de los muros de los barracones de Bustarviejo (fotografía del autor)

Los estudiantes van entendiendo que ante la ausencia de alambradas existían otros mecanismos de control: la presencia de las familias, la reconfiguración del país como "una inmensa prisión", el propio programa para la "redención de penas por el trabajo" (que les ofrecía la libertad a cambio del trabajo)… Asimismo, las chicas y los chicos van viendo que el interés represivo no estaba sólo en los presos, sino también en el exterior: tanto en los maquis (cuya actividad denuncia en los años 40 la idea falsa de que "la guerra ha terminado [en 1939]" y se dirige, entre otras cosas, a los propios destacamentos, que por otro lado almacenan importantes cantidades de dinamita) como de las propias familias, mujeres y niños, penetrando en los intersticios de la propia subjetividad de la población para que la labor totalitaria cale hasta los huesos.

También se dan cuenta de que la realidad es mucho más compleja de lo que se dice: la dominación no se lleva a cabo de un modo completo, y siempre quedan rendijas por las que se cuelan resistencias (como los frisos decorados). Pero al mismo tiempo vuelven sobre el tema, y ven que las condiciones materiales en las que se encuentran, en las que se les ha puesto, son mensajes contundentes de los guardianes y salvapatrias para que no olviden jamás lo que son, o lo que se pretende que sean: pecadores (ya quizás penitentes), rojos, la anti España.

Este trabajo debe vincularse con el del análisis e interpretación de otras fuentes primarias: otras no escritas (orales y gráficas) y las escritas. Aunque dejamos para otra ocasión estudiar las complejas relaciones entre todas ellas (de convergencia, contradicción y negación), es obvio que esa vinculación permite abrir numerosas vías. En el caso de Bustarviejo algunos testimonios orales nos han servido para matizar el panorama represivo, en cuanto han planteado un compadreo ocasional entre presos y guardianes, por ejemplo.[94] Pero, al mismo tiempo, también nos han servido para complementar el panorama sobre los mensajes implícitos en las condiciones materiales en las que se ponía a los presos y sus familiares; ahí están, por ejemplo, las lágrimas que salen de los ojos de A.S. cuando se acuerda de él y su madre viajando en la trasera del tren, expuestos al frío invernal, para pasar las Navidades con su padre en el penal[95].

---

94 Entrevista a P.D. realizada por Alicia Quintero Maqua y Jorge Rolland (11/6/2010).
95 Entrevista realizada por Alicia Quintero Maqua y Jorge Rolland (15/12/2007).

Podemos también abrirnos a nuevas estructuras y objetos, a nuevas lecturas y miradas, a nuevas preguntas, y desde luego compaginar todo ello con lo apuntado en el eje anterior: ¿qué relaciones establecemos entre todo ello y la España del momento?, ¿en qué ha derivado todo ello?, ¿dónde están los antiguos presos?, ¿y sus familias?

Gestión de la memoria

La última línea de trabajo de la memoria en la escuela que proponemos aquí, pero no por ello la menos importante, es la gestión de la propia memoria. Dado el enfoque aquí mantenido, esto supone gestionar cómo va a tratarse el conflicto de la guerra y la dictadura, y especialmente la materialidad que las evoca y que nos abre la puerta a su conocimiento y reconocimiento. Dado también el enfoque de este trabajo, esto supone igualmente plantearse cómo hacerlo desde un punto de vista democrático y en verdad profundamente histórico, es decir, implicando a sujetos que se enfrentan a sujetos, a sí mismos y a los otros, fundándose en la conexión del presente y el pasado.

En el caso de Bustarviejo todo esto se tradujo en invitar a los escolares a una reflexión sobre los focos o lugares de memoria y las distintas maneras de gestionarlos, recogiendo, obviamente, lo que hemos planteado en las líneas anteriores. De igual (o parecido) modo se puede hacer con los chicos en un sentido más general. Así, todo tratamiento del tema a través de diversas fuentes, y especialmente de las materiales, remite a las mismas preguntas: ¿qué hacer con los restos y cómo hacerlo?, ¿se dejan como están?, ¿se recogen en un museo y/o se restauran *in situ*?, ¿se dignifican con placas y homenajes?, ¿se invita a conocerlos con paneles, visitas guiadas, talleres…? Definir bien todo ello requiere mucho trabajo, pero el mero hecho de plantear estas preguntas y de invitar y acoger otras abre unas perspectivas sumamente enriquecedoras para nuestro objetivo. ¿Acaso no serían entonces partícipes los jóvenes en el tratamiento de la guerra y la posguerra? Lo interesante en este sentido es que con ello las propuestas de los chicos y de la escuela en general enganchan con lo que se debe proponer desde otros contextos, tal y como se defiende cuando propugnamos una arqueología pública de la guerra y la dictadura.[96]

---

[96] FALQUINA *et al.* (2010) op. cit.

El problema específico de los lugares de memoria en España (y seguramente en otros países), y más en general de la memoria histórica en el Estado español, es, como decimos desde el comienzo, la situación de abandono, negación, ocultación en la que se encuentran. A pesar de los numerosos esfuerzos que se hacen en muchos lugares (y en casos como en Cataluña, con, por ejemplo, las obras del Memorial Democràtic, llegando incluso casi a revertir el proceso), el abandono marca, en términos generales, una desconexión impulsada tanto desde los hacedores de la reconfiguración de 1936/1939 como desde los de la cultura de la Transición. En este sentido, materializan esa desconexión. Y, así, los colectivos que reivindican la memoria histórica vienen desde hace años frecuentando, visitando, excavando... esos lugares, subvirtiendo ese sentido que se les ha pretendido dar y convirtiéndolos en focos de memoria e historia[97] (figura 7). Esta es una apropiación material de la historia completamente legítima, toda vez que implica a la colectividad a partir de su participación activa, consciente, política, y además garantiza la conservación de los restos materiales.

(Fig. 7) La lucha contra el olvido y por la dignificación en lugares específicos de Navarra desde la dictadura. A la izquierda, familias de Alonso y Solchaga poniendo flores en el campo (lugar indeterminado); en el centro, exhumación en Sartaguda; a la derecha, familiares y amigos de fusilados con sus restos en Fustiñana.[98]

---

97 En RUIZ VILAS, M.J. et al. (coords.) [1986] (2004) *Navarra 1936. De la esperanza al terror*; Altafaylla Kultur Taldea, Tafalla, se recogen distintos casos de peregrinaje a las fosas o lugares de asesinato de numerosas personas por parte de sus familiares (y a veces también de exhumación de sus restos) desde la dictadura.
98 RUIZ VILAS *et al.* op.cit., pp. 284, 570 y 336, resp.

¿A dónde nos lleva la memoria histórica en la escuela?

Los resultados del trabajo de la memoria en la escuela están aún por evaluar. En verdad, necesitamos evaluarlos para seguir creciendo, porque nos marcarán nuevas líneas para seguir, abriendo más y más el camino. Toda actividad, todo proyecto necesita una evaluación profunda que, además de delimitar aciertos y desaciertos, de trazar nuevas perspectivas para nuevos proyectos, nos guíe la siguiente vez, el siguiente curso, el próximo trabajo para determinar en qué fijarnos de cara a futuras evaluaciones, y así sucesivamente.

Pero aun así, con la experiencia acumulada, podemos ver a dónde nos llevan las líneas básicas que hemos trazado. Nuestra pedagogía política ofrece una estructura sobre la que construir proyectos para tratar el conflicto de la guerra y la posguerra. Ante todo, lo que se pretende con ello es proponer un panorama lo más completo y crítico posible para adoptar una postura en el marco de un conflicto abierto y, así, contribuir al tratamiento y resolución del conflicto. Hemos visto en definitiva que eso no implica tanto recuperar historias y lugares como hacerlo fundándonos en la reflexión y actuación en torno a las tendenciosas y decantadas separaciones entre pasado y presente, a la crítica densa de las fuentes y a la gestión de un conflicto abierto que nos concierne a todos.

Este enfoque pretende contribuir a la subversión de la labor del estado totalitario instaurado contra la resistencia activa y pasiva de numerosas personas y colectivos desde 1936, incluyendo su reproducción compleja a manos de la cultura de la Transición española. Creemos que el compromiso con esta pedagogía y con muchas de las actividades que se impulsan hoy en día desde los colectivos en lucha por la recuperación de la memoria histórica es una de las garantías para construir un futuro en libertad.

Agradecimientos

Este trabajo se debe a las experiencias y conversaciones compartidas con todos los compañeros del Bustar Project y, especialmente, con Gonzalo Compañy. Ha tomado forma gracias a la invitación y comentarios de todo el equipo editorial. En los comentarios al texto y numerosas referencias bibliográficas también han contribuido decisivamente Carlos Marín Suárez y Ramón González Cortés. Berta Martínez Silva me ha recordado los emocionantes combates en Navarra durante la dictadura y transición por el recuerdo permanente de numerosas víctimas de la represión fascista y por la recuperación de sus cuerpos. Finalmente, Alfonso Silván ha aportado su sabiduría para traducir las inscripciones del llamado Arco de la victoria.

Bibliografía

ACOSTA BONO, G., Del RÍO SÁNCHEZ, A., y VALCUENDE DEL RÍO, J. M. (2008) *La recuperación de la memoria histórica. Una perspectiva transversal desde las Ciencias Sociales*; Centro de Estudios Andaluces, Sevilla, pp. 124-136.

ARÉVALO, J. (2008) *Senderos de guerra. 20 rutas históricas por la Sierra de Guadarrama*; Ed. La Librería, Madrid.

BOURDIEU, P. (1997) *Razones prácticas*; Anagrama, Barcelona.

CASTELLANO, R. (2007) *Los restos de la defensa. Fortificaciones de la Guerra Civil en el Frente de Madrid*; Ed. Almena, Madrid.

CHESNEAUX, J. [1976] (1982) *¿Hacemos tabla rasa del pasado?*; Siglo XXI, Madrid.

COMPAÑY, G. (2009) *Del pars pro Todo a la puesta en duda que instala la intemperie. Un hacer arqueológico en un centro clandestino de la ciudad de Rosario: El Pozo (1976-1979)*; Sol en Turín, Buenos Aires.

COSTA, J. (1967) *Oligarquía y caciquismo. Colectivismo agrario y otros escritos*; Alianza, Madrid.

DIEZ GUTIÉRREZ, E., y RODRÍGUEZ GONZÁLEZ, J. (2009) *Unidades didácticas para la recuperación de la memoria histórica.2º Bachillerato*; Foro por la Memoria de León, León.

ESPINOSA, F. (2007) *La columna de la muerte*; Crítica, Barcelona.

FALQUINA, A., FERMÍN, P., GONZÁLEZ RUIBAL, A., MARÍN, C., QUINTERO, A. y ROLLAND, J. (2008) "Arqueología de los destacamentos de trabajos forzados franquistas en el ferrocarril Madrid-Burgos: el caso de Bustarviejo"; *Complutum*, 19 (2), pp. 175-196.

FALQUINA, A., MARÍN, C. y ROLLAND, J. (2006) "Arqueología y práctica política. Reflexión y acción en un mundo cambiante"; *Arqueoweb*, 8 (1).

FALQUINA, A., ROLLAND, J., MARÍN, C., COMPAÑY, G., GONZÁLEZ RUIBAL, A., QUINTERO, A. y FERMÍN, P. (2010) "*De estos cueros sacaré buenos látigos*. Tecnologías de la represión en el destacamento penal franquista de Bustarviejo (Madrid)"; *Ebre 38*, 5, pp. 247-271.

FONTANA, J. [1982] (1999) *Historia: análisis del pasado y proyecto social*; Ed. Crítica, Barcelona.

FREIRE, P. [1969] (2002) *La educación como práctica de libertad*; Siglo XXI, Madrid.

[1993] (2001) *Política y educación*; Siglo XXI, México DF.

GONZÁLEZ CORTÉS, O. (2011) *El sistema de campos de concentración franquista. El Campo de concentración de Castuera. Unidad didáctica*; AMECADEC, Mérida

GONZÁLEZ RUIBAL, A. (2008) "Arqueología de la Guerra Civil española. Presentación del Dossier"; *Complutum*, 19 (2), pp. 11-20.

GRUPO DE DIDÁCTICA DE LAS CIENCIAS SOCIALES DEL PROYECTO IRES (coord.) (1996) *Experimentación curricular en Ciencias Sociales. Planteamientos y perspectivas*; Ed. Alfar, Sevilla.

MARÍN, C., COMPAÑY, G. y QUINTERO MAQUA, A. (2012) "Arqueología del conflicto contemporáneo: de la teoría a la práctica política"; CASCALHEIRA, J. y GONÇALVES, C. (eds.) *Actas das IV Jornadas de Jovens em Investigação Arqueológica - JIA 2011* (Universidad do Algarve), vol. I.; Promontoria Monográfica 16, pp. 361-368.

MARÍN, C., QUINTERO, A., ROLLAND, J., FERMÍN, P., GONZÁLEZ RUIBAL, A. y FALQUINA, A. (2012) "Última estación. Arqueología de los destacamentos de trabajos forzados en el ferrocarril Madrid-Burgos (España)"; A. ZARANKIN, M.A. SALERNO y M.C. PEROSINO (coomps.) *Historias desaparecidas. Arqueología, memoria y violencia política*, Encuentro Grupo Editor, Córdoba, pp. 117-140.

MONTERO BARRADO, S. (2001) "Arqueología de la guerra civil en Madrid"; *Historia y comunicación social*, 6, pp. 97-122.

OLSEN, B. (2003) "Material culture after text: re-membering things"; *Norwegian Archaeological Review,* 36 (2), pp. 87-104.

PAGÈS, P. 1983 *Introducción a la Historia. Epistemología, teoría y problemas de método en los estudios históricos*; Ed. Temas Universitarios, Barcelona.

PAGÉS I MONTSERRAT CASAS, J. (2005) *Republicans i republicanes als camps de concentració nazis. Testimonis i recursos didàctics per a l'ensenyament secundari*; Institut d´Educació del Ajuntament de Barcelona- Amical de Mauthausen, Barcelona.

RODRIGO, J. (2003) *Los campos de concentración franquistas. Entre la historia y la memoria*; Ed. Siete Mares, Madrid.

ROLLAND, J. (2011) "De los sistemas expertos a prácticas democráticas en arqueología"; J. ALMANSA (coord.) *Charlas de café. El futuro de la arqueología en España*; JAS Arqueología Editorial, Madrid, pp. 209-215.

SÁNCHEZ SOLER, M. (2007) *Ricos por la guerra de España*; Ed. Raíces, Madrid.

SCHOFIELD, J., KLAUSMEIER, A., PURBRICK, L. (eds.) (2006) *Re-mapping the field: new approaches in conflict archeology*; Westkreuz-Verlag, Berlin.

VALLEJO-NÁJERA, A. (1939) *La locura y la guerra: psicopatología de la guerra española*; Valladolid.

VALLS, R. y LÓPEZ FACAL (2011) "¿Un nuevo paradigma para la enseñanza de la Historia? Los problemas reales y las polémicas interesadas al respecto en España y en el resto del mundo occidental"; *Enseñanza de las Ciencias Sociales: revista de investigación* 10, pp. 71-81.

Capítulo 4
DE "LUGARES DE MEMORIA" A "LUGARES DE HISTORIA": LA ARQUEOLOGÍA CONTEMPORÁNEA ANTE EL PATRIMONIO DE LA GUERRA CIVIL ESPAÑOLA Y DE LA DICTADURA FRANQUISTA

por Carlos Marín Suárez[99]

Introducción

En las dos últimas décadas es evidente la creciente aceptación de los lugares de represión franquistas como lugares de memoria, tanto a nivel social como en instancias políticas, gracias, entre otros motivos, a la aparición de la mal llamada "ley de memoria histórica" en el año 2007 -que realmente alude a la memoria personal y familiar más que histórica-[100]. Los debates públicos sobre el papel que debe jugar el Valle de los Caídos, por ejemplo, dan buena cuenta de ello[101]. En este contexto los arqueólogos, debido a nuestra estrecha relación con la materialidad, nos encontramos en una posición privilegiada dentro del amplio espectro de las ciencias sociales para trabajar, investigar y gestionar este complejo y doloroso legado patrimonial. Algunos definen este tipo de restos y paisajes como "patrimonio negativo" al ser lugares conflictivos depositarios de una memoria[102], entre otros adjetivos tales como

---

[99] Arqueólogo, Doctor en Prehistoria, Madrid. E-mail: curuxu44@gmail.com

[100] Ver crítica en FALQUINA APARICIO, A. *et al.* (2008) "Arqueología de los destacamentos penales franquistas en el ferrocarril Madrid-Burgos. El caso de Bustarviejo"; *Complutum* 19 (2), p. 176.

[101] FERRÁNDIZ MARTÍN, F. (2011) "Guerras sin fin: guía para descifrar el Valle de los Caídos en la España contemporánea"; *Política y Sociedad* 48 (3).

[102] MESKELL, L. (2002) "Negative heritage and past mastering in archaeology"; *Anthropological Quarterly* 75.

ambivalente[103], hiriente[104], disonante[105], incómodo[106], difícil[107] o que duele[108]. Aunque podríamos preguntarnos qué tipo de patrimonio arqueológico no es conflictivo, ya que muchos enfrentamientos políticos, sociales e identitarios giran alrededor de monumentos prehistóricos o medievales[109]. Pero lo cierto es que los restos de conflictos civiles generalizados y tan recientes como la Guerra Civil española y la posguerra, no son un legado sencillo. Más bien se trata de un patrimonio ambivalente y difícil de tratar[110], en el que como investigadores, generacionalmente hablando, aún estamos muy involucrados. Por lo tanto la arqueología que trata estos restos tiene un carácter especial que procede de la naturaleza traumática del pasado reciente que los generó, de nuestra implicación íntima con aquellos eventos y de la naturaleza molesta de esta materialidad, cuya cercanía histórica la hace más cruda y traumática[111].

Teniendo en cuenta estas especificidades partimos de la idea de que el mejor modo de trabajar como arqueólogos contra el olvido y el ocultamiento es mostrando las conexiones entre lugares, artefactos y personas, y entre diferentes pasados y presentes. Se trataría de llevar a cabo una arqueología

---

103 CHADHA, A. (2006) "Ambivalent heritage: Between affect and ideology in a colonial cemetery"; *Journal of Material Culture* 11.

104 DOLFF-BONEKAEMPER, G. (2002) "Sites of hurtful memory"; *Conservation* 17 (2).

105 TUNBRIDGE, J.E. y ASHWORTH, G.J. (1996) *Dissonant Heritage: the management of the past as a resource in conflict*; J. Wiley, Chichester, N. Y.

106 PRATS, L. (2005) "Concepto y gestión del patrimonio local"; *Cuadernos de Antropología Social* 21.

107 LOGAN, W. y REEVES, K. (2009) "Introducing Places of Pain and Shame"; *Places Of Pain And Shame: Dealing With 'Difficult' Heritage*; Routledge, London.

108 UZZELL, D.L. y BALLANTYNE, R. (1998) "Heritage that Hurts: Interpretation In A Post-Modern World"; *Contemporary Issues in Heritage and Environmental Interpretation: Problems and Prospects*; The Stationery Office, London.

109 Por ejemplo AYÁN VILA, X. y GAGO MARIÑO, M. (2012) *Herdeiros pola forza. Patrimonio cultural, poder e sociedade na Galicia do século XXI*; Editora 2.0, O Milladoiro-Ames; o MARÍN SUÁREZ, C., GONZÁLEZ ÁLVAREZ, D. y ALONSO GONZÁLEZ, P. (2012) "Building Nations in the XXI Century. Celtism, Nationalism and Archaeology in Northern Spain: The Case of Asturias and León"; *Archaeological Review from Cambridge* 27 (2).

110 CARDONA GÓMEZ, G. y ROJO ARIZA, M.C. (2012) "Conflictos contemporáneos, memoria y Patrimonio Mundial: una relación problemática. El caso de los espacios patrimoniales de la Guerra Civil Española"; *Actas del Primer Congreso Internacional de Buenas Prácticas en Patrimonio Mundial: Arqueología. Mahón, Menorca, Islas Baleares, España 9-13 de abril de 2012*; Editora Complutense, Madrid.

111 GONZÁLEZ RUIBAL, A. (2008) "Time to Destroy. An Archaeology of Supermodernity"; *Current Anthropology* 49 (2), p.262.

integrada de la Guerra Civil y la dictadura que tome en consideración cuatro aspectos fundamentales: paisaje, proceso, cultura material y memoria[112]. Una arqueología contemporánea o, mejor dicho, de la "supermodernidad"[113], que combine la búsqueda de la objetividad científica con la responsabilidad y la práctica política[114].

En consonancia con lo susodicho deberíamos reflexionar sobre el papel que puede desempeñar la arqueología en todos estos espacios y paisajes y en su rol en la configuración de los conocidos como "lugares de memoria" ("lieux de mémoire")[115], aunque sería más adecuado denominarlos "focos de memoria"[116] o *mnemotopoi*[117]. Y, más allá de la memoria, pero entrelazada con ella, también nos surgen reflexiones sobre la capacidad que tiene la arqueología contemporánea para historizar a partir de esta conflictiva materialidad. Se trataría por lo tanto de pensar en la relación entre memoria, materialidad, arqueología e historia. Como fundamento para el análisis que viene a continuación parto de la experiencia y de las reflexiones generadas a partir de proyectos de investigación concretos en los que he participado y que cubren un nutrido muestrario de lugares de conflicto y / o represivos. Remito a los mismos para obtener más detalles [118].

---

112 GONZÁLEZ RUIBAL, A. (2007) "Making things public: archaeologies of the Spanish Civil War (1936-39)"; *Public Archaeology* 6 (4), p.271.

113 *Sensu* GONZÁLEZ RUIBAL, A. (2008) Op.cit.

114 FALQUINA APARICIO, A., MARÍN SUÁREZ, C. y ROLLAND CALVO, J. (2006) "Arqueología y práctica política. Acción y reflexión en un mundo cambiante"; Arqueoweb 8 (1); MARÍN SUÁREZ, C., COMPAÑY, G. y QUINTERO MAQUA, A. (2012) "Arqueología del conflicto contemporáneo: de la teoría a la práctica política"; *Actas das IV Jornadas de Jovens em Investigação Arqueológica - JIA 2011*, Promontoria Monográfica 16, Universidad do Algarve. Faro.

115 NORA, P. (1984) "Entre mémoire et histoire. La problématique des lieux"; *Les lieux de mémoire. I. La République*; Gallimard, Paris.

116 FALQUINA APARICIO, A., MARÍN SUÁREZ, C. y ROLLAND CALVO, J. Op.cit.

117 GONZÁLEZ RUIBAL, A. (2008) Op.cit., pp.254-259.

118 Me estoy refiriendo a campos de batalla de la Guerra Civil como los de Ciudad Universitaria -Madrid- (GONZÁLEZ RUIBAL, A. *et al.* (2010b) "Guerra en la universidad. Arqueología del conflicto en la Ciudad Universitaria de Madrid", *Ebre 38* 4; QUINTERO MAQUA, A. *et al.* (2013 ep) "La Ciudad Universitaria de Madrid (1936-1943): espacio, materialidad, guerra y reconstrucción"; EBRE 38 (7); SÁNCHEZ-ELIPE LLORENTE, M. *et al.* (2011) "Campus de batalla: estudio de una trinchera republicana en la Ciudad Universitaria de Madrid"; *Actas de las II Jornadas de Jóvenes en Investigación Arqueológica (Madrid, 6, 7 y 8 de mayo de 2009). JIA 2009, Tomo I*; OrJIA-Libros Pórtico, Madrid), los del frente de los puertos en Puebla de Lillo -León- (BEJEGA GARCÍA, V. *et al* (2012 ep) "El Frente de San Isidro

(León): perspectiva histórica y arqueológica"; *EBRE 38* 7; los de la Batalla del Ebro en La Fatarella -Tarragona- (GONZÁLEZ RUIBAL, A. (2012a) *El último día de la batalla del Ebro. Informe de las excavaciones arqueológicas en los restos de la Guerra Civil de Raïmats, La Fatarella (Tarragona)*; Informe inédito, Incipit - CSIC, Santiago de Compostela); lugares de represión como el madrileño destacamento penal de Bustarviejo (Falquina Aparicio *et al.* (2008) Op.cit.; FALQUINA APARICIO, A. *et al.* (2010) "De estos cueros sacaré buenos látigos. Tecnologías de represión en el destacamento penal de franquista de Bustarviejo (Madrid)"; *EBRE 38* 5; MARÍN SUÁREZ, C. *et al.* (2012) "Capítulo 8. Última estación. Arqueología de los destacamentos de trabajos forzados en el ferrocarril Madrid-Burgos (España)"; *Historias desaparecidas: arqueología, memoria y violencia política*; Editorial Brujas, Córdoba o los extremeños campo de concentración y fosas comunes del cementerio de la localidad de Castuera (MUÑOZ ENCINAR, L.; AYÁN VILA, X. M. y LÓPEZ RODRÍGUEZ, A. D. (2013) *De la ocultación de las fosas a las exhumaciones la represión franquista en el entorno del Campo de Concentración de Castuera (Badajoz)*; INCIPIT, CSIC, AMECADEC, Santiago; GONZÁLEZ RUIBAL, A. *et al.* (2011) "Excavaciones arqueológicas en el campo de concentración de Castuera (Badajoz). Primeros resultados"; *Revista de Estudios Extremeños* 67 (2). Respecto a otros proyectos, pese a no haber participado directamente, tengo la suerte de conocer de primera mano la información generada en los mismos, ya que han sido realizados por compañeros y compañeras muy cercanos. Me refiero a las intervenciones sobre los campos de combate de la batalla de Guadalajara -Abánades, Guadalajara- (GONZÁLEZ RUIBAL, A. *et al.* (2010a) "Excavaciones arqueológicas en el frente de Guadalajara. Una posición franquista en Abánades (1937-1939)"; *EBRE 38* (5); a las investigaciones sobre los restos materiales de la represión en Galicia (COMPAÑY, G. (2011) *Las huellas de la violencia. Materialidad de la represión en la Galicia de guerra y posguerra*; Tesis de Master, Departamento de Historia Contemporánea e de América. Santiago de Compostela, Universidad de Santiago de Compostela disponible en [http://digital.csic.es/handle/10261/39989], y en concreto sobre los campos de concentración de Muros -A Coruña- (FERMÍN MAGUIRE, P. (2013 ep) "Campos de concentração e produção dos 'vermelhos': um estudo na arqueologia da Guerra Civil Espanhola"; *Actas de la semana de arqueología de la Unicamp. Sesión: Estado, memoria y arqueología;* Unicamp, Campinas); los estudios en la madrileña cárcel de Carabanchel (GONZÁLEZ RUIBAL, A. (2009b) "Topography of terror or cultural heritage? The monuments of Franco's Spain"; *Europe's deadly century. Perspectives on 20th century conflict heritage*; English Heritage, Kemble Drive, Swindon); los estudios arqueológicos sobre la guerrilla antifranquista en Galicia (AYÁN VILA, X. (2008) "El paisaje ausente: por una arqueología de la guerrilla antifranquista en Galicia"; *Complutum* 19 (2); sobre el cerco defensivo de Oviedo -Asturias- (ÁLVAREZ MARTÍNEZ, V. y REQUEJO PAGÉS, O. (2008) "El nido de ametralladoras de Fitoria (Oviedo, Asturias). Excavación arqueológica en una fortificación de la Guerra Civil Española"; *Complutum* 19 (2); o las múltiples exhumaciones de fosas comunes en diferentes provincias castellanas y aragonesas (RÍOS FRUTOS, L. (2012) *Identificación de restos óseos exhumados de fosas comunes y cementerios de presos de la Guerra Civil y primeros años de la dictadura en Burgos (1936-1942)*; Tesis Doctoral, Facultad de Ciencias, Departamento de Biología, Comisión Docente de Antropología, Universidad Autónoma de Madrid, Madrid; RÍOS FRUTOS, L. *et al.* (2008) "Muertes en cautiverio en el primer Franquismo: Exhumación del cementerio del penal de Valdenoceda (1938-1943)"; *Complutum* 19 (2).

Arqueología contemporánea y posmemoria

No seré yo, ni mucho menos, quien haga una diferencia tajante, de corte intelectualista y colonial, entre memoria e historia. De hecho, lejos de esto, me sitúo entre quienes consideran esto un grave peligro, que sólo puede servir al beneficio de los que buscan sustentar sus posiciones dominantes, especialmente dentro de la Academia[119]. Comparto la idea de que la historia -y cualquier ciencia histórica como la arqueología- debe ser colectiva y activa, para ganar fuerza en nuestra relación con el pasado y perfilar mejor las armas con las que cambiar y luchar en el presente, aunque veremos cómo esto no tiene por qué significar ni multivocalidad ni una peligrosa búsqueda de consenso. Profesionalismo e intelectualismo son dos peligrosas lacras de nuestra profesión que nos impiden darnos cuenta de cómo la gente tiene "sed de historia" y de la relación fundamental entre saber histórico y práctica social[120]. De hecho la formación de la conciencia histórica de la mayoría de los ciudadanos bebe de matrices culturales muy diversas y cambiantes en el tiempo, que dan significación a las acciones individuales y colectivas[121], y en donde raramente se recurre a las ciencias históricas. Si decidimos salir de los despachos y ponernos a trabajar codo con codo en las luchas concretas de nuestra sociedad posiblemente seremos más conscientes de la compleja relación de la memoria con la historia y la arqueología contemporánea. Además, en el ámbito concreto de la arqueología de la represión más reciente, el régimen de verdad de la narrativa histórica no puede pretender sostenerse en la exclusión de la memoria, sino que en todo caso debe apoyarse en su colaboración y sostenimiento. Ello no hace que la narrativa resultante sea menos académica, ni menos científica, sino todo lo contrario. El proceso de investigación es relevante tanto académica como socialmente precisamente por la inclusión de los intereses subjetivos extra-académicos en la definición de sus objetivos y condicionamientos[122].

En nuestro caso, la investigación que desarrollamos pretende trabajar con esa ambigua memoria colectiva, de la que reivindicamos su historicidad, en

---

119 BOURDIEU, P. (2002) *Pensamiento y acción*; Libros del Zorzal, Buenos Aires.
120 CHESNAUX, J. (1981) *¿Hacemos tabla rasa del pasado? A propósito de la Historia y de los historiadores*; Siglo XXI Editores, Madrid, pp. 21-28.
121 RUIZ TORRES, P. (2002) "La Historia en nuestro paradójico tiempo presente"; *Pasajes* 9, p.28.
122 HABER, A. (2006) "Tortura, Verdad, Represión, Arqueología"; *Arqueología de la represión y la resistencia en América Latina. 1960-1980*; Encuentro Grupo Editor Córdoba, p.143.

interacción con los restos materiales, que a su vez los hacemos interactuar con las fuentes documentales y orales. En principio puede parecer una práctica poco objetiva, pues la memoria colectiva presenta los hechos insertos en una dimensión moral muy concreta. Pero es precisamente el carácter científico de nuestro trabajo el que permite mirar con distancia para contemplar múltiples perspectivas, y entender la complejidad y ambigüedad del comportamiento de sus protagonistas. La naturaleza objetiva de nuestro trabajo, por otro lado, no implica que sea neutral políticamente, pues pretende rescatar una serie de experiencias que quedan fuera de todo discurso oficial, ya sea este histórico o memorístico. Se trata de dar voz y forma a lo que hasta este momento no había podido ser nombrado, convirtiéndolo, por consiguiente, en un acto dignificante y políticamente subversivo, pero con todo el rigor arqueológico e histórico. Al fin y al cabo toda interpretación arqueológica es, en última instancia, política[123].

Los historiadores a partir del siglo XIX se han convertido en los especialistas de la memoria, con un papel social no del todo diferente al de los chamanes primitivos o los aedos griegos, ya que han continuado construyendo mitos fundacionales para las sociedades en las que viven[124], casi siempre para sustentar diferentes tipos de nacionalismos. Pero el historiador, y en concreto el arqueólogo, también puede actuar políticamente en un sentido diferente, abriéndose a los problemas y traumas que se encierran en otras memorias, como por ejemplo las de las víctimas de los regímenes totalitarios[125].

En este sentido Julio Aróstegui[126] -*s.t.t.l.*-, siguiendo a Huyssen, considera que "uno de los fenómenos culturales y políticos más sorprendentes de los últimos años es el surgimiento de la memoria como una preocupación central de la cultura y de la política de las sociedades occidentales". En concreto habría que matizar y diferenciar entre memoria individual, memoria colectiva y un subtipo específico de la memoria colectiva como es

---

123 FALQUINA APARICIO, A., MARÍN SUÁREZ, C. y ROLLAND CALVO, J. Op.cit.
124 BERMEJO BARRERA, J.C. (2002) "¿Qué debo recordar? Los historiadores y la configuración de la memoria"; *Memoria y Civilización: Anuario de Historia de la Universidad de Navarra* 5, pp.208-209.
125 DEL ALCÁZAR GARRIDO, J. (2006) "Continuar viviendo juntos después del horror. Memoria e historia en las sociedades posdictatoriales"; *La democracia en América Latina, un barco a la deriva*; Fondo de Cultura Económica, Buenos Aires.
126 ARÓSTEGUI, J. Op.cit. p.16.

la memoria histórica[127]. No obstante, el concepto de "memoria histórica" es contradictorio y ambiguo[128], ya que memoria e historia suelen presentarse por muchos historiadores como conceptos opuestos[129], por lo que quizás sea más conveniente hablar de memoria social, pública o colectiva[130]. La llamada memoria histórica es una construcción desde el presente que trata de sacar a la luz pública unos hechos del pasado que se consideran injustos o silenciados, dándoles una explicación lógica, reflexiva y con carácter reivindicativo. En cambio, la memoria colectiva, cultural o social no es siempre histórica ni siempre reivindicativa, sino que de hecho suele ser anti-histórica: simplifica, niega el paso del tiempo, eterniza, esencializa y deforma el recuerdo, como no puede ser de otra forma. La ambigua mirada resultante no es fruto del desconocimiento de los hechos sino una construcción personal y colectiva que trata de ocultar el dolor y las humillaciones sufridas o al menos trata de dar un sentido de dignidad a las biografías personales y comunes.

Pese a esta ambigüedad y aparente contradicción, lo que el concepto de memoria histórica reivindica en última instancia, al menos en España, es fundamental: que otras memorias, marginadas y olvidadas por regímenes políticos e historiográficos, son también historia auténtica. Entonces quizás podríamos abogar por una perspectiva más simétrica[131] en arqueología, en donde reconfiguremos la relación entre la temporalidad arqueológica y la de la memoria, incluida la individual del investigador[132]. Es decir, no estamos proponiendo solamente que la memoria pase a ser un objeto historiográfico[133], sino romper, o mejor dicho, indisciplinar la metodología arqueológica de sus supuestos: "la relación de objetivación/subjetivación, la linealidad temporal

---

127 HALBWACHS, M. (1968) *La mémoire collective*; Presse Universitaires de France, Paris.

128 GAVILÁN, E. (2004) "De la imposibilidad y necesidad de la 'memoria histórica' "; *La memoria de los olvidados. Un debate sobre el silencio de la represión franquista*; Ámbito, Valladolid.

129 NORA, P. Op.cit.

130 CONNERTON, P. (2006) "Cultural memory"; *Handbook of material culture*; Sage, London and New York.

131 *Sensu* LATOUR, B. (1993) *We have never been modern*; Harvard University Press, Cambridge.

132 OLSEN, B. (2007) "Genealogías de la asimetría: por qué nos hemos olvidado de las cosas"; *Arqueología Simétrica: Un giro teórico sin revolución paradigmática*; *Complutum* 18, Madrid; SHANKS, M. (2007) "Arqueología Simétrica"; *Arqueología Simétrica: Un giro teórico sin revolución paradigmática*; Complutum 18,Madrid.

133 ARÓSTEGUI, J. Op. cit. pp.16-17.

de la secuencia de producción de conocimiento, la distribución topológica del conocimiento teórico y del mundo, y la autonomía práctica del conocimiento respecto de las relaciones social/vitales"[134]. Siguiendo a Alejandro Haber podríamos pensar que una diferenciación tajante entre memoria e historia no sería más que una nueva puesta en práctica de las segmentaciones propias del régimen colonial y occidental en el que tradicionalmente se han movido las ciencias sociales. Es más, unas líneas tan nítidas de separación entre historia y memoria como las del propio Pierre Nora[135], o Santos Juliá[136] para el caso de la guerra civil española y dictadura franquista, han sido criticadas ya que "las formas subjetiva y objetiva de entender el pasado son reliquias arbitrarias y borrosas de un enfoque antiguo e inocente del estudio histórico"[137]. En esta línea, en alguno de nuestros trabajos hemos pretendido rescatar la memoria colectiva de unos acontecimientos recientes y traumáticos -la represión franquista- desde un punto de vista arqueológico, sin omitir ni minusvalorar las memorias personales y familiares, presentes en las diversas entrevistas que se realizaron dentro del proyecto y que en muchos casos reorientaron la labor arqueológica[138], y, por supuesto, también presentes en nosotros mismos como investigadores.

Podríamos entonces marcar la centralidad de la memoria como una de las características de la arqueología contemporánea. Una concepción de memoria que, entendida como totalidad, y en un sentido amplio y dinámico, procura entender lo que ha sido silenciado e ilegitimado, y que pone en permanente tensión la relación del sujeto investigador con el objeto de la problemática. Al priorizarse el conflicto y la contradicción como motores en la producción de conocimiento se van desvelando las facetas políticas y epistemológicas de ese conocimiento. Se van situando sobre el tapete el conjunto de saberes y sentidos que cada sujeto -insistimos, incluidos los arqueólogos- explicita respecto al tema en cuestión, y así se va tejiendo una red de significaciones que habilita la emergencia de historias con sentido y que da cuenta de las

---

134 HABER, A. (2011) "Nometodología Payanesa: Notas de Metodología Indisciplinada"; *Revista Chilena de Antropología* 23 (1), p.17.
135 NORA, P. Op.cit.
136 JULIÁ DÍAZ, S. (2006) "Memoria, historia y política de un pasado de guerra y dictadura"; *Memoria de la guerra y del franquismo*; Fundación Pablo Iglesias, Taurus, Madrid.
137 JUDT, T. (2010) "Á la recherche du temps perdu: Francia y sus pasados"; *Sobre el olvidado siglo XX*; Taurus Historia, Madrid, p.196.
138 FALQUINA, A. *et al.* (2008) Op.cit. pp.176-177.

distintas identidades generacionales en juego. En definitiva es ese sentido de memoria el que permite mutar la relación "sujeto investigador-objeto de la problemática" en "sujeto investigador-sujeto de la problemática"[139]. Es un sentido de memoria que a diferencia de las memorias personales podría ser definido como "posmemoria", y que tiene la característica de incluir recuerdos asociados a las historias de vida o memorias ajenas, recuerdos de generaciones previas, las que protagonizaron los acontecimientos en cuestión. Recuerdos producidos por otros que terminan generando una historia de las historias[140]. Creo que hasta el verano pasado nunca fui tan consciente del sentido profundo de la posmemoria, cuando estábamos llegando al fondo del sondeo ZPCO 02, en la zanja perimetral del campo de concentración de Castuera (Badajoz)[141]. De repente, cuando nos encontrábamos agotando la última unidad estratigráfica, apareció un pico sobre el suelo de la zanja, seguramente sepultado por el colapso del parapeto oriental muy poco tiempo después de haberse abierto aquel foso delimitador. Este pico simboliza perfectamente la salvaje represión sufrida por aquellos batallones de trabajadores que construyeron el campo y por los presos que lo habitaron, ya que sabemos por testimonios de supervivientes que con el pico no sólo abrían las zanjas en el esquisto estos esclavos del franquismo, sino que también era utilizado como herramienta de tortura, golpeando con ellos la espalda de los "trabajadores" que desfallecían. Pero este pico también simboliza la ruptura antes referida, la que muta nuestro objeto de estudio en sujetos políticos y la que nos identifica con aquellos, con sus luchas y sus experiencias. No dejaba de ser paradójico y revelador que, 73 años después, estuviéramos abriendo la misma zanja con las mismas herramientas que nuestros abuelos y, de nuevo, bajo el impasible sol de la Serena[142].

---

[139] BIANCHI, S. et al. (2012) "Capítulo 6. De las identidades políticas... A la construcción de la memoria colectiva"; *Historias Desaparecidas. Arqueología, memoria y violencia política*; Editorial Brujas, Córdoba; p.92 y n.3.

[140] HIRSCH en ZARANKIN, A. y SALERNO, M.A. (2012) "Capítulo 9. "Todo está guardado en la memoria". Reflexiones sobre los espacios para la memoria de la dictadura en Buenos Aires (Argentina); *Historias Desaparecidas. Arqueología, memoria y violencia política*; Editorial Brujas, Córdoba; pp.144-145.

[141] MUÑOZ ENCINAR, L.; AYÁN VILA, X. M. y LÓPEZ RODRÍGUEZ, A. D. Op.cit.

[142] [http://guerraenlauniversidad.blogspot.com.es/2012/09/chico-te-lo-explico-con-el-pico.html] Acceso el 26 de agosto de 2013.

La materialidad, sustento de la memoria

Si bien una de las características de la memoria en la arqueología contemporánea es la posmemoria, otra de no menor calado es que se trata de una faceta política de la memoria que está atravesada o, podríamos decir, modelada o actualizada por la materialidad de estos espacios y objetos. Toda memoria precisa de vestigios o trazos para verse actualizada, de "imágenes agentes", principal recurso mnemónico en nuestra formación cultural occidental que privilegia la vista sobre el resto de sentidos. Los aspectos materiales e inmateriales de la memoria se encuentran relacionados, y la memoria es indisociable de la materialidad del mundo. De hecho, más que la materialidad forme un registro extrasomático de la memoria, podría pensarse que nos familiarizamos con la materialidad mediante un conocimiento práctico de la misma, y este conocimiento indefectiblemente incluye trazos o vestigios de la memoria. Más allá de los objetos personales existen una serie de paisajes, lugares y objetos que son potencialmente relevantes para articular la memoria de un amplio número de personas, y en donde se deben incluir elementos tanto objetivos como subjetivos de la memoria[143]. Es en este punto en el que nuestro papel es fundamental ya que con nuestras investigaciones lo que queremos es contribuir como arqueólogos e historiadores -mediante un conocimiento especializado- a recuperar la memoria colectiva de la represión franquista en la posguerra y a anclarla en determinados lugares de especial relevancia histórica, a modo de esas "imágenes agentes"[144] que la disparen, y asegurar así que no volverá de nuevo el olvido.

Esta tarea no es sencilla. Entre otras cosas, porque en hechos acaecidos tan recientemente, la memoria colectiva, familiar e individual tienden a mezclarse, como es el caso del que aquí escribe (nieto de combatientes en la Guerra Civil e hijo de una generación que ha nacido y vivido buena parte de sus vidas en la dictadura). La España de hoy en día es fruto de ese "holocausto español"[145], del profundo trauma social que supusieron la generalizada violencia física y simbólica de la Guerra Civil y los cuarenta años de dictadura. Durante ese período se produjo un secuestro de la memoria colectiva: cualquier relato sobre la guerra que no encajara en los parámetros

---

143 ZARANKIN, A. y SALERNO, M.A. Op.cit. pp.145-146.
144 *Sensu* YATES en ZARANKIN, A. y SALERNO, M.A. Op.cit.
145 PRESTON, P. (2011) *El holocausto español. Odio y exterminio en la Guerra Civil y después*; Debate, Madrid.

propuestos por el régimen no se consideraba moral ni políticamente válido. La memoria quedó reducida al ámbito de lo familiar, siempre al margen de la historia auténtica y universal. Los escenarios de la represión fueron tapados con un manto de silencio, en lugares que no podían verbalizarse, en espacios de abyección[146]. Con la llegada de la democracia empezó a rescatarse en los medios académicos el discurso de los vencidos. La memoria que se privilegió entonces se ajustó al discurso historiográfico tradicional, que daba preferencia a la historia política y a los individuos relevantes. Con la incorporación a la historia de una parte de la memoria condenada por el Franquismo se ha enriquecido el conocimiento sobre la Guerra Civil. Sin embargo, aún queda pendiente integrar la memoria de otras personas cuyo discurso no encajaba en el franquista y que tampoco recibió la atención adecuada por parte de la narrativa historiográfica posterior. Debemos meternos de lleno en las "luchas por la memoria" para poder hacer públicos aquellos hechos[147]. Una buena estrategia para recuperar esa memoria es trabajar en los escenarios de la represión con las herramientas de nuestra disciplina, con lo que además pondremos evidencias sobre la mesa que impidan los desmanes revisionistas.

Estoy completamente de acuerdo con Alfredo González Ruibal[148] cuando plantea que una de las tareas de la arqueología de la supermodernidad es rescatar determinados locales del olvido, aunque a la par debe protegerlos de la trivilización y preservar su aura. Si bien individualmente hay que recordar para poder olvidar o superar el trauma, olvidar a nivel social es algo que no podemos permitirnos. Dejar de lado la memoria de la represión hará que esos errores vuelvan como espectros y contaminen la convivencia democrática, ya muy imperfecta *per se*. Al igual que en el caso alemán, en España la sociedad civil ha ido siempre por delante de la Academia en este aspecto.

Como especialistas, nuestra labor podría consistir en rastrear los "lugares de abyección", esas cicatrices arqueológicas de la supermodernidad (lugares desvastados, abandonados, destruidos por guerras y conflictos, espacios represivos, lugares de combate, fosas comunes, etc.) y convertirlos en "mnemotopoi" / "focos de memoria". Pero no todos los restos y no-lugares son lugares de abyección, sino solamente aquellos cuya existencia ha sido

---

146 *Sensu* GONZÁLEZ RUIBAL, A. (2008) Op.cit.
147 GONZÁLEZ RUIBAL, A. (2007) Op.cit.
148 GONZÁLEZ RUIBAL, A. (2008) Op.cit. pp.254-259; GONZÁLEZ RUIBAL, A. (2009a) "Arqueología y Memoria Histórica"; *Revista Patrimonio Cultural de España* 1; p.106.

borrada de la memoria colectiva, sobre los que nadie quiere hablar o que nadie admite o que son negados. Los lugares de abyección son aquellos en los que no hay memoriales construidos ni placas conmemorativas. Una tierra de nadie demasiado reciente, conflictiva y repulsiva como para que sea modelada como memoria colectiva, como bien ejemplifican los numerosos restos de la guerra civil española y la larga posguerra, condenados al olvido por la dictadura y la imperfecta transición[149].

No obstante, el trabajo arqueológico sobre estos sitios puede convertirlos en importantes locales de la memoria colectiva. Es decir, se pueden convertir en "mnemotopoi", aunque acaben corriendo el riesgo de que muten a "lieux de momoire". Mientras que en los "mnemotopoi" se encuentran las bases materiales de la memoria colectiva, son locales donde reside un pasado no ausente -lugares donde ha ocurrido algo socialmente significativo o algo que dejó una traza memorial colectiva, por lo que aquí se encuentran también espacios y memoriales que nunca han pasado por la fase de lugares de abyección-, no es el caso necesario de los "lieux de mémoire". Éstos son metáforas trilladas, clichés que sirven para encapsular la memoria pero que también han sido trivializadas por la sociedad y el estado porque son útiles para exhibir cualquier verdad en la forma de memoria vivida, muchas veces en un sentido nacionalista[150].

Por ello los "lieux de mémoire" suponen una memoria fosilizada y disfuncional en un mundo donde el pasado es reelaborado por las ciencias sociales y la memoria espontánea ha sido erradicada. De hecho para Tony Judt[151] la ingente labor editora de Pierre Nora con *Les Lieux de mémoire* acabó traicionando su propio espíritu y convirtiéndose en una obra chauvinista, que eludió las entradas polémicas, que acabó conmemorando los mitos nacionales con un discurso cerrado y con el riesgo de un exceso de conmemoración. Una de las nefastas consecuencias de este tipo de memoria es naturalizar los monumentos en el paisaje y por lo tanto convertirlos en parte del pasado, más que recordatorio de él.

Muchos "mnemotopoi" están condenados a convertirse en "lieux de mémoire", en asunto de historia y de historiadores, separados ya de una memoria

---

149 GONZÁLEZ RUIBAL, A. (2008) Op.cit.
150 GONZÁLEZ RUIBAL, A. (2008) Op.cit.
151 JUDT, T. Op.cit. pp.193-202.

socialmente significativa, y, peor aún, deviniendo en "lieux dominants": lugares al servicio del poder, donde los estados tienden a absorber estos espacios dentro de un aparato monumental ideado para mantener un discurso ideológico. Lugares de abyección y "mnemotopoi", como materializaciones de un pasado no ausente, no pueden ser controlados o sometidos a una interpretación definitiva, sino que son más tendentes a cambios repentinos. Y el rol de los arqueólogos puede ser fundamental en cambiar el estatus particular de un sitio, incluso ayudando en su conversión en "lieu de mémoire"[152], es decir, cerrando discursos sobre los mismos y omitiendo o superponiéndonos a la sociedad civil (asociaciones de memoria histórica, familiares, vecinos…) en los debates y en las guerras por la memoria, lo que, en definitiva, sería volver a matar estos locales políticamente hablando. Es decir, que una de las labores de la arqueología contemporánea debería ser patrimonializar lugares cubiertos por mantos de silencio y si, como vimos más arriba, todo el patrimonio es problemático, entonces patrimonializar es problematizar esos lugares, abrirlos al antagonismo y no reducirlos con discursos hegemónicos[153]. Estos son precisamente los rasgos con los que hemos definido los sitios arqueológicos entendidos como "focos de memoria": lugares trabajados desde proyectos arqueológicos genealógicos sobre problemáticas locales específicas, para explotar la capacidad subversiva, emancipadora y crítica de los mismos y abrir así la puerta a una experiencia social contemporánea respetuosa con la alteridad y consciente de sí misma[154]. Para ello, más que la superabundancia de recuerdos y la saturación de la memoria, los arqueólogos deberían desarrollar nuevas estrategias de gestión y documentación de los sitios que ayudaran a preservar el aura de los lugares. Contra el silencio y el trauma debemos darle atención pública a lugares olvidados, denunciar las ausencias, las contradicciones, animar los recuerdos y fomentar la discusión[155]. En cualquier caso se debería huir de un mero afán esteticista, de presentar exclusivamente escenografías bellas y neutras políticamente, como parece ser la tendencia en ciertos trabajos de arqueología contemporánea[156].

---

152 GONZÁLEZ RUIBAL, A. (2008) Op.cit.
153 *Sensu* MOUFFE, C. (2007 [2005]) *On the Political*; Routledge Londres.
154 FALQUINA APARICIO, A., MARÍN SUÁREZ, C. y ROLLAND CALVO, J. Op.cit.
155 GONZÁLEZ RUIBAL, A. (2008) Op.cit.
156 Diferentes ejemplos en SCHOFIELD, J., KLAUSMEIER, A. y PURBRICK, L. (Eds.) (2006) *Re-mapping the field: New approaches in conflict archeology*; Westkreuz-Verlag, Berlin and Bonn.

Escribir historia con objetos

Es cierto que no es tarea de la arqueología contemporánea intentar escribir una vez más la historia de lo sucedido, una historia que está perfectamente elaborada gracias a la labor de los historiadores mediante el recurso de fuentes documentales y orales. Sólo hay que ver el número de publicaciones sobre la guerra civil y la posguerra, que crece exponencialmente cada año. Asumiendo entonces la centralidad de la memoria en la arqueología contemporánea y su labor en la constitución de "mnemotopoi" / "focos de memoria", ¿quiere decir que la arqueología debe renunciar a historizar? ¿Deberíamos pensar que para los periodos más recientes y sobre todo para el periodo contemporáneo, ya no sería necesario el recurso a la muda materialidad, puesto que otro tipo de fuentes (documentales u orales) informarían sobre la misma realidad social? Sin embargo ¿hasta qué punto se sostiene que este tipo de fuentes son (auto)suficientes para la reconstrucción histórica contemporánea? En líneas generales, ¿no es la materialidad una forma de acercarnos a las personas de un modo directo, independientemente del período y contexto con el que tratemos? Y respecto a la época contemporánea ¿poseemos documentación propia, generada por todos los actores sociales, o existen colectivos o aspectos infrarrepresentados? ¿Qué sucede con los procesos de prácticas genocidas y de terrorismo de Estado, tan propios del siglo XX, con sus políticas de ocultación y de silenciamiento de las grandes masas de población aplastadas y reprimidas?[157].

En primer lugar podría matizarse, siguiendo a Julio Aróstegui[158], en lo referido a la relación entre historia y memoria, que la Historia-discurso es bastante distinta de la Memoria-recuerdo, pero siempre aquélla empieza su construcción sobre ésta. La memoria cultural que aquí nos importa es la que se incardina en el trabajo de la rememoración. En este sentido la memoria tanto individual como colectiva o social tiene relaciones cambiantes con el discurso de la historia. La historia, por su parte, es tanto rememoración como registro. Sin embargo, el registro no es necesariamente rememoración. Mientras la memoria es valor social y cultural, es reivindicación de un pasado que se quiere impedir que pase al olvido, la historia es, además de eso, un discurso construido y objetivado o, lo que es lo mismo, sujeto a un método.

---

157 MARÍN SUÁREZ, C., COMPAÑY, G. y QUINTERO MAQUA, A. Op. cit. pp.361-362.
158 ARÓSTEGUI, J. Op.cit. pp. 24-27.

La historia tiene una connotación definitoria inexcusable: su necesario contenido de verdad. Una historia cuya verdad puede ser negada pasa a ser necesariamente ilegítima. La memoria no es nunca neutral y puede llegar a mitificarse muy rápidamente, frente a la historia que al menos debe tener afán de objetividad y poder ser desarrollada con un método y ser contrastada con las fuentes. Puede, por tanto, y esto es esencial, ser distinto de los contenidos, o de algunos contenidos, de la memoria. La relación entre la memoria y la historia es por fuerza muy determinante, pero de ahí no se infiere la identidad de ambas realidades.

Partiendo de esta compleja asociación entre historia y memoria, así como de su no equivalencia, y de entender la arqueología contemporánea como una ciencia histórica, planteamos que otra de nuestras labores debe ser introducir elementos de objetividad en las narrativas arqueológicas. Hay contextos materiales contemporáneos que nos permiten historizar. Contextos arqueológicos en los que están inscritas páginas de nuestra historia contemporánea y que no tienen correlato ni en la documentación escrita ni en la oral. Son páginas de historia contemporánea que sólo pueden ser escritas desde la arqueología, bien porque su carácter clandestino no ha dejado otros rastros que no sean los materiales, bien porque sean formas de dominación, formas hegemónicas, que trabajen más en el ámbito inconsciente, o bien porque sus protagonistas han sido siempre excluidos de los regímenes políticos e historiográficos. Creemos que la arqueología puede jugar un importante papel en la investigación del pasado reciente: ya no meramente como ciencia auxiliar de la historia, sino con un campo de discurso propio. Como arqueólogos entendemos que el registro material permite, por un lado, sortear los discursos dominantes y aportar al desvelamiento de la realidad de los sectores afectados y silenciados por las dictaduras y conflictos violentos del siglo XX. Desde la arqueología podemos poner de manifiesto y recordar el impacto destructivo y traumático de la supermodernidad. La materialidad contemporánea constituye una fuente histórica de primer orden. La arqueología del conflicto contemporáneo permitiría además tratar temas que, como el terrorismo de Estado, en ocasiones no han sido nunca reconocidos "oficialmente". Estos casos son sin duda paradigmáticos debido al particular tratamiento que desde ellos mismos hicieran de la documentación escrita. Pensemos en la esencia "clandestina" de los Centros de Detención (CCDs) o en la misma figura del "desaparecido" en diferentes ejemplos sudamericanos.

Además, como nos recuerda Giovanni Levi[159] respecto a las fuentes orales, nos encontramos con dos importantes límites: la memoria de los entrevistados y la emotividad de sus recuerdos, lo que obliga a un importante trabajo de elaboración científica por parte del investigador. Cabe pensar en las diversas formas que toman en el caso de los supervivientes, familiares y allegados, frente al recuerdo y recreación de las experiencias traumáticas[160].

Un ejemplo de lo que hablamos son las miles de fosas comunes que se reparten por toda España fruto de la política de terror impuesta por el régimen franquista desde julio de 1936, consistente en la eliminación física de todo opositor político[161]. Torturas, asesinatos sistemáticos y cuerpos tirados de cualquier modo en unas fosas comunes que se ubican en cunetas de carreteras y caminos, en las tapias de los cementerios o en pozos. La recuperación de los cuerpos comenzó por parte de los familiares con el dictador vivo todavía, hasta el golpe de estado de 1981. A partir de los años 90 arqueólogos y forenses nos hemos sumado a esta recuperación de cuerpos, para identificarlos y darles un entierro digno. Se trata de recuperar la memoria individual y familiar de aquellos represaliados y, sin duda, la "memoria histórica" que todos compartimos y construimos. Muchas de estas fosas, tras el trabajo de familiares, vecinos y técnicos arqueólogos y forenses, han mutado de lugares abyectos a focos de memoria, a los que se va periódicamente a hacer homenajes. Pero todo ello no excluye que, además, debamos empezar a historizar este fenómeno desde su mera materialidad, a sacar conclusiones arqueológicas de ciertas facetas del genocidio que de otro modo no son asequibles -no hay casi documentación, no hay supervivientes, apenas hay testigos-. Me estoy refiriendo, por ejemplo, a las pautas de localización de las fosas respecto a los pueblos y lugares de donde partieron las sacas, a las pautas del genocidio en cada comarca o región, al número de personas que constituyó cada saca, a las relaciones espaciales entre las fosas y los núcleos habitados, etc. Sólo de modo incipiente se ha comenzado a realizar esta

---

159 En BENADIBA, L. (2011) "Entrevista a Giovanni Levi. El reto de interpretar. La Historia Oral como «didáctica de la diferencia causada por el tiempo»"; *Boletín de la Asociación Internacional de Historia Oral* 19 (1).

160 COMPAÑY, G. (2008) "Inquietando, la arqueología. O de las implicancias de la participación en la reapropiación del pasado-presente "; *Getting the message across–comunicating archaeology. Dublin: 6º World Archaeological Congress (WAC)* (inédito); MARÍN SUÁREZ, C., COMPAÑY, G. y QUINTERO MAQUA, A. Op. cit. p.362.

161 FERRÁNDIZ MARTÍN, F. (2009) "Fosas comunes, paisajes del terror"; *Revista de Dialectología y tradiciones populares* 64 (1).

arqueología del paisaje de la represión franquista[162], en la línea de la que se hace desde Argentina con los Centros Clandestinos de Detención de la última dictadura argentina[163]. Esta arqueología del paisaje del genocidio franquista constituye un reto para el futuro y puede arrojar una información histórica aún no explorada, que nos permita comprender mejor las particularidades del caso español. Además, no desarrollarla es hacerle un flaco favor a los represaliados, pues "es dar a entender que sus historias no son la Historia"[164].

La capacidad de historizar a partir de cada "foco de memoria" contemporáneo no puede saberse previamente a la intervención. Un proyecto arqueológico no puede diseñarse de antemano en el laboratorio, ya que hay que ir dejándose sorprender sobre la marcha por los acontecimientos y redirigir la investigación a cada instante. Si ha podido ser prevista de antemano es porque no valía la pena realizarla[165]. Seguramente en función del contexto del que estemos hablando hay más posibilidades de historizar o no, pero también es una cuestión de escala. Es cierto que en los campos de batalla en los que hemos trabajado la arqueología no aporta un relato histórico denso, más allá de la posibilidad de documentar microeventos y macroeventos bélicos, no revelados por otras fuentes, y contrastar con la materialidad las formas de vida cotidiana en las trincheras, por ejemplo. Una mención aparte merece la recuperación de cuerpos de combatientes. Quizás la clave en estas intervenciones es que permiten vivir de una forma más cercana e íntima los hechos conocidos e historizados gracias a los recuerdos de los combatientes y los partes militares. Permiten anclar el recuerdo de aquellas luchas, actualizarlas y hacerlas públicas, y de las lecciones históricas que de ellas se deducen, a paisajes concretos. Pero quizás la clave para historizar estos lugares sea la escala. Al igual que con las fosas comunes una fosa o dos no nos permite mucho, pero con decenas de fosas excavadas en una provincia podemos empezar a estudiar pautas. Los restos arqueológicos -no sólo huesos humanos, sino también gafas, carteras o zapatos asociados a los cadáveres- han constituido una nueva base sobre la que construir y divulgar narrativas

---

162 RÍOS FRUTOS, L. Op.cit.
163 ZARANKIN, A. y NIRO, C. (2006) "La materialización del sadismo. Arqueología de la arquitectura de los Centros Clandestinos de Detención de la dictadura militar argentina (1976-1983); *Arqueología de la represión y la resistencia en América Latina. 1960-1980*; Encuentro Grupo Editor, Córdoba.
164 GONZÁLEZ RUIBAL, A. (2009a) Op.cit. pp.109-110.
165 HABER, A. (2011) Op.cit. p.24.

inéditas sobre la represión[166].

A vueltas con las fuentes históricas y la memoria

Para entender la capacidad de historizar que tiene la arqueología a partir de focos de memoria contemporáneos hay que interrogarse sobre la relación de nuestro objeto de análisis, la materialidad, con la memoria, y con las otras fuentes históricas u objetos de análisis contemporáneos: fuentes documentales y orales. Como estamos viendo a lo largo de este texto, arqueología contemporánea y memoria se entremezclan, pero no son la misma cosa. De hecho, tal cual se ha dicho para la historia contemporánea, la memoria puede ser una fuente crucial para los estudios históricos, ya que no sólo añade detalles y perspectivas, sino porque lo que la gente recuerda y olvida, y los usos que se dan a la memoria, también son materiales básicos de la historia[167]. Específicamente en el caso de la arqueología contemporánea sudamericana se propone tener en cuenta tanto los aspectos subjetivos como objetivos relacionados con la memoria, ya que ambos extremos son en sí mismos perniciosos, puesto que una memoria exclusivamente subjetiva da alas a los revisionistas y una completamente objetiva tampoco deja ninguna puerta abierta a la resignificación[168].

También en los casos concretos en los que hemos trabajado en España[169] creemos que se puede realizar una aportación interesante al estudio de los fenómenos represivos si entendemos la relevancia de la materialidad y su relación con la memoria. Las cosas con las que nos relacionamos permanentemente en nuestras vidas incorporan muchas experiencias subconscientes, ocultas o aparentemente olvidadas y reprimidas[170]. Los elementos materiales han servido para resistirse al poder, en muchos casos de un modo no premeditado, como por ejemplo los enseres personales de

---

166 FERRÁNDIZ MARTÍN, F. (2008) "Cries and whispers: exhuming and narrating defeat in Spain today"; *Journal of Spanish Cultural Studies* 9 (2), pp.180-181.
167 JUDT, T. Op.cit. pp.195-196.
168 ZARANKIN, A. y SALERNO, M.A. (2012) Op.cit. p.146.
169 FALQUINA APARICIO, A. *et al.* (2008) Op.cit. p.178.
170 LULL, V. (2007) *Los Objetos Distinguidos. La Arqueología como excusa*; Bellaterra, Barcelona; OLSEN, B. (2007) Op.cit.

muchos presos, entendidos como parcelas inviolables de su intimidad[171]. Igualmente, los objetos remiten a multitud de sentimientos experimentados, no siempre conscientemente, por los presos y sus allegados en torno a la reclusión, como la injusticia del encarcelamiento, la humillación de ser estigmatizados, la ilusión por fugarse, la impotencia ante el sufrimiento de la madre… Algunos lugares y cosas, por su importancia clave en nuestras vidas (reconocida o no), llegan a constituir auténticos focos de memoria colectiva, una puerta de acceso a multitud de experiencias no racionalizadas[172], como son por ejemplo los propios lugares que componen los paisajes represivos (campos de concentración, cárceles, destacamentos penales) y los objetos arqueológicos que todavía se encuentran en ellos. La arqueología debe intentar historizar esos focos -paisajes, monumentos, objetos sedimentados- donde se cruzan diferentes memorias colectivas, familiares e individuales.

Como vemos, el tema de la relación entre materialidad y memoria nos lleva al inconsciente. La materialidad es algo que se halla activamente involucrado en nuestras vidas, que crea cultura y que no sólo la refleja[173]. Por ello la interpretación arqueológica es pertinente en cualquier periodo. Además, es la única de aplicabilidad universal -en todos los grupos humanos de todos los tiempos históricos ha habido y hay materialidad, algo que no podemos afirmar de otro tipo de fuentes de conocimiento, como las escritas-. Y de ahí se deriva que sea la fuente histórica más "democrática" en el sentido de que "la materialidad de los cuerpos, los objetos y el espacio participa en la cotidianidad de todas las personas"[174], ya que las fuentes documentales, ni siquiera en el s. XX, recogen a toda la sociedad[175]. Y es que las sociedades no las forman sólo personas, sino también cosas, y ambas forman colectivos ontológicamente inseparables. Ha sido la modernidad la que nos ha llevado

---

[171] CASELLA, E. (2007) *The Archeology of Institutional Confinement;* University of Florida Press, Gainesville, pp.132-133; LÓPEZ MAZZ, J.M. (2006) "Una mirada arqueológica a la represión política en Uruguay (1971-1985)"; *Arqueología de la Represión y la resistencia en América Latina 1960-1980*; Encuentro Grupo Editor, Córdoba, pp.154-156.

[172] FALQUINA APARICIO, A., MARÍN SUÁREZ, C. y ROLLAND CALVO, J. Op.cit.; ROLLAND CALVO, J. (2006) "Práctica arqueológica y política. Un diálogo con Marx a través de la acción local"; *Complutum* 17, p.189.

[173] OLSEN, B. (2003) "Material culture after text: re-membering things"; *Norwegian Archaeological Review* 36 (2), pp.97-100.

[174] ZARANKIN, A. y SALERNO, M. (2008) Op.cit. p.22.

[175] FEINMAN, G.M. (1987) "The Past Is Our Future. A Perspective On Contemporary Archaeology"; *Wisconsin Academy Review* 33 (2).

a separar, a purificar, las relaciones entre humanos y no humanos y situarlas en espacios ontológicamente distintos. La labor de la arqueología consiste en reintegrar la materialidad a los colectivos[176].

Para Alfredo González Ruibal[177] otro error muy frecuente es pensar que por tener informantes o textos uno puede acceder de forma más directa al conocimiento del pasado. Esta idea no tiene en cuenta que hay una parte muy importante de nuestro comportamiento como seres sociales que es inconsciente, que hay cosas que se reprimen, y otras que no se pueden decir porque no son verbalizables[178] y, finalmente, que los objetos tienen vida propia: no son meros receptáculos de significado. El "giro ontológico" debe ir acompañado de un giro hacia el inconsciente. En el inconsciente, en lo que se oculta o se niega, podemos encontrar muchas claves para entender una sociedad, de la misma manera que en lo que se reprime el psicoanálisis encuentra la clave de la personalidad de los seres humanos. La materialidad, por lo tanto, lejos de ser un problema se puede convertir en una vía fundamental de acceso a un conocimiento que está vedado a la palabra y a la expresión consciente; para tratar lo no verbalizable, lo cual permite que la disciplina descubra aspectos ocultos de la realidad no sólo en el pasado, sino incluso en el presente[179].

Este tipo de historización arqueológica a veces nos sorprende a nosotros mismos en plena excavación. Fue el caso del destacamento penal de Bustarviejo (Madrid), cuando en el transcurso de las excavaciones del 2010 se reveló ante nosotros una forma de dominación y una tecnología represiva mediante la disposición de las casas de los familiares de los presos, que carecía de correlato alguno en las entrevistas que teníamos grabadas a estos mismos protagonistas, que aludían al carácter particular de cada casa, y, por supuesto, de la que no hay ninguna documentación escrita. Descubrimos un módulo estandarizado de casa de unos 4 m2 que se repetía a lo largo de todo el campamento de los familiares e incluso en campamentos de destacamentos cercanos. Para la construcción de éstas se usó el preciado cemento por parte

---

176 GONZÁLEZ RUIBAL, A. (2012b) "Hacia otra arqueología: diez propuestas"; *Complutum* 32 (2), p.111, siguiendo a Bruno Latour.
177 GONZÁLEZ RUIBAL, A. (2012b) Op.cit. p.111.
178 HERNANDO GONZALO, A. (2012) *La fantasía de la individualidad: sobre la construcción sociohistórica del sujeto moderno*; Katz, Madrid.
179 GONZÁLEZ RUIBAL, A. (2012b) Op.cit.

de los presos, que sin duda tuvo que ser facilitado por las autoridades del destacamento penal. Creemos que tras el ideal nacional-católico de mantener a las familias unidas y redimirlas así de sus "pecados" políticos, se encuentra un sutil dispositivo de control, que no juega con las alambradas -inexistentes por otro lado- y que su finalidad era domesticar las conductas de los "rojos" y evitar las fugas, ya que cualquier castigo de los mandos también podía hacerse extensible a las mujeres y los hijos de los presos [180]. Se trata de un tipo de tecnología represiva que estaba actuando en el plano de lo inconsciente, de lo no verbalizable, por lo que sólo la arqueología puede sacarlo a la luz mediante la objetivación, que en este caso tuvo la forma de una prospección, una excavación arqueológica y un análisis del espacio construido.

Cada tipo de fuente histórica debería ser interpretada desde un campo de discurso específico, que evidentemente posee su propia "economía política de la verdad" [181], y donde las verdades científicas no dependen exclusivamente de la validez del método elegido, sino también de la elección de un marco teórico específico de referencia[182]. Aunque quizás sea menos clave su posición relativa en el rígido marco de los "regímenes de verdad" que la recepción de las realidades que ellas expresan[183] y, sobre todo, la comparación entre las diferentes fuentes y los diferentes procesos para poder dar voz a los subalternos y poner de relieve las disonancias de las narrativas de poder[184]. Algo que debemos tener claro es que pese a que compartamos nuestro objeto de estudio con los historiadores especializados en la época contemporánea, nuestro objeto de análisis -la materialidad- posee unas particularidades específicas[185]. De hecho los distintos tipos de fuentes históricas (documentales, orales y materiales) no tienen por qué ser siempre

---

180 MARÍN SUÁREZ, C. *et al.* (2012) Op.cit.
181 FOUCAULT, M. (2001b) *Un diálogo sobre el poder y otras conversaciones*; Alianza Editorial, Madrid, pp.154-155.
182 FERNÁNDEZ BUEY, F. (2004 [1991]) *La ilusión del método. Ideas para un racionalismo bien temperado*; Crítica, Barcelona.
183 FUNARI, P.P.A. y VIEIRA DE OLIVEIRA, N. (2006) "La arqueología del conflicto en Brasil"; *Arqueología de la Represión y la Resistencia en América Latina 1960-1980*; Encuentro Grupo Editor, Córdoba.
184 JOHNSON, M. (1999) "Rethinking historical archaeology"; *Historical Archaeology: Back From the Edge*; Routledge, London.
185 RAMOS, M. (2009) "Algunos problemas del pasado y abordajes compartidos. Un problema de esquemas -y algunas otras cosas- en la Historia de la ciencia"; *Las sociedades de los paisajes áridos y semiáridos del centro-oeste argentino*; Universidad Nacional de Río Cuarto, Río Cuarto.

complementarias y converger, o rellenar unas los silencios de las otras, sino que, en ocasiones, son contradictorias[186] o discurren por caminos paralelos que no llegan a tocarse.

En nuestros proyectos hemos explotado todas las fuentes históricas disponibles, pero intentando que el peso y la orientación para investigar el resto de fuentes históricas recayera en la materialidad. La materialidad debe canalizar la investigación del resto de fuentes o, por utilizar la metáfora de Myers[187], estos proyectos de arqueología contemporánea deben superar la excavación tradicional e incluir otro tipo de excavaciones: en el suelo, en los textos, en la imaginería, en el paisaje, en la memoria.

Un intento por cerrar el círculo: la arqueología contemporánea como arqueología pública

Pero para poder desarrollar estos proyectos de arqueología contemporánea en los que los sitios arqueológicos sean activados como focos de memoria y como materialidad que permita historizar; para poder contar desconocidas narrativas históricas a la sociedad y desempeñar así nuestro rol como intelectuales situados en problemáticas específicas con efectos políticos, emancipadores y subversivos[188], los arqueólogos debemos tener cierta autoridad como especialistas. Esta no es otra que la procedente del control de las reglas científicas de nuestro propio campo[189], para así evitar los peligros reaccionarios de una multivocalidad propia de una arqueología pública mal entendida[190] y poder activar todo el potencial pedagógico de los lugares en los que trabajamos desde el momento mismo en el que se perfilan los proyectos arqueológicos. No estamos proponiendo mantener a los arqueólogos en sus

---

186 RATHJE, W.L. (2001) "Integrated archaeology. A garbage paradigm"; *Archaeologies of the contemporary past*; Routledge, London and New York.
187 MYERS, A.T. (2008) "Between Memory and Materiality. An Archaeological Aproach to Sudying the Nazi Concentration Camps "; *Journal of Conflict Archaeology* 4 (1), pp.243-244.
188 FALQUINA APARICIO, A., MARÍN SUÁREZ, C. y ROLLAND CALVO, J. Op.cit.
189 BOURDIEU, P. (1999) "La causa de la ciencia. Cómo la historia social de las ciencias sociales puede servir al progreso de estas ciencias"; *Intelectuales, política y poder*; Eudeba, Buenos Aires.
190 GONZÁLEZ RUIBAL, A. (2012b) Op.cit. pp.106-107; HAMILAKIS, Y. (1999) "La trahison des archéologues? Archaeological Practice as Intellectual Activity in Postmodernity"; *Journal of Mediterranean Archaeology* (12,1).

torres de marfil ni que los proyectos no sean abiertos y participativos, ni que no pongamos en cuarentena los sistemas expertos tal cual los conocemos, pero tampoco se trata de diluir la figura del arqueólogo y de su conocimiento especializado. Más bien sería una transmutación de erudito a mediador, y de defender una pedagogía dialógica en donde los argumentos se fundamenten en pretensiones de validez y no de poder [191].

Un grave riesgo de los lugares en los que intervenimos arqueológicamente es que vuelvan a ser enterrados tras terminar la excavación y que así volvamos a matarlos, socialmente hablando. Las ruinas y lugares deben activarse continuamente, mediante visitas guiadas, ceremonias y actos, para no volver a enterrar la memoria. Junto al trabajo con estas ruinas debe trabajarse también toda la tramoya monumental del fascismo, aun hoy muy presente por toda España, que naturaliza de nuevo inconscientemente ese oscuro periodo de nuestra historia reciente. De hecho los restos arqueológicos, una vez activados como focos de memoria, se pueden usar como la mejor forma de desestructurar y reinterpretar la monumentalidad franquista, puesto que debajo de la fantasía de poder se esconde el espectro de lo reprimido[192]. Un claro ejemplo lo tenemos en una de las entradas a Madrid, por la Ciudad Universitaria-Moncloa, en un simbólico paisaje bélico que representa la resistencia de Madrid frente a las tropas franquistas y que tras la guerra fue completamente reformado para implantar una escenografía monumental fascista[193]. Nuestros trabajos arqueológicos[194] han permitido desvelar estos restos, convertirlos en focos de memoria momentáneamente, al menos durante el tiempo que duraron los trabajos arqueológicos y en los momentos de visitas guiadas. Momentos puntuales en los que conseguimos que los muertos dejen de estar en el olvido, que las trincheras y los agujeros de bala registrados en los muros sean parte del espectro de la historia que acecha bajo la aparente normalidad del campus. Pero aquella memoria oficial de la dictadura materializada en la arquitectura sigue hoy tan viva como entonces, reproducida y naturalizada en los movimientos cotidianos de estudiantes y transeúntes, aguardando el día en el que se haga una relectura democrática. A día de hoy nos sigue ganando la partida.

---

191 FREIRE, P. (1970) *Pedagogía del Oprimido*; Siglo XXI, Madrid.
192 GONZÁLEZ RUIBAL, A. (2009a) Op.cit. pp.106-114.
193 QUINTERO MAQUA, A. *et al*. Op.cit.
194 GONZÁLEZ RUIBAL, A. *et al*. (2010b) Op.cit.; SÁNCHEZ-ELIPE LLORENTE, M. *et al*. Op.cit.

Y ello sucede porque es necesario un buen desarrollo de lo que hemos denominado cadena técnico-operativa de la arqueología pública[195], que debe incluir desde dispositivos *on line*[196], como blogs donde colgar toda la información a modo de diario de campo virtual, así como informes y artículos, o páginas en redes sociales, a escraches[197], trabajo en campo con la comunidad local, recorridos guiados, jornadas de puertas abiertas, charlas-debate, inserción de la comunidad local, asociaciones y familiares en el proceso de investigación, musealización de restos, exposiciones, cartelería y contracartelería, etc. Todos ellos han sido ensayados con distinta fortuna en nuestros proyectos, aunque quizás sea el de del destacamento penal de Bustarviejo[198] (figura 1) y en las excavaciones de la batalla de Guadalajara en Abánades[199] donde se han conseguido mejores resultados y mayor desarrollo temporal. Aunque el problema recurrente vuelve a ser el mismo de siempre ¿cómo mantener la acción continuada sobre estos lugares una vez ha terminado el trabajo de campo? Por lo que he podido comprobar, suelen mantenerse las acciones continuadas, aunque sea a modo de homenaje anual y de puntuales visitas guiadas, en aquellos lugares en los que existe un tejido social (asociaciones de memoria histórica, familiares y/o vecinos) más o menos comprometido y activo más allá de las acciones del equipo investigador. En algunos casos los homenajes y el trabajo conjunto entre los investigadores y los familiares se produce tras la intervención arqueológica, como ocurre en el presidio y fosas comunes de Valdenoceda (Burgos), mientras que en otros, como el campo de concentración y fosas comunes de Castuera (Badajoz), el equipo arqueológico y forense se ha sumado a posteriori tras años de homenajes, marchas y congresos de la asociación de memoria histórica local (AMECADEC).

---

195 MARÍN SUÁREZ, C. *et al.* (2013) "El blog "Arqueología de la Guerra Civil" (http://guerraenlauniversidad.blogspot.com.es/): un proyecto entre la ética y las estética"; *Arqueología Pública en España*; JAS Arqueología Editorial, Madrid.
196 Por ejemplo el blog "Arqueología de la Guerra Civil Española" [http://guerraenlauniversidad.blogspot.com.es/] Acceso 10 de setiembre de 2013.
197 http://cemsenmoviment.wordpress.com/2013/02/08/sobre-escraches-construccion-de-democracia-y-diferentes-tipos-de-violencia/
198 Ver desarrollo de propuesta didáctica en FALQUINA APARICIO, A. *et al.* (2010) Op.cit.
199 GONZÁLEZ RUIBAL, A. *et al.* (2010a) Op.cit.

(Fig.1) diferentes aspectos de un proyecto integrado de arqueología contemporánea. El destacamento penal de Bustarviejo (Madrid; 1944-1952): 1. La investigación documental (fotografía histórica del destacamento en los años 50); 2. Buceando en los archivos (plano realizado por un inspector de prisiones en 1945 tras la visita realizada con motivo de la fuga de 4 reclusos unos días antes); 3. Entrevista a la hija de un preso en los restos de la "casa" que habitó de pequeña, con el destacamento penal al fondo; 4. Planimetría final de la excavación arqueológica de tres casas de familiares de presos (una de ellas se corresponde a la mencionada en el punto anterior); 5. Una de las múltiples visitas guiadas realizadas en los últimos años (colegios, institutos, vecinos, asociaciones de diverso signo, profesionales de la arqueología, etc.); 6. Restauración de algunos de los barracones con el fin de musealizar el lugar.

Como síntesis final proponemos que los proyectos de la arqueología contemporánea o arqueología de la supermodernidad deben pasar indefectiblemente por una "marcación" de los lugares abyectos para su conversión en focos de memoria y una "contramarcación" de los paisajes totalitarios[200], desgraciadamente todavía tan presentes en nuestra geografía. Una marcación/contramarcación tanto en un sentido material -por ejemplo con carteles- como con marcas-acciones, preferiblemente escraches antes que visitas guiadas al uso, por tener los primeros un claro contenido político, ser colectivos y multidireccionales, es decir, por sentar las bases de aprendizajes colectivos. Pero todas estas marcas y contramarcas tendrán continuidad e irán ganando peso sólo si se construye un marco referencial, es decir, si les suma una comprensión arqueológica e histórica de las lógicas del exterminio y la represión allí representadas. Ahí es donde entra en acción el papel del arqueólogo como científico social participante de un proyecto genealógico, esto es, aquel que procura "el acoplamiento de los conocimientos eruditos y las memorias locales, acoplamiento que permite la constitución de un saber histórico de las luchas y la utilización de ese saber en las tácticas actuales"[201].

Bibliografía

ÁLVAREZ MARTÍNEZ, V. y REQUEJO PAGÉS, O. (2008) "El nido de ametralladoras de Fitoria (Oviedo, Asturias). Excavación arqueológica en una fortificación de la Guerra Civil Española"; *Complutum* 19 (2), pp.89-101.

ARÓSTEGUI SÁNCHEZ, J. (2004) "Memoria, memoria histórica e historiografía: precisión conceptual y uso por el historiador"; *Pasado y Memoria: Revista de Historia Contemporánea* 3, pp.15-36.

ATALIVA, V. (2008) *Arqueología, memorias y procesos de marcación social (acerca de las prácticas sociales pos-genocidas en San Miguel de*

---

200 *Sensu* ATALIVA, V. (2008) *Arqueología, memorias y procesos de marcación social (acerca de las prácticas sociales pos-genocidas en San Miguel de Tucumán)*; Notas de Investigación N° 1, Universidad Nacional de Tucumán, Tucumán.
201 FOUCAULT, M. (2001a) *Defender la sociedad. Curso en el Collège de France (1975-1976)*; Fondo de Cultura Económica, Buenos Aires.

Tucumán); Notas de Investigación Nº 1, Universidad Nacional de Tucumán, Tucumán.

AYÁN VILA, X. (2008) "El paisaje ausente: por una arqueología de la guerrilla antifranquista en Galicia"; *Complutum* 19 (2), pp.213-237.

AYÁN VILA, X. y GAGO MARIÑO, M. (2012) *Herdeiros pola forza. Patrimonio cultural, poder e sociedade na Galicia do século XXI*; Editora 2.0, O Milladoiro-Ames.

BEJEGA GARCÍA, V., GONZÁLEZ RUIBAL, A., GONZÁLEZ GÓMEZ DE AGÜERO, E., AYÁN VILA, X., MARÍN SUÁREZ, C., RODRÍGUEZ GONZÁLEZ, J., COMPAÑY, G., ÁLVAREZ GARCÍA, J.A. y MONTORO SEGOVIA, J. (2012 ep) "El Frente de San Isidro (León): perspectiva histórica y arqueológica"; *Ebre 38* 7.

BENADIBA, L. (2011) "Entrevista a Giovanni Levi. El reto de interpretar. La Historia Oral como «didáctica de la diferencia causada por el tiempo»"; *Boletín de la Asociación Internacional de Historia Oral* 19 (1).

BERMEJO BARRERA, J.C. (2002) "¿Qué debo recordar? Los historiadores y la configuración de la memoria"; *Memoria y Civilización: Anuario de Historia de la Universidad de Navarra* 5, pp.191-218.

BIANCHI, S., ANGELO, N., BASTER, J., BIANI, M., BRUGUÉ, L., CARUNCHIO, L., COMPAÑY, G., GONZÁLEZ, G., GONZÁLEZ, L., HUSS, M., LOJA, F., OVANDO, L., POGNANTE, P., QUEMADA, L., RODA, L., ROMÁN, R., RUBIO, J.A., SILVA, M.L., SULICH, K. y TOVO, M. (2012) "Capítulo 6. De las identidades políticas... A la construcción de la memoria colectiva"; en ZARANKIN, A., SALERNO, M.A. y PEROSINO, M.C. (Eds.) *Historias Desaparecidas. Arqueología, memoria y violencia política*; Editorial Brujas, Córdoba, pp.91-100.

BOURDIEU, P. (1999) "La causa de la ciencia. Cómo la historia social de las ciencias sociales puede servir al progreso de estas ciencias"; en BOURDIEU, P. (Ed.) *Intelectuales, política y poder*; Eudeba, Buenos Aires, pp.111-127.

(2002) *Pensamiento y acción*; Libros del Zorzal, Buenos Aires.

CARDONA GÓMEZ, G. y ROJO ARIZA, M.C. (2012) "Conflictos contemporáneos, memoria y Patrimonio Mundial: una relación problemática. El caso de los espacios patrimoniales de la Guerra Civil Española", en CASTILLO, A. (Ed.) *Actas del Primer Congreso Internacional de Buenas Prácticas en Patrimonio Mundial: Arqueología. Mahón, Menorca, Islas Baleares, España 9-13 de abril de 2012*; Editora Complutense, Madrid, pp.218-234.

CASELLA, E. (2007) *The Archeology of Institutional Confinement*; University of Florida Press, Gainesville.

COMPAÑY, G. (2011) *Las huellas de la violencia. Materialidad de la represión en la Galicia de guerra y posguerra*; Tesis de Master, Departamento de Historia Contemporánea e de América, Universidad de Santiago de Compostela, Santiago de Compostela [http://digital.csic.es/handle/10261/39989]

(2008) "Inquietando la arqueología. O de las implicaciones de la participación en la reapropiaciín del pasado-presente". *Getting the message across-communicating archaeology*, 6th World Archaeological Congress (Inédito).

CONNERTON, P. (2006) "Cultural memory", en TILLEY, C., KEANE, W., KÜCHLER, S., ROWLANDS, M. y SPYER, P. (Eds.) *Handbook of material culture*; Sage, London and New York, pp.315-324.

CHADHA, A. (2006) "Ambivalent heritage: Between affect and ideology in a colonial cemetery"; *Journal of Material Culture* 11, pp.339-363.

CHESNAUX, J. (1981) *¿Hacemos tabla rasa del pasado? A propósito de la Historia y de los historiadores*; Siglo XXI Editores, Madrid.

DEL ALCÁZAR GARRIDO, J. (2006) "Continuar viviendo juntos después del horror. Memoria e historia en las sociedades posdictatoriales", en ANSALDI, W. (Ed.) *La democracia en América Latina, un barco a la deriva*; Fondo de Cultura Económica, Buenos Aires, pp.411-433.

DOLFF-BONEKAEMPER, G. (2002) "Sites of hurtful memory"; *Conservation* 17 (2), pp.4-10.

FALQUINA APARICIO, A., FERMÍN MAGUIRE, P., GONZÁLEZ RUIBAL, A., MARÍN SUÁREZ, C., QUINTERO MAQUA, A. y ROLLAND CALVO, J. (2008) "Arqueología de los destacamentos penales franquistas en el ferrocarril Madrid-Burgos. El caso de Bustarviejo"; *Complutum* 19 (2), pp.175-195.

FALQUINA APARICIO, A., MARÍN SUÁREZ, C. y ROLLAND CALVO, J. (2006) "Arqueología y práctica política. Acción y reflexión en un mundo cambiante"; *Arqueoweb* 8 (1) [publicación *on line*].

FALQUINA APARICIO, A., ROLLAND CALVO, J., MARÍN SUÁREZ, C., COMPAÑY, G., GONZÁLEZ RUIBAL, A., QUINTERO MAQUA, A. y FERMÍN MAGUIRE, P. (2010) "De estos cueros sacaré buenos látigos. Tecnologías de represión en el destacamento penal de franquista de Bustarviejo (Madrid)"; *Ebre 38* 5, pp.247-271.

FEINMAN, G.M. (1987) "The Past Is Our Future. A Perspective On Contemporary Archaeology"; *Wisconsin Academy Review* 33 (2), pp.2-5.

FERMÍN MAGUIRE, P. (2013 ep) "Campos de concentração e produção dos 'vermelhos': um estudo na arqueologia da Guerra Civil Espanhola", *Actas de la semana de arqueología de la Unicamp. Sesión: Estado, memoria y arqueología*; Unicamp, Campinas.

FERNÁNDEZ BUEY, F. (2004 [1991]) *La ilusión del método. Ideas para un racionalismo bien temperado*; Crítica, Barcelona.

FERRÁNDIZ MARTÍN, F. (2008) "Cries and whispers: exhuming and narrating defeat in Spain today"; *Journal of Spanish Cultural Studies* 9 (2), pp.177-192.

(2009) "Fosas comunes, paisajes del terror"; *Revista de dialectología y tradiciones polulares* 64 (1), pp.61-94.

(2011) "Guerras sin fin: guía para descifrar el Valle de los Caídos en la España contemporánea"; *Política y Sociedad* 48 (3), pp.481-500.

FOUCAULT, M. (2001a) *Defender la sociedad. Curso en el Collège de France (1975-1976);* Fondo de Cultura Económica, Buenos Aires.

(2001b) *Un diálogo sobre el poder y otras conversaciones*; Alianza Editorial, Madrid.

FREIRE, P. (1970) *Pedagogía del Oprimido;* Siglo XXI, Madrid.

FUNARI, P.P.A. y VIEIRA DE OLIVEIRA, N. (2006) "La arqueología del conflicto en Brasil", en FUNARI, P.P.A. y ZARANKIN, A. (Eds.) *Arqueología de la Represión y la Resistencia en América Latina 1960-1980*; Encuentro Grupo Editor, Córdoba, pp.121-128.

GAVILÁN, E. (2004) "De la imposibilidad y necesidad de la 'memoria histórica'", en SILVA, E., ESTEBAN, A., CASTÁN, J. y SALVADOR, P. (Eds.) *La memoria de los olvidados. Un debate sobre el silencio de la represión franquista*; Ámbito, Valladolid, pp.55-65.

GIDDENS, A. (1984) *The constitution of society*; California University Press, Berkely and Los Ángeles.

GONZÁLEZ RUIBAL, A. (2007) "Making things public: archaeologies of the Spanish Civil War (1936-39)"; *Public Archaeology* 6 (4), pp.259-282.

(2008) "Time to Destroy. An Archaeology of Supermodernity "; *Current Anthropology* 49 (2), pp.247-279.

(2009a) "Arqueología y Memoria Histórica"; *Revista Patrimonio Cultural de España* 1, pp.103-122.

(2009b) "Topography of terror or cultural heritage? The monuments of Franco's Spain"; en FORBES, N., PAGE, R. y PÉREZ, G. (Eds.) *Europe's deadly century. Perspectives on 20th century conflict heritage*; English Heritage, Kemble Drive, Swindon, pp.65-72.

(2012a) *El último día de la batalla del Ebro. Informe de las excavaciones arqueológicas en los restos de la Guerra Civil de*

Raïmats, La Fatarella (Tarragona); Informe inédito, Incipit - CSIC, Santiago de Compostela.

(2012b) "Hacia otra arqueología: diez propuestas"; *Complutum* 32 (2), pp.103-116.

GONZÁLEZ RUIBAL, A., COMPAÑY, G., FRANCO FERNÁNDEZ, A., LAIÑO PIÑEIRO, A., MARÍN SUÁREZ, C., MARTÍN HIDALGO, P., MARTÍNEZ CAÑADA, I., RODRÍGUEZ PAZ, A. y GÜIMIL FARIÑA, A. (2011) "Excavaciones arqueológicas en el campo de concentración de Castuera (Badajoz). Primeros resultados"; *Revista de Estudios Extremeños* 67 (2), pp.701-750.

GONZÁLEZ RUIBAL, A., FRANCO FERNÁNDEZ, A., FALQUINA APARICIO, Á., FERNÁNDEZ BLANCAFORT, I., LAÍÑO PIÑEIRO, A. y MARTÍN HIDALGO, P. (2010a) "Excavaciones arqueológicas en el frente de Guadalajara. Una posición franquista en Abánades (1937-1939)"; *Ebre 38* 5, pp.219-244.

GONZÁLEZ RUIBAL, A., MARÍN SUÁREZ, C., SÁNCHEZ-ELIPE LLORENTE, M. y LORENTE, S. (2010b) "Guerra en la universidad. Arqueología del conflicto en la Ciudad Universitaria de Madrid"; *Ebre 38* 4, pp.123-144.

HABER, A. (2006) "Tortura, Verdad, Represión, Arqueología"; en FUNARI, P.P.A. y ZARANKIN, A. (Eds.) *Arqueología de la represión y la resistencia en América Latina. 1960-1980*; Encuentro Grupo Editor, Córdoba, pp.139-145.

(2011) "Nometodología Payanesa: Notas de Metodología Indisciplinada"; *Revista Chilena de Antropología* 23 (1), pp.9-49.

HALBWACHS, M. (1968) *La mémoire collective*; Presse Universitaires de France, Paris.

HAMILAKIS, Y. (1999) "La trahison des archéologues? Archaeological Practice as Intellectual Activity in Postmodernity"; *Journal of Mediterranean Archaeology* 12 (1), pp.60-79.

HERNANDO GONZALO, A. (2012) *La fantasía de la individualidad: sobre la construcción sociohistórica del sujeto moderno*; Katz, Madrid.

JOHNSON, M. (1999) "Rethinking historical archaeology"; en FUNARI, P.P.A., HALL, M. y JONES, S. (Eds.) *Historical Archaeology: Back From the Edge*; Routledge, London, pp.23-36.

JUDT, T. (2010) "*Á la recherche du temps perdu:* Francia y sus pasados", en JUDT, T. (Ed.) *Sobre el olvidado siglo XX*; Taurus Historia, Madrid, pp.193-212.

JULIÁ DÍAZ, S. (2006) "Memoria, historia y política de un pasado de guerra y dictadura", en JULIÁ DÍAZ, S. (Ed.) *Memoria de la guerra y del franquismo*; Taurus, Madrid: Fundación Pablo Iglesias, pp.27-77.

LATOUR, B. (1993) *We have never been modern*; Harvard University Press, Cambridge.

LOGAN, W. y REEVES, K. (2009) "Introducing Places of Pain and Shame", en LOGAN, W. y REEVES, K. (Eds.) *Places Of Pain And Shame: Dealing With 'Difficult' Heritage*; Routledge, London.

LÓPEZ MAZZ, J.M. (2006) "Una mirada arqueológica a la represión política en Uruguay (1971-1985)", en FUNARI, P.P.A. y ZARANKIN, A. (Eds.) *Arqueología de la Represión y la resistencia en América Latina 1960-1980*; Encuentro Grupo Editor, Córdoba, pp.147-158.

LULL, V. (2007) *Los Objetos Distinguidos. La Arqueología como excusa*; Bellaterra, Barcelona.

MARÍN SUÁREZ, C., AYÁN VILA, X., COMPAÑY, G. y GONZÁLEZ RUIBAL, A. (2013) "El blog "Arqueología de la Guerra Civil" (http://guerraenlauniversidad.blogspot.com.es/): un proyecto entre la ética y las estética"; en ALMANSA SÁNCHEZ, J. (Ed.) *Arqueología Pública en España*; JAS Arqueología Editorial, Madrid.

MARÍN SUÁREZ, C., COMPAÑY, G. y QUINTERO MAQUA, A. (2012) "Arqueología del conflicto contemporáneo: de la teoría a la práctica política"; en CASCALHEIRA, J. y GONÇALVES, C. (Eds.) *Actas das*

IV Jornadas de Jovens em Investigação Arqueológica-JIA 2011, Vol. I., Universidad do Algarve; Promontoria Monográfica 16, Faro, pp.361-368.

MARÍN SUÁREZ, C., GONZÁLEZ ÁLVAREZ, D. y ALONSO GONZÁLEZ, P. (2012) "Building Nations in the XXI Century. Celtism, Nationalism and Archaeology in Northern Spain: The Case of Asturias and León"; *Archaeological Review from Cambridge* 27 (2), pp.11-31.

MARÍN SUÁREZ, C., QUINTERO MAQUA, A., ROLLAND CALVO, J., FERMÍN MAGUIRE, P., GONZÁLEZ RUIBAL, A. y FALQUINA APARICIO, A. (2012) "Capítulo 8. Última estación. Arqueología de los destacamentos de trabajos forzados en el ferrocarril Madrid-Burgos (España)"; en ZARANKIN, A., SALERNO, M. y PEROSINO, M.C. (Eds.) *Historias desaparecidas: arqueología, memoria y violencia política*; Editorial Brujas, Córdoba, pp.117-140.

MESKELL, L. (2002) "Negative heritage and past mastering in archaeology"; *Anthropological Quarterly* 75, pp.557-574.

MOUFFE, C. (2007 [2005]) *On the Political*; Routledge, Londres.

MUÑOZ ENCINAR, L.; AYÁN VILA, X. M. y LÓPEZ RODRÍGUEZ, A. D. (eds.). (2013) *De la ocultación de las fosas a las exhumaciones la represión franquista en el entorno del Campo de Concentración de Castuera (Badajoz);* INCIPIT, CSIC, AMECADEC, Santiago.

MYERS, A.T. (2008) "Between Memory and Materiality. An Archaeological Aproach to Studying the Nazi Concentration Camps"; *Journal of Conflict Archaeology* 4 (1), pp.231-245.

NORA, P. (1984) "Entre mémoire et histoire. La problématique des lieux", en NORA, P. (Ed.) *Les lieux de mémoire. I. La République*; Gallimard, Paris, pp.15-42.

OLSEN, B. (2003) "Material culture after text: re-membering things"; *Norwegian Archaeological Review* 36 (2), pp.87-104.

(2007) "Genealogías de la asimetría: por qué nos hemos olvidado de las cosas"; en GONZÁLEZ RUIBAL, A. (Ed.) *Arqueología*

Simétrica: Un giro teórico sin revolución paradigmática; Complutum 18, Madrid, pp.287-291.

PRATS, L. (2005) "Concepto y gestión del patrimonio local"; *Cuadernos de Antropología Social* 21, pp.26-36.

PRESTON, P. (2011) *El holocausto español. Odio y exterminio en la Guerra Civil y después*; Debate, Madrid.

QUINTERO MAQUA, A., VILLAESCUSA FERNÁNDEZ, L., GÓMEZ SOLER, S., MARTÍNEZ BARRIO, C., GARCÍA OQUILLAS, S. y CANTABRANA CARASSOU, M. (2013 ep) "La Ciudad Universitaria de Madrid (1936-1943): espacio, materialidad, guerra y reconstrucción"; *Ebre 38* 7.

RAMOS, M. (2009) "Algunos problemas del pasado y abordajes compartidos. Un problema de esquemas -y algunas otras cosas- en la Historia de la ciencia"; en MARTÍN, Y., PÉREZ ZABALA, G. y AGUILAR, Y. (Eds.) *Las sociedades de los paisajes áridos y semiáridos del centro-oeste argentino*; Universidad Nacional de Río Cuarto, Río Cuarto, pp.415-441.

RATHJE, W.L. (2001) "Integrated archaeology. A garbage paradigm"; en BUCHLI, V. y LUCAS, G. (Eds.) *Archaeologies of the contemporary past*; Routledge, London and New York, pp.63-76.

RÍOS FRUTOS, L. (2012) *Identificación de restos óseos exhumados de fosas comunes y cementerios de presos de la Guerra Civil y primeros años de la dictadura en Burgos (1936-1942)*; Tesis Doctoral, Facultad de Ciencias, Departamento de Biología, Comisión Docente de Antropología, Universidad Autónoma de Madrid, Madrid.

RÍOS FRUTOS, L., MARTÍNEZ SILVA, B., GARCÍA-RUBIO RUIZ, A. y JIMÉNEZ, J. (2008) "Muertes en cautiverio en el primer Franquismo: Exhumación del cementerio del penal de Valdenoceda (1938-1943)"; *Complutum* 19 (2), pp.139-160.

ROLLAND CALVO, J. (2006) "Práctica arqueológica y política. Un diálogo con Marx a través de la acción local"; *Complutum* 17, pp.185-190.

RUIZ TORRES, P. (2002) "La Historia en nuestro paradójico tiempo presente"; *Pasajes* 9, pp.17-29.

SÁNCHEZ-ELIPE LLORENTE, M., LORENTE MUÑOZ, S., FERMÍN MAGUIRE, P., QUINTERO MAQUA, A. y MARÍN SUÁREZ, C. (2011) "Campus de batalla: estudio de una trinchera republicana en la Ciudad Universitaria de Madrid"; en ORJIA (Ed.) *Actas de las II Jornadas de Jóvenes en Investigación Arqueológica (Madrid, 6, 7 y 8 de mayo de 2009). JIA 2009, Tomo I*; OrJIA-Libros Pórtico, Madrid, pp.219-226.

SCHOFIELD, J., KLAUSMEIER, A. y PURBRICK, L. (Eds.) (2006) *Re-mapping the field: New approaches in conflict archeology*; Westkreuz-Verlag, Berlin and Bonn.

SHANKS, M. (2007) "Arqueología Simétrica", en GONZÁLEZ RUIBAL, A. (Ed.) *Arqueología Simétrica: Un giro teórico sin revolución paradigmática*; Complutum 18, Madrid, pp.292-295.

TUNBRIDGE, J.E. y ASHWORTH, G.J. (1996) *Dissonant Heritage: the management of the past as a resource in conflict*; J. Wiley, Chichester, N. Y.

UZZELL, D.L. y BALLANTYNE, R. (1998) "Heritage that Hurts: Interpretation In A Post-Modern World"; en UZZELL, D.L. y BALLANTYNE, R. (Eds.) *Contemporary Issues in Heritage and Environmental Interpretation: Problems and Prospects*; The Stationery Office, London, pp.152-171.

ZARANKIN, A. y NIRO, C. (2006) "La materialización del sadismo. Arqueología de la arquitectura de los Centros Clandestinos de Detención de la dictadura militar argentina (1976-1983)"; en FUNARI, P.P.A. y ZARANKIN, A. (Eds.) *Arqueología de la represión y la resistencia en América Latina. 1960-1980*; Encuentro Grupo Editor, Córdoba, pp.159-182.

ZARANKIN, A. y SALERNO, M. (2008) "Después de la tormenta: Arqueología de la represión en América Latina"; *Complutum* 19 (2), pp.21-32.

(2012) "Capítulo 9. "Todo está guardado en la memoria". Reflexiones sobre los espacios para la memoria de la dictadura en Buenos Aires (Argentina)"; en ZARANKIN, A., SALERNO, M.A. y PEROSINO, M.C. (Eds.) *Historias Desaparecidas. Arqueología, memoria y violencia política*; Editorial Brujas, Córdoba, pp.143-171.

Capítulo 5
ESCONDIDOS EN LA CIUDAD: INVISIBILIDAD MATERIAL DE LOS EX CENTROS CLANDESTINOS DE DETENCIÓN EN LA CIUDAD DE MONTEVIDEO (URUGUAY)

por Ayelén Montenegro Minuz[202]

Introducción

Las políticas públicas sobre Derechos Humanos en Uruguay comienzan a partir de la transición democrática de 1985, que da por terminada la dictadura cívico-militar iniciada en 1973. Desde entonces, familiares de detenidos desaparecidos, ex-presos y otras organizaciones sociales vienen intentando sin descanso «sacar a la luz» a lo sucedido en Uruguay bajo el terrorismo de estado. Sin lugar a dudas la lucha por los Derechos Humanos, ha estado concentrada básicamente en la acción y organización de estos grupos sociales.

Para poder comprender de manera más profunda la situación en la que se encuentra hoy el tema de los Derechos Humanos en Uruguay, en lo que respecta a la memoria del pasado reciente, entiendo necesario desarrollar, al menos simplificadamente, el proceso llamado "transición democrática".

Leyes de amnistía

La primera medida del gobierno de transición que asume en marzo de 1985 fue votar la Ley 15.737, que establecía la amnistía para los civiles que habían cometido delitos políticos. Esta fue la ley que permitió excarcelar a todos los presos políticos. Además, crea la Comisión Nacional de Repatriación.[203]

---

[202] Universidad de la República, Uruguay. E-mail: ayelenmm@gmail.com
[203] ERRANDONEA, J. (2008) "Justicia transicional en Uruguay"; *Revista IDH* (Instituto Interamericano de Derechos Humanos), primer semestre, p. 20.

Cabe precisar que el encarcelamiento sistemático, masivo y prolongado, fue la modalidad represiva utilizada por el régimen militar uruguayo. Las estadísticas estiman que, en 1976, Uruguay tenía el índice de prisioneros más alto por cantidad de habitantes de toda América del Sur.[204] De esta manera, los presos de la dictadura condenados por la Justicia militar de un gobierno de facto son excarcelados mediante una ley de amnistía, se les «perdona» la condena.

Es necesario analizar esta situación de «perdón» desde el plano de lo simbólico, ya que no se los deja de considerar «culpables» de los «delitos» por los cuales fueron detenidos. Desde mi punto de vista, esto constituye la base de conformación de la identidad de los ex-presos, considerándose a sí mismos de esa manera y no como sobrevivientes. La amnistía también se fundamentó en las duras condiciones de reclusión en la que estos permanecieron, sometidos a torturas físicas y psicológicas, mala nutrición, castigos reiterados, aislamiento, supresión de visitas, entre otras. El caso más extremo fue el de aquellos presos en situación de "rehenes",[205] entre los cuales se encontraba José "Pepe" Mujica, actual presidente de la República (electo en octubre de 2009).

Posteriormente a la excarcelación masiva, se comienzan a registrar denuncias por violaciones a los Derechos Humanos,[206] perpetradas por las Fuerzas Armadas durante la dictadura. Esta situación desencadenó una crisis institucional, ya que los militares denunciados declararon que no cumplirían con los pedidos del Poder Judicial. A partir de esto, y de varias instancias de negociación, el Parlamento vota la Ley 15.848 o Ley de Caducidad de

---

204 BROQUETAS SAN MARTÍN, M. (2007) "Memoria del terrorismo de Estado en la ciudad de Montevideo (Uruguay)"; Buenos Aires, Ediciones Universidad de Salamanca, Stud. hist., H.ª cont., 25. Versión digital disponible en: http://www.riehr.com.ar/archivos/Investigacion/Pages_from_Interior_STVDIA_Historica_25%5B1%5D.pdf, p. 233.

205 «*Entre 17 y/o 19 personas (hombres y mujeres), fueron sometidas a un régimen prolongado, trato inhumano de detención y traslado permanente de los sitios de reclusión. [...] El 7 de setiembre de 1973 fueron retirados del Penal de Libertad para comenzar una rotación por cuarteles de todo el país durante más de 10 años. El 16 de abril de 1984 son retornados al Penal de Libertad. El caso de las rehenes mujeres es menos conocido, y los datos varían con respecto al número total de las mismas*". UNIVERSIDAD DE LA REPÚBLICA (2008) *Investigación Histórica sobre la dictadura y el terrorismo de Estado en el Uruguay (1973-1985)*, (3 tomos), Montevideo, CEIU, FHCE, Udelar-CSIC, Udelar. p.13.

206 Durante la dictadura ya habían denuncias fundamentalmente a nivel internacional. En este sentido es importante recordar que desde el exilio se iniciaron campañas de denuncia por los delitos que se cometían en Uruguay.

la Pretensión Punitiva del Estado, el 22 de diciembre de 1986. El Estado uruguayo presenta ambas leyes de amnistía como simétricas.[207] Equipara responsabilidades en pos de la soñada «pacificación social» y justifica la «teoría de los dos demonios».

La Ley de Caducidad protege a militares, policías y funcionarios que cometieron delitos políticos entre el 27 de junio de 1973 y el 1º de marzo de 1985.[208] La ley se refiere a los delitos con móvil político, en el ejercicio de funciones o en cumplimiento de órdenes recibidas de superiores, «*[…] al igual que en Argentina, esta normativa oficializa una concepción de la obediencia debida, aunque con la diferencia que la Ley de Caducidad no establece una presunción absoluta de obediencia debida como lo hace la ley argentina de 1987»*.[209]

La ley no incluye ni los delitos económicos, ni a los responsables civiles, así como tampoco toma en cuenta los delitos como el secuestro de niños (práctica que no fue extendida en Uruguay como sí lo fue en Argentina). Estas exclusiones, que se desprenden del artículo 1º, podrían ser consideradas grietas de la propia ley. Sin embargo, el punto crítico se plantea en el artículo 3º,[210] que establece que es el Poder Ejecutivo el que determina si el caso que se investiga se considera dentro del artículo 1º de la ley, «*[…] el actor político podrá decidir qué casos son susceptibles de ir ante la justicia y qué casos no lo son»*.[211] Los jueces, entonces, para llevar a cabo un proceso contra militares denunciados por crímenes cometidos entre el 27 de junio de 1973 y el 1º de marzo de 1985, deberán tener la aprobación del Poder Ejecutivo.

---

207 ERRANDONEA, J. op. cit. p. 20.

208 Artículo 1. º de la Ley 15.848: « *[…] ha caducado el ejercicio de la pretensión punitiva del Estado respecto de los delitos cometidos hasta el 1. º de marzo de 1985 por funcionarios militares y policiales, equiparados y asimilados por móviles políticos o en ocasión del cumplimiento de sus funciones y en ocasión de acciones ordenadas por los mandos que actuaron durante el período de facto»*. ERRANDONEA, J. op. cit. p. 21.

209 Ibídem.

210 La redacción del artículo 3 es la siguiente: «*A los efectos previstos en los artículos anteriores, el Juez interviniente en las denuncias correspondientes, requerirá al Poder Ejecutivo que informe, dentro del plazo perentorio de treinta días de recibida la comunicación, si el hecho investigado lo considera comprendido o no en el artículo 1º de la presente ley. Si el Poder Ejecutivo así lo comunicare, el Juez dispondrá la clausura y el archivo de los antecedentes. Si en cambio, no contestare o informa que no se halla comprendido dispondrá continuar la indagatoria»*. ERRANDONEA, J. Op. Cit. p. 22.

211 Ibídem.

Siguiendo con esta extraña paradoja, el artículo 4° exige al Estado la investigación sobre el destino de los *desaparecidos* durante la dictadura. Este artículo nace luego de una ardua discusión y puede ser visto como el punto de fuga que diera un lugar a la investigación. Estratégicamente, era complejo plantear una ley que eliminara la posibilidad de la investigación, porque «la intención de buscar verdad» o el «saber qué pasó» en teoría y en un Estado de Derecho no debería ser negado a nadie. Más aun teniendo en cuenta el contexto regional, ya que en ese momento en Argentina se estaba llevando a cabo el Juicio a las Juntas.

La ley fue ratificada por la Suprema Corte de Justicia (SCJ) en 1988, lo que trajo aparejado la organización de distintos sectores que se le oponían, creando un Comité pro-Referéndum para la derogación de la ley. Este tuvo lugar el 16 de abril de 1989, dando como resultado el apoyo a la ley por un 56,65% de los votos. *«La Ley de Caducidad se vio investida por una triple legitimación: la del poder político, la del poder judicial y —ahora— la del ciudadano».*[212]

Muchos años después, en el 2005, la Ley de Caducidad vuelve a estar en la agenda política uruguaya. Esta vez, bajo el gobierno de Tabaré Vázquez (candidato del Frente Amplio, el partido de la izquierda uruguaya), los legisladores del FA presentaron un proyecto de ley interpretativa de la Ley de Caducidad. Este proyecto no generó la adhesión de los otros partidos ni de las organizaciones de Derechos Humanos, pero funcionó como puntapié para visibilizar y volver a discutir la ley, sobre todo en la sociedad civil.

Es a partir de aquí que comienza una movilización de la sociedad civil y de las organizaciones de Derechos Humanos en torno a su anulación.[213] La estrategia fue llamar a un plebiscito, que tuvo lugar en octubre de 2009 junto con las elecciones nacionales. La Ley de Caducidad fue ratificada una vez más. La propuesta de anulación obtuvo el 47,98% de los votos y, por lo tanto, la propuesta fue rechazada, ya que necesitaba más del 50% de los votos emitidos.

---

212 ERRANDONEA, J., op. cit., p. 24.

213 Por una parte los defensores de la anulación señalan que la derogación de la ley no tendría efecto porque el principio de no retroactividad de la ley penal impediría que se lleven a cabo procedimientos penales en contra de las personas beneficiadas hoy por la amnistía. ERRANDONEA, J. op. cit. p. 30.

Las políticas públicas de verdad y memoria

Paralelamente a la búsqueda de justicia, se llevaron a cabo diferentes políticas públicas de verdad y memoria que se desarrollaron desde 1985, pero de manera lenta y parcial. Recién a partir del año 2000 empiezan a crecer sostenidamente algunas iniciativas.

En el año 1985, el Parlamento crea la Comisión Investigadora de Personas Desaparecidas y Hechos que la Motivaron, y la Comisión Investigadora Sobre el Secuestro y Asesinato Perpetrados contra los ex-legisladores Héctor Gutiérrez Ruiz y Zelmar Michelini.

La primera tuvo como labor identificar a los uruguayos desaparecidos en Uruguay y en el extranjero. Se reportaron 164 casos. El informe hace referencia a las torturas en los centros clandestinos de detención y menciona casos de niños secuestrados. También menciona el nombre de aquellos militares (uruguayos y extranjeros) que reiteradamente aparecen nombrados en los testimonios. El informe final del trabajo de esta comisión fue entregado a la Cámara de representantes en noviembre de 1985. No tuvo publicación ni arrojó más resultados que los puramente informativos. Lo mismo sucedió con la Comisión Investigadora de los casos Gutiérrez Ruiz y Michelini.[214]

En 1989, el Serpaj (Servicio de Paz y Justicia)[215] publica *Uruguay Nunca Más*, que divulga información sobre la violación a los Derechos Humanos en Uruguay durante la dictadura, recopilada a partir de entrevistas a ex-presos y torturados. Uno de los puntos más interesantes de esta publicación es que amplía la mirada, ya que incluye muchos de los aspectos que rodean al terrorismo de Estado como la cárcel, el exilio y el insilio (entendido como la vida social bajo un sistema de vigilancia y control por parte del Estado). Es la publicación fundante de una mirada más compleja.

En el año 2000 el presidente Jorge Batlle crea la Comisión para la Paz (Compaz), encargada de investigar sobre el paradero de los desaparecidos uruguayos. Los cometidos de la comisión eran «*recibir, analizar, clasificar y recopilar información sobre las desapariciones forzadas ocurridas durante*

---

214 ERRANDONEA, J., op. cit. p. 39.
215 Ver historia institucional en http://www.serpaj.org/historia_institucional.php?cat=11&doc=Historia%20Institucional

el régimen de facto».²¹⁶ No tiene como finalidad la investigación, sino más bien informar el paradero de los desaparecidos. El informe fue publicado en 2003. No aporta datos nuevos, si no que los confirma. También es importante marcar que muchas de las conclusiones a las que llegó, eran falsas.²¹⁷

El principal aporte de la Compaz fue haber ayudado a visibilizar el tema de los Derechos Humanos y colaborar para que, en los gobiernos sucesivos, se comenzara a profundizar en las investigaciones.

En el año 2005, la Presidencia de la República firmó un convenio con la Universidad de la República (Udelar) para investigar sobre los detenidos desaparecidos, amparándose en el artículo 4° de la Ley de Caducidad. El resultado inmediato fue la designación de un equipo de profesionales de la Facultad de Humanidades y Ciencias de la Educación (FHCE) formado por historiadores y arqueólogos, orientado a la investigación del paradero de los detenidos desaparecidos y a la búsqueda de restos en predios militares. La publicación de los primeros cinco tomos de la investigación *Detenidos desaparecidos* se realizó a mediados de 2007, luego actualizada en 2011. Ambos equipos siguen trabajando aunque, en un principio, el plazo era de seis meses con una posible prórroga de seis meses más²¹⁸. Sin lugar a dudas, esta iniciativa es una de las investigaciones más importantes sobre el tema y la primera donde se incluye oficialmente a la Udelar.

En lo relativo a espacios de memoria, podríamos señalar dos iniciativas como las más importantes: la creación del Memorial de Recordación de los Detenidos Desaparecidos y el Centro Cultural y Museo de la Memoria (Mume). El memorial comienza a gestarse en 1998, pero es construido entre 2001 y 2002, en el barrio del Cerro. El Mume se inaugura en 2007.

---

216 ERRANDONEA, J. op. cit. p. 43.

217 El párrafo 52 del informe dice lo siguiente, en lo concerniente a 24 casos de desaparecidos: *«Los restos de todas las personas desaparecidas a partir de 1973 —24 en total— habrían sido exhumados hacia finales de 1984, incinerados o cremados… y arrojados finalmente al Río de la Plata»* (ERRANDONEA, J. op. cit, p. 45). Años más tarde, se comprobó que esta información era falsa cuando el Equipo de Antropólogos del GIAF (Grupo de Investigación de Antropología Forense) encontrara los restos de Ubagesner Chávez Sosa y Fernando Miranda en predios militares.

218 Todos los informes están publicados en línea en el sitio web de la Presidencia de la República: http://www.presidencia.gub.uy/wps/wcm/connect/presidencia/portalpresidencia/comunicacion/informes/investigacion-historica-sobre-detenidos-desaparecidos.

Dentro de las políticas por intentar visibilizar el terrorismo de Estado, vale también destacar los cambios en el nomenclátor de la ciudad de Montevideo. A partir de 1990 es que empiezan a sumarse iniciativas en este sentido, la gran mayoría llevadas adelante por familiares de las víctimas o vecinos. De esta forma, y paulatinamente, se cambió el nombre de calles, se crearon o renombraron espacios públicos y se colocaron monolitos o placas (esta última ha sido la modalidad más utilizada)[219]. Ejemplo de esto es la incorporación al nomenclátor de los nombres Héctor Gutiérrez Ruiz y Zelmar Michelini (legisladores asesinados en Buenos Aires el 20 de mayo de 1976), el renombramiento de un tramo de una calle del barrio de Villa Dolores como Líber Arce (estudiante asesinado en una manifestación en 1968, previo al golpe de Estado)[220] o la creación de un espacio público en homenaje a los detenidos desaparecidos (primero inaugurado con esos fines en 1994). Entonces, la creación del Memorial y del Mume, y el cambio en el nomenclátor de la cuidad de Montevideo, han sido los principales «mojones» sobre el terrorismo de Estado en la trama urbana. *«Sin embargo, […], prácticamente no se han "marcado" espacios materiales utilizados en la época como centros de detención. Por el contrario, la transformación del Penal de Punta Carretas en un shopping center, constituye un ejemplo en el que las políticas públicas de la memoria han incentivado el "borramiento" de estos espacios».*[221]

Los lugares que en Montevideo funcionaron como centros de detención —públicos o clandestinos—, han sido incorporados al paisaje urbano, «perdiéndose» dentro de la ciudad. La idea de este trabajo es iniciar una reflexión más profunda para desentrañar el motivo por el cual en Uruguay se siguen invisibilizando estos lugares a pesar de las múltiples iniciativas e investigaciones llevadas a cabo sobre el terrorismo de Estado y los Derechos Humanos.

Hoy no se puede partir de la premisa de la ausencia de información o investigación «oficial» sobre lo sucedido. El punto de partida, en este caso, sería el silencio material, la ausencia de marcas, la interpelación que estas generan en la sociedad civil y en el poder político, teniendo en cuenta que en Uruguay hay miles de sobrevivientes de esa etapa del pasado reciente y muchos de ellos hoy ocupan cargos públicos o pertenecen a la clase política.

---

219 BROQUETAS SAN MARTÍN, M. op. cit. p. 229.

220 La calle Líber Arce se encuentra en el barrio de Villa Dolores, a pocas cuadras del lugar en donde funcionó el centro clandestino de detención Base Valparaíso.

221 BROQUETAS SAN MARTÍN, M., op. cit., p. 233.

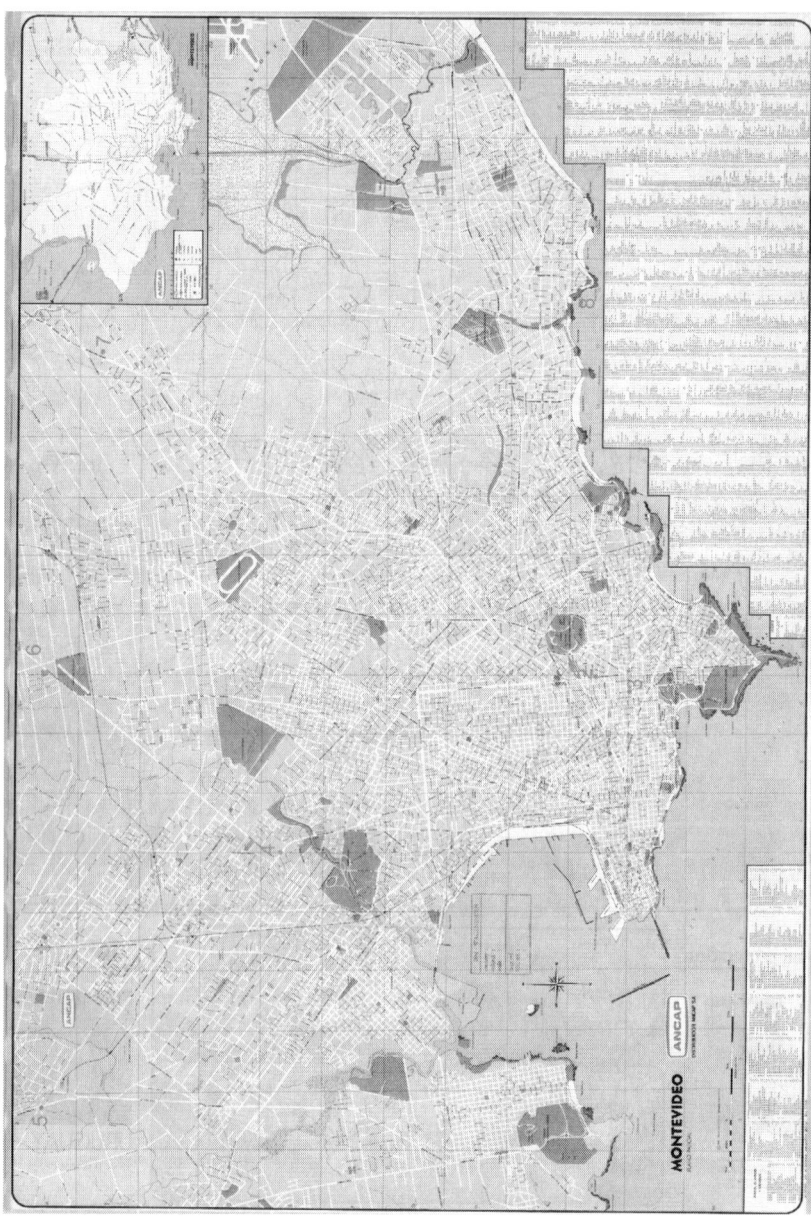

(Fig.1) Ubicación general de los Centros Clandestinos de Detención en la ciudad de Montevideo.

Centros Clandestinos de Detención

En Montevideo, los centros clandestinos de detención identificados suman un total aproximado de ocho. Funcionaron en establecimientos militares y en propiedades de civiles adquiridas por distintos medios por las Fuerzas Armadas. Si bien hay mucha bibliografía sobre la dictadura en Uruguay, donde aparecen listados de centros así como testimonios de sobrevivientes (y que muchos de ellos han servido para identificar su ubicación específica), no hay mucha información unificada. Esto es, la información existe, pero no está recopilada. Esta situación, estimo, tiene que ver con que aún el centro clandestino no ha sido un tema a investigar en sí, sino más bien como parte de los "lugares" en donde el terrorismo de Estado aplicó sus represiones más duras. Lugares por donde pasaron ex-detenidos y detenidos desaparecidos. De hecho, toman mayor relevancia, cuando comienzan las investigaciones sobre el paradero de detenidos desaparecidos, ya que las personas que desaparecen en territorio uruguayo fueron vistas por última vez en un centro clandestino. De todas maneras y a modo de reseña, se incluye a continuación una breve descripción de cada lugar (Fig.1).

Breve descripción de los centros clandestinos de detención de Montevideo

1) «300 Carlos», «Infierno grande», «La fábrica». Servicio de Material y Armamento del Ejército (SMA), en predio del Batallón n° 13

Funcionó desde 1975 hasta mediados de 1977. El organismo responsable era el OCOA (Organismo Coordinador de Operaciones Antisubversivas). Se trataba de un amplio galpón (uno de los cinco que posee el batallón) de por lo menos 30 a 40 m de largo por 15 m de ancho, al que se accedía por un portón corredizo. Se identifican claramente tres lugares: la sala de interrogatorios, el baño y el amplio espacio que constituía el galpón. La ubicación específica de él o los galpones aún no ha sido señalada con exactitud por el ejército.[222]

Este centro fue la base operativa de la llamada «Operación Morgan», dirigida a la persecución y represión al Partido Comunista del Uruguay (PCU)

---

[222] PRESIDENCIA DE LA REPÚBLICA (2007) *Investigación histórica sobre Detenidos-Desaparecidos*, Montevideo, Impo. 5 tomos. Actualización: 2011, disponible en: http://www.presidencia.gub.uy/wps/wcm/connect/presidencia/portalpresidencia/comunicacion/informes/investigacion-historica-sobre-detenidos-desaparecidos, p.17.

y al Partido por la Victoria del Pueblo (PVP), comenzada en octubre de 1975 y prolongada hasta mediados de 1976. Se cree que recibe el nombre del pirata inglés porque en sus objetivos estaba el desmantelamiento de los aparatos de finanzas de las organizaciones. El nombre «300 Carlos», posiblemente aluda a la cantidad de personas a recluir y al nombre de Carlos Marx, ya que fueron comunistas el objeto de la operación. Los detenidos permanecían allí entre un mes y seis meses; algunos de ellos eran trasladados varias veces a distintas dependencias y finalmente derivados a otras unidades militares.[223]

El batallón n°13 también funcionó como lugar clandestino de enterramientos, donde fueron hallados e identificados los restos de un detenido desaparecido Fernando Miranda, a fines del año 2005.

2) «300 Carlos R», «Casa de Punta Gorda», «Infierno chico»

Funcionó hasta mediados de 1976 en una casa de dos plantas ubicada en la rambla de Montevideo que en sus orígenes había sido propiedad del Movimiento de Liberación Nacional-Tupamaros (MLN-T). Organismo responsable: Junta de Comandantes en Jefe. Servicio de Información de Defensa (SID).

En mayo de 1974 el Ejército allanó y confiscó la propiedad.[224] El lugar ha sido perfectamente identificado y hoy pertenece a particulares. Parecería ser que el ejército la vendió o devolvió en 1982. Vale mencionar que no hay mucha información sobre los procedimientos posteriores a la dictadura con la adjudicación de las propiedades a civiles.

3) «La Tablada», «Base Roberto»

Funcionó desde enero de 1977 hasta 1983 inclusive. El lugar se encuentra en las afueras de Montevideo y en sus orígenes había sido un hotel para hacendados que funcionó hasta los años cincuenta. En la planta baja se ubicaban las 13 celdas de 2 por 3 m aproximadamente; en la planta alta estaban las habitaciones en donde se realizaban los interrogatorios.

Tras la apertura democrática, «La Tablada» funcionó como establecimiento del Instituto Nacional del Menor (Iname) y luego como cárcel del Ministerio

---

223 PRESIDENCIA DE LA REPÚBLICA. op. cit.
224 PRESIDENCIA DE LA REPÚBLICA. op. cit. p.15.

del Interior. En enero de 2013, el Ministerio entregó la ex-cárcel al Inau (Instituto del Niño y el Adolescente del Uruguay, ex-Iname) para tomar la función de institución de reclusión para menores infractores.[225]

4) «La Casona», «La mansión». Sede del SID

Funcionó principalmente en 1976, en la sede del SID, ubicada en una zona bastante transitada de Montevideo, ya que se ubica sobre Bulevar Artigas, una de sus avenidas principales. Actualmente es la sede del Centro de Altos Estudios Nacionales (Calen) perteneciente al Ministerio de Defensa Nacional (MDN)[226] (Fig.2). Es una casa de tres plantas estilo *mansión*, rodeada de jardines. En el subsuelo se encontraba el lugar en donde se confinaba a los prisioneros. La planta baja estaba reservada para los militares y detenidos en condiciones especiales.[227]

(Fig.2) Frente de «La casona», ex-Centro Clandestino de Detención. Boulevard Artigas 1488, Montevideo (Foto: Lucía Fernández, marzo 2013).

---

225 http://www.elpais.com.uy/130128/ultmo-691753/ultimomomento/interior-entrego-carcel-de-la-tablada-al-inau/
226 PRESIDENCIA DE LA REPÚBLICA, op. cit. p.22.
227 Ibídem.

5) «La casona de Millán»

Funcionó a partir de 1977 en la finca ubicada en la avenida Millán 4269. En el sótano o subsuelo era en donde se practicaban las torturas e interrogatorios a los detenidos. El organismo responsable era el SID dependiente de la Junta de Comandantes en Jefe.

La casa fue adquirida el 30 de marzo de 1977 por Virginio Emiliano Pomato Debron. La profesional interviniente en la operación de compraventa fue la escribana L. P. de W., cuyo esposo Carlos Arnol Warschun Kuhn era Mayor del Ejército. El 26 de diciembre de 1979, E. Pomato vende la propiedad al Fondo Social de Empleados y Obreros de la Empresa CUTCSA. La casa fue demolida para construir un complejo de viviendas para los empleados de la empresa.[228]

6) «Base Valparaíso»

Funcionó desde 1976 hasta 1984 en una casa de dos plantas ubicada en Francisco de Medina 1525 bis, cerca de zoológico de Villa Dolores de Montevideo. Aparentemente, este centro, dependiente del SID, era de «tránsito» de detenidos.

Incluye una casa de altos a la que se ingresa por la calle Francisco de Medina 1525 y un local comercial en el subsuelo con puerta independiente, que tenía fosas para la reparación de coches. En la planta alta funcionaba como fachada la "Inmobiliaria Valparaíso" (de ahí deriva el nombre). En la planta baja estaba el garaje con un sótano de 4 por 3 m, donde funcionaba al mismo tiempo y en modo de "pantalla", una «flota de taxis» también perteneciente al SID, que cumplía funciones de vigilancia y control. En el año 1980 el inmueble figura como propiedad de José Norberto Narváez Coe.[229] Se desconoce el procedimiento por el cual la propiedad volvió a manos de civiles (Fig.3).

---

[228] PRESIDENCIA DE LA REPÚBLICA, op. cit. p.23.
[229] Según el coronel Gilberto Vázquez: *«la Base Valparaíso la compré yo con el nombre de Narváez (José Norberto) en el año 1979 o 1980, no estoy seguro [...]. La base se usaba para hacer mantenimiento de los taxis del servicio que nos daban plata para pagar a los informantes y era excelentes para realizar seguimientos. También funcionaba una inmobiliaria (que administraba el Cap. Lawrie Rodríguez) que servía de cobertura de los informantes que llegaban ahí [...]. Nunca hubo un peso en la base, para eso había otros lugares [...]»* PRESIDENCIA DE LA REPÚBLICA, op. cit., p.25.

(Fig.3) Frente del ex-Centro Clandestino "Base Valparaíso". Calle Valparaíso 1525, Montevideo (Foto: Lucía Fernández, marzo 2013).

7) «Casa SAS». Escuela de Armas y Servicios (EAS)

La «Casa SAS» se ubicó en los fondos de la Escuela de Armas y Servicios del Ejército en los predios ocupados por los Batallones de Infantería n° 1 (Batallón Florida), n° 2 y n° 3; todos ellos en camino Maldonado 7110, km 14, Departamento de Montevideo.[230]

Las pocas descripciones del lugar donde funcionó el centro clandestino señalan que era una especie de edificación semiderruida sobre una elevación de terreno que se utilizaba para maniobras o asaltos de la tropa.[231] Este centro fue utilizado como principal centro colectivo de reclusión de militantes sindicales durante la huelga general declarada por la CNT (Convención Nacional de Trabajadores) en respuesta al golpe de Estado el 27 de junio de 1973.[232]

---

230 PRESIDENCIA DE LA REPÚBLICA. op. cit. p.26
231 PRESIDENCIA DE LA REPÚBLICA. op. cit.
232 PRESIDENCIA DE LA REPÚBLICA. op. cit.

8) «Castillito de Carrasco»

Funcionó probablemente desde 1975 hasta 1982. Era una residencia con aspecto de castillo medieval ubicada en el barrio de Carrasco cerca de la Escuela Naval y del Aeropuerto de Carrasco. Contaba con un sótano donde se realizaron interrogatorios a algunos de los detenidos. Construida sobre desniveles en el terreno que bien podrían semejar «torres» de castillos.[233]

Este centro no fue identificado aún. En algún momento se creyó que era una propiedad requisada a una militante del PCU y luego devuelta a su dueña en 1982, pero luego se descartó esa hipótesis.

Otros

Base Lima Zulú: dependiente de la Dirección Nacional de Información e Inteligencia. No se especifica su posible ubicación.[234]

Base Miramar y Base de Operaciones Auxiliares (BOA): aparecen mencionados en la documentación pero no han podido ser ubicados.[235]

Cárcel del Pueblo: Casa que originariamente perteneció al MLN-T, utilizada como lugar de confinamiento de los secuestrados. Ubicada en Juan Paullier 1190, barrio del Cordón, Montevideo. En 1972 fue desmantelada y quedó en manos de las Fuerzas Armadas (Fig.4).

Aparentemente, fue utilizada como centro clandestino de detención en el marco del operativo de represión contra el PCU, en 1975. Actualmente, la casa continúa bajo la órbita del MDN[236] y al parecer está custodiada por algún sereno, ya que por la noche parte de la casa que da hacia la calle permanece iluminada.[237]

---

233 PRESIDENCIA DE LA REPÚBLICA. op. cit.
234 UNIVERSIDAD DE LA REPÚBLICA. op. cit. p.46
235 UNIVERSIDAD DE LA REPÚBLICA. op. cit.
236 CENTRO MUNICIPAL DE FOTOGRAFÍA (2009) *Huellas de la represión. Identificación de Centros de Detención del autoritarismo y la dictadura (1968-1985)*; Montevideo, Intendencia Municipal de Montevideo.

237 En mi último viaje a Montevideo, intercambiando información con una colega y amiga vecina del lugar, me comentó que por las noches, en la Cárcel del Pueblo, había alguien porque al pasar, veía luz. En un acto de trabajo de campo espontáneo y sin ningún registro formal, una noche pasé por ahí con unos amigos y corroboramos que efectivamente de las ventanas (las que se encuentran arriba de lo que sería la cochera de la casa) estaban iluminadas, parecía la luz de un televisor. No se escuchaba ningún movimiento. Tomamos algunas fotos, que por la poca luz no quedaron con una calidad como para incorporarlas en este trabajo.

La discusión sobre este lugar, no tiene que ver con las actividades y violaciones a los Derechos Humanos que allí se perpetraron, sino con su condición de "clandestino" ya que, como se comentó anteriormente, a lo largo de toda la ciudad, muchos lugares funcionaron como centros de reclusión y eran conocidos públicamente como tales.

La Cárcel del Pueblo es un ejemplo muy claro de lo que genera el "silencio a voces", lo sabido pero callado. Esta ambigüedad es de donde operó (opera) el estado de terror: lo conocido por el público, pero no "públicamente" reconocido, sino más bien en la privacidad.

(Fig.4) Frente de la ex-Cárcel del Pueblo. Juan Paullier 1190, Montevideo. Como se puede apreciar en el detalle, a la casa se le quitó en número de puerta (Foto: Lucía Fernández, marzo 2013).

Discusión: la doble clandestinidad

La carencia de información profundizada y pormenorizada sobre los centros clandestinos fue el punto de partida de este trabajo y surge (como cualquier investigación) desde una inquietud personal. Con una vida transcurrida en ambas orillas del Río de la Plata y teniendo cierto acercamiento a información y proyectos sobre ex-centros clandestinos en Argentina, siempre me llamó la atención (haciendo una comparación superficial, si quiere) cómo en Uruguay estos lugares no tenían cuerpo, no eran materia, eran apenas nombres aislados escuchados por ahí. No sabía en dónde estaban, no sabía cuántos eran. Empezando a indagar un poco más, a preguntar y a leer, a ubicar en la ciudad los puntos, me pregunté: ¿cómo después de vivir tantos años en la ciudad de Montevideo, pude pasar frente de estos lugares sin saber que estaban ahí?

Las razones de tales «ausencias» deriven posiblemente del estado inicial de las investigaciones sobre la búsqueda de la verdad en Uruguay y las dificultades que se presentaron a los investigadores para recabar información sobre estos lugares, principalmente por el hermetismo por parte de las Fuerzas Armadas, que siguen sin brindar información específica, así como también por una resistencia por parte del Estado a indagar sobre los centros ya identificados, teniendo en cuenta que muchos de ellos se encuentran hoy bajo su órbita.

La forma en cómo cada sociedad despliega sus estrategias de memorialización a través del señalamiento o marcación territorial, erigiendo monumentos, colocando placas o recordatorios, así como también el tratamiento que se les da a los sitios que fueron escenario de violencia, plasma su concepción de memoria, y los conflictos y consensos que subyacen en los relatos sobre el pasado y las tensiones que atraviesa el presente.[238] El espacio es un espejo de esa gran complejidad, es un presente que «incluye» (o excluye) el pasado y sus representaciones.

Tanto la presencia como la ausencia de marcas en el espacio son muestras de cómo la sociedad «ve» (o no) ese pasado. En el caso de Uruguay, y teniendo en cuenta las representaciones del pasado en términos de memoriales y

---

[238] SCHINDEL, E. (2009) "Inscribir el pasado en el presente: memoria y espacio urbano", *Política y Cultura* 31, p.67.

cambios en el nomenclátor, podríamos decir que la dictadura aparece hoy en el espacio en términos de homenaje a las víctimas del terrorismo de Estado. Sin embargo, estas marcas o mojones no están físicamente asociadas a aquellos lugares que fueron escenario de la represión.

Lo explícito interpela y eso se refleja también en el silencio general guardado durante años. La imposibilidad de denunciar los crímenes de lesa humanidad dejó a las víctimas en una situación de vulnerabilidad muy grande, sobre todo posteriormente al referéndum en el que se había decidido democráticamente no «revolver» el pasado; contar, decir, denunciar, era precisamente eso. Durante años, el sobreviviente (ex-preso) estuvo invisibilizado; paradójicamente (o no) la figura del detenido desaparecido estuvo mucho más presente. El peso discursivo (o foco) que en los primeros años de democracia cobra el detenido desaparecido podría deberse a muchas variables: por un lado, es considerado como la consecuencia «más atroz» de los mecanismos represivos y, por otro, quizás repercute la influencia de la fuerte figura del detenido desaparecido en Argentina (teniendo en cuenta que la mayoría de los detenidos desaparecidos uruguayos desaparecen en dicho país).

Sin lugar a dudas, el efecto de la Ley de Caducidad fue efectivo para aquellos que la pensaron. Recién con las llamadas «políticas de verdad» (y no de justicia) es que se empiezan a abrir brechas, donde parece que el ex-preso y el detenido desaparecido comienzan a tener un rol en el entramado social. El proceso fue paulatino: hubo primero que abrir una posibilidad —la de escuchar—, para que poco a poco se comenzara a decir.

En todo el Uruguay hubo aproximadamente 51 centros públicos de detención, ya que la encarcelación masiva fue la estrategia represiva. Quizás haya alguno de ellos que aún contenga marcas alusivas a su funcionamiento en el pasado, pero no ha sido una práctica extendida la señalización (ni tampoco la investigación) de lugares vinculados al terrorismo de Estado. Uno de los casos emblemáticos es el Penal de Punta Carretas, convertido en *shopping center* en la década de los noventa, donde no se colocó ni una placa que recordara que el edificio original funcionó como penal. Parecería que el Estado «cede» algunos espacios (como el cambio de nomenclátor) para no tener que hacerlo respecto de los lugares físicos directamente vinculados con la aplicación del terrorismo de Estado. Entonces, si al parecer existe una resistencia de marcar lugares públicamente conocidos, no debería sorprender la invisibilización de aquellos que originariamente fueron clandestinos. Esta invisibilización generalizada resultó funcional a un discurso de restauración democrática que negaba que la dictadura uruguaya hubiera causado una fractura fundamental en el imaginario social y proyectaba una comunidad democrática sin mayores conflictos, a diferencia de los países vecinos.[239]

De alguna manera, esta invisibilidad generó una situación de *doble clandestinidad* para estos lugares: la de origen y la de posdictadura. La clandestinidad de origen está ligada a las actividades y al funcionamiento de esos lugares, a la aplicación directa de la represión. En la actualidad, existe una clandestinidad que deriva del «ocultamiento» simbólico de estos lugares, manifestada a través de la omisión de brindar información por parte de las Fuerzas Armadas y del Estado, muchas veces disfrazada de «seguridad nacional».

La permanencia de una veda al público respecto de los múltiples lugares que contienen huellas de los crímenes de la dictadura informaría sobre las configuraciones de poder entre los actores involucrados en esos crímenes, el Estado y la sociedad civil.[240] El hecho de que ciertos lugares permanezcan aún hoy en la clandestinidad del entramado urbano, es la representación de este no-acuerdo, es el nudo a desatar.

El terrorismo de Estado implicó un plan represivo que no sólo abarcó la persecución y encarcelamiento de personas, sino también la expansión del terror y disciplinamiento en toda la trama social, permeando todas las prácticas sociales y sus espacios.

El centro clandestino podría ser considerado como un espacio «isla» dentro de la ciudad, un espacio de «excepción» territorialmente incluido, pero situado fuera del orden jurídico en donde se despoja al ciudadano de su condición de tal.[241] Sin embargo, y a pesar de su condición de «excepción», formó parte de una red perfectamente entretejida en el entramado social, muchos de ellos de "público" conocimiento, ya que a este se dirigía el mensaje de terror.[242]

---

239 SCHINDEL, E. (2009) op. cit. p.82.
240 Ibídem, p. 76.
241 SCHINDEL, E. (2011) "Memorias barriales y derecho a la ciudad: la recuperación de ex-CCD como práctica de resistencia y reconstitución del tejido social"; versión digital disponible en http://www.derhuman.jus.gov.ar/conti/2011/10/mesa_17/schindel_mesa_17.pdf, p.7.
242 Ibídem.

En Uruguay esta política de proliferación del terror se dio sobre todo a través de los múltiples lugares públicos de detención diseminados por toda la trama urbana. Las políticas concentracionarias se aplicaron «a cara descubierta». Se expandieron masivamente por todo el país centros de reclusión públicamente conocidos pero, a su vez, funcionando como espacios de excepción jurídica. Muchos de esos lugares, posteriormente a la apertura democrática, se reinsertaron en la ciudad cumpliendo la función previa a su uso como centros de reclusión. Prácticamente ninguno de ellos lleva una marca que explicite que allí hubo personas detenidas.

Consideraciones finales (o iniciales)

Desde 1985 hasta el presente, Uruguay sigue luchando contra su propia oscuridad. Parece no poder hacerse cargo de su pasado violento. Es una sociedad que se siente interpelada con la violencia, que la niega, la esconde, la silencia aún hoy. El "silencio a voces" sobre los centros clandestinos de detención, sigue funcionando en el presente. En ámbitos privados se habla de ellos, se nombran, se ubican, se conocen historias, pero públicamente siguen, al parecer, siendo "invisibles".

Existe una especie de «ceguera selectiva» sobre el terrorismo de Estado, teniendo en cuenta la cantidad de sobrevivientes de esa violencia y la cantidad de información recopilada con la que hoy se cuenta. *Ver* significa reflexionar, asimilar, interpelar-interpelarse, lo que parece ser algo que la sociedad uruguaya aún no está preparada para enfrentar en toda su dimensión. ¿No estará esta actitud relacionada directamente con la *doble clandestinidad*? Quizás esta «ceguera» es, al mismo tiempo, causa (reproduce la negación) y síntoma de la política efectiva de proliferación del terror tras 13 años de dictadura y del silencio posterior en el proceso de «apertura democrática». Las mayorías resolvieron de manera soberana a través del «sagrado» ejercicio de la democracia directa, no volver a «desempolvar» el doloroso pasado y «seguir adelante». Este discurso, contextualizado en 1989, podría ser visto como una reacción "natural" al miedo a una posible vuelta represiva. Sin embargo, que veinte años después se ratifique el silencio (utilizando los mismos mecanismos «sagrados»), hace que el análisis del «porqué», sea necesariamente mucho más profundo y complejo, y parta de la configuración de poderes en el presente.[243]

¿Por qué los uruguayos optan por el silencio? ¿Realmente lo prefieren? ¿Cómo influye el hecho de tener un presidente que fue parte de los «rehenes» pero que se muestra reticente a investigar? ¿Qué voces son las legitimadoras del silencio? ¿Quiénes son hoy los portadores legitimados de la memoria? Pareciera que todo pasa por una «comparación de dolores» en términos de que los que «la pasaron peor» (los dirigentes del MLN-T, en su condición de rehenes) son los únicos legitimados para armar y difundir el relato, mediados por su identidad como «combatientes» que perdieron la «guerra» y asumen su derrota poniéndose como iguales frente a los militares. Por otro lado, están «los otros», ex-presos de otros sectores políticos y sociales, los detenidos desaparecidos, los familiares, y todo el resto de la sociedad civil que sigue reclamando memoria, verdad y justicia, a su vez, también atravesados por sus silencios y omisiones.

Los centros clandestinos (y públicos) de detención, tortura, desaparición y muerte fueron decisivos para la desconexión histórica, quitando y fragmentando el carácter de lo humano. Por eso es necesario desde el hoy recuperar lo humano a partir de la vuelta a lo fundante previa a todo quiebre.[244] Los crímenes del terrorismo de Estado o la represión clandestina tuvieron lugar en lugares ocultos o dentro de los cuarteles militares, al mismo tiempo, las huellas de terror y miedo que ellos generaron, suelen introyectarse en la población.[245] La importancia de la visibilización de estos espacios radica no sólo en el derecho de poder reflexionar sobre la historia misma, sino en transformarlos simbólicamente, «desactivarles» esa clandestinidad para volverlos espacios liberados y liberadores de la violencia que todavía guardan.

---

243 Mientras escribía este artículo, en el mes de febrero de 2013, la Corte Suprema de Justicia, removió a la jueza Mariana Mota, quien estaba investigando casos vinculados a la dictadura. Una buena crónica que puede ayudar a comprender un poco más el estado en el que se encuentra la configuración de poderes en Uruguay, es este artículo periodístico. SCAGLIOLA, R. (2013) "Febrero amargo"; versión digital disponible en http://proyectofosforo.com/2013/02/18/febrero-amargo/.

244 COMPAÑY, G. (2009) *Del* pars pro Todo *a la puesta en duda que instala la* intemperie. *Un hacer arqueológico en un centro de detención de la ciudad de Rosario: "El Pozo" (1976-1979)*; Sol en Turín, Buenos Aires, p.149.

245 SCHINDEL, E. (2009). op. cit. p.81.

La veda a la posibilidad del acceso activo a la historia basada en la quietud de que las cosas «*son como son*» intenta inhibir el surgimiento de la duda, de la resistencia, del surgimiento de aquello no contenido en las márgenes de lo establecido.[246]

El proceso de visibilización de los lugares depende de la negociación de voluntades políticas y sociales, teniendo en cuenta que éstas están mediadas por diferentes subjetividades e intereses. Para eso, entiendo que el ejercicio primario será, como dice Compañy, «*inquietar lo cotidiano*», recuperar su legitimidad que es recuperar la dimensión política de la silenciada práctica cotidiana.[247]

Sin dudas, pienso que una manera de comenzar este camino sería resignificar el relato. Los ex centros clandestinos existen en el relato. Están, pero «no se ven». Poner en foco el tema sería el inicio. Mirarlos, interrogarlos, que dejen de ser nombres, corporizarlos. Que se vuelvan materia, pero también que se vuelvan duda, que se vuelvan diálogo entre lo simbólico y lo material, entre el pensamiento y la acción. Interrogar, dialogar, dudar, reflexionar, mirar, hacer, es empezar a inquietar.

Agradecimientos

A Gonzalo Compañy y Soledad Biasatti, por convocarme, plantearme el desafío y ayudarme en el proceso. A Magdalena Figueredo, por ayudarme en la recopilación de información, aportarme puntos de reflexión e intercambiar mates y lecturas. A Fabiana Larrobla, Malena González, y a toda la macrobanda por la devolución positiva en cada charla. A Lucía «Lucha» Fernández, quien cedió tiempo de sus vacaciones y emprendió la tarea de fotografiar los lugares. A mi hermana Yamila Montenegro, la primera en leer el prístino resumen, por alentarme y por aportar las correcciones de estilo. A Nairí Aharonián por su paciencia y voluntad. A Romina Bertolini, por estar del otro lado del océano haciéndome el aguante. A Ricardo Scagliola y Federico Imparatta, por acompañarme en la expedición nocturna a la Cárcel del Pueblo. A todos aquellos que colaboraron a su manera, aportando lectura, reflexión e intercambio, gracias, han sido el gran motor y sostén.

---

246 COMPAÑY, G. op. cit. p.152.
247 COMPAÑY, G. op. cit. p.145.

Bibliografía

BROQUETAS SAN MARTÍN, Magdalena (2007) "Memoria del terrorismo de estado. En la ciudad de Montevideo (Uruguay)", Buenos Aires, Ediciones Universidad de Salamanca, Stud. hist., H.ª cont., 25. Versión digital en: http://www.riehr.com.ar/archivos/Investigacion/Pages_from_Interior_STVDIA_Historica_25%5B1%5D.pdf

CENTRO MUNICIPAL DE FOTOGRAFÍA (2009) "Huellas de la represión. Identificación de Centros de Detención del autoritarismo y la dictadura (1968-1985)", Montevideo, Intendencia Municipal de Montevideo.

COMPAÑY, Gonzalo (2009) *Del* pars pro Todo *a la puesta en duda que instala la* intemperie. *Un hacer arqueológico en un centro de detención de la ciudad de Rosario: "El Pozo" (1976-1979)*; Sol en Turín, Buenos Aires, p.149.

ERRANDONEA, Jorge (2008) "Justicia transicional en Uruguay". En: Revista IDDHH (Instituto Interamericano de Derechos Humanos), Primer Semestre.

PRESIDENCIA DE LA REPÚBLICA (2007) "Investigación histórica sobre Detenidos- Desaparecidos", Montevideo, IMPO. V Tomos.

SCAGLIOLA, Ricardo (2013) "Febrero amargo", versión digital: http://proyectofosforo.com/2013/02/18/febrero-amargo/

SCHINDEL, Estela (2009) "Inscribir el pasado en el presente: memoria y espacio urbano", *Política y Cultura*, núm. 31.

SCHINDEL, Estela (2011) "Memorias barriales y derecho a la ciudad: la recuperación de ex CCD como práctica de resistencia y reconstitución del tejido social", versión digital en: http://www.derhuman.jus.gov.ar/conti/2011/10/mesa_17/schindel_mesa_17.pdf

UNIVERSIDAD DE LA REPÚBLICA (2008) "Investigación Histórica sobre la Dictadura y el Terrorismo de Estado en el Uruguay (1973-1985)", (3 Tomos), Uruguay, UDELAR-CSIC, FHCE-CEIU.

Capítulo 6
MATERIALIDADES QUE IMPORTAN: VISIBILIZACIÓN Y APROPIACIÓN DE CENTROS CLANDESTINOS DE DETENCIÓN EN ARGENTINA. EL CASO DEL EX CCD PUESTO CAMINERO DE PILAR (CÓRDOBA, ARGENTINA)

por Marcos Román Gastaldi[248]

Introducción

La última dictadura militar (1976-1983) en Argentina convirtió a la desaparición y el campo de concentración-exterminio en la modalidad represiva del poder[249]. Como señala Calveiro[250] el eje de la práctica represiva dejó de girar en torno a las cárceles, como lo había sido en años anteriores, para centrarse en el sistema de desaparición articulado en los Centros Clandestinos de Detención (CCDs). Durante este momento en Argentina funcionaron más de 340 CCDs en todo el país; por estos centros pasaron entre 15000 y 20000 personas de las cuales el 90% fueron asesinadas[251]. La práctica de desaparición programáticamente ejecutada por las fuerzas represivas también incluyó la apropiación de bebés de las madres detenidas y asesinadas, el ocultamiento de los CCDs, el entierro en fosas clandestinas colectivas e individuales de los detenidos-desaparecidos, el arrojo de personas a ríos, lagos y al mar, la limpieza y ocultamiento de los lugares de entierro, entre otros.

---

[248] IDACOR-CONICET, Museo de Antropología, FFyH, Universidad Nacional de Córdoba (Argentina). E-mail: mrgastaldi@gmail.com

[249] CALVEIRO, P. (2001) *Poder y desaparición. Los campos de concentración en la Argentina*; Ed. Colihue, Buenos Aires.

[250] CALVEIRO, P. op.cit.

[251] Ibíd., p.29

Un ejemplo de estas acciones dirigidas a ocultar lo sucedido es lo ocurrido en el campo de concentración La Perla en la Provincia de Córdoba. Según testimonios, en virtud de la inspección de 1978 de la OEA, los entierros fueron limpiados, y compactados en tachos para luego ser trasladados a un lugar desconocido hasta el momento[252]. Estas prácticas de desaparición y ocultamiento llevaron a que al finalizar la dictadura y también durante la misma, grupos de familiares y organizaciones de derechos humanos concentraran todos sus esfuerzos en hacer visible, des-ocultar aquello que la dictadura intentó borrar. El caso paradigmático de visibilizar lo que estaba ocurriendo, es el de las Madres de Plaza de Mayo, donde el pañuelo blanco se transformó en uno de los símbolos de la marcación de la ausencia[253]. Catela Da Silva[254] señala que, según la historia de Madres, la primera vez que se usó fue en una procesión a la Virgen de Luján, que eran pañales en vez de pañuelos, y que el color blanco representaba la pureza, el comienzo de la vida, oponiéndose así al pañuelo negro asociado con el momento del duelo; así como también se oponía a la impureza de los que habían asesinado y hecho desaparecer los cuerpos de sus hijos. Desde estos primeros momentos, los símbolos materiales como los pañuelos, se fueron conformando junto a otros –identificación de cuerpos de los desaparecidos y devolución a sus familiares para su entierro, identificación de los centros clandestinos de detención, su estudio y trasformación en lugares de memoria, placas recordatorias etc.- en marcas materiales del recuerdo –sensu Catela Da Silva[255]-. Como señala esta autora esta dimensión material del recuerdo se convierte así en símbolo activo para interpelar a la nación, sus muertos y desaparecidos[256].

En este trabajo, teniendo en cuenta la importancia de estos símbolos

---

252 COMISIÓN NACIONAL SOBRE LA DESAPARICIÓN DE PERSONAS (CONADEP) (1984) *Nunca más. Informe de la Comisión Nacional sobre la Desaparición de Personas*; Ed. EUDEBA, Buenos Aires.

253 CATELA DA SILVA, L. (2006) "Las marcas materiales del recuerdo"; *El Monitor* 6, Dossier sin paginación, digital [http://www.me.gov.ar/monitor/nro6/dossier8.htm] Consultado el 2/10/2013.

254 CATELA DA SILVA, L. (2006) op.cit.

255 Ibíd.

256 Ibíd.

materiales para des-ocultar y hacer visible aquello que se pretendió que permanezca como ausencia, analizaremos las disputas surgidas en torno a la conformación de una plazoleta de la memoria en el predio de lo que fuera el ex centro clandestino de detención (CCD) "Puesto Caminero de Pilar" (PCP) o "La escuelita de Pilar" vinculado con el circuito represivo del ex CCD "Departamento 2 de la Policía de la Provincia de Córdoba" (D-2).

El PCP, es el único de los CCDs registrados en la Provincia de Córdoba que fue demolido casi completamente por el municipio de Pilar en el año 2007, salvo por un muro perimetral y algunos cimientos que aún se conservan. El muro en pie, como único registro visible de este espacio se trasformó para distintas organizaciones –escuelas, comisión por la memoria, familiares, sobrevivientes, entre otros- en símbolo de lo que sucedió en el lugar. Éste, lejos de preservarse "impoluto", fue intervenido activamente por la comunidad a través de murales confeccionados por alumnos de las escuelas del pueblo. Además se transformó en un articulador de la estructuración del espacio donde se llevaron a cabo, año tras año, los sucesivos actos conmemorativos, por lo que el muro se convirtió también en símbolo de las luchas efectuadas por parte de la comunidad por conservar ese predio como espacio de la memoria.

Adentrarnos en este caso nos permitirá, por un lado, analizar el rol que la "materialidad" posee en las luchas por el establecimiento de sentidos sobre esos espacios y en la conformación de memorias colectivas. Por otro lado, nuestra participación como arqueólogos en la conservación de este lugar, abrirá el espacio para discutir el rol que le puede caber a una arqueología que pretenda intervenir junto a la comunidad local desde una posición más simétrica en la narración de estos lugares. Pero antes de adentrarnos en el caso en sí repasemos las maneras en que en Córdoba se dio la relación entre arqueología y recuperación del pasado reciente vinculado a la última dictadura militar.

Arqueologías, memorias colectivas y dictadura militar en Córdoba

Desde la finalización de la última dictadura militar y principalmente desde mediados de la década del ochenta, parte de las nuevas camadas de arqueólogos que salían de las distintas Universidades Nacionales en las que se dictaba la carrera, empezó a participar activamente en el esclarecimiento de los crímenes cometidos por la represión de la dictadura[257].

Entre las intervenciones realizadas podemos mencionar la participación en la recuperación e identificación de restos de personas desaparecidas; excavaciones, análisis de la estructuración espacial y establecimiento de la dinámica interna de funcionamiento de algunos Centros Clandestinos de Detención; registro de las expresiones grabadas por los detenidos en los muros de los calabozos de reclusión; análisis de los objetos vinculados a la represión, tales como la vestimenta, entre otros[258].

El involucramiento de la arqueología en los conflictos sociales del pasado reciente o del presente coincidió con cierta mudanza epistémica de la disciplina. En primer lugar, empieza a reconocer que las narrativas creadas por la arqueología, lejos de ser historias neutrales, se hallan en un diálogo tenso con los intereses y conflictos políticos y sociales del presente[259].

---

257 Consultar síntesis de FUNARI P.P.A. y A. ZARANKIN (2006) *Arqueología de la represión y la resistencia en América Latina 1960-1980*; Encuentro Grupo Editor, Córdoba.
ZARANKIN, A. y M. SALERNO (2008) "Después de la tormenta: Arqueología de la represión en América Latina"; *Complutum* 19(2), pp.21-32.
ZARANKIN, A.; SALERNO, M. y PEROSINO, M.C. (2012) *Historias desaparecidas: arqueología, memoria y violencia política*; Encuentro Grupo Editor y Universidad Nacional de Catamarca, Córdoba.

258 Para profundizar en los distintos tipos de investigaciones emprendidas por la arqueología en Argentina y en el contexto latinoamericano mayor se puede consultar: ZARANKIN, A. y M. SALERNO (2008) op. cit.

259 TRIGGER, B. (1994) *Historia del Pensamiento Arqueológico;* Editorial Crítica, Madrid.
GNECCO, C. (2004) "La indigenización de las arqueologías nacionales"; en POLITIS G. y R. D. PERETTI (Eds.) *Teoría arqueológica en América del Sur*, INCUAPA, UNICEN, pp.119-128. / GNECCO, C. (2006) "Territorio y alteridad étnica: fragmentos para una genealogía"; en GÓMEZ, D. H. y PIAZZINI SUÁREZ (Eds.) *(Des) territorialidades y (NO) lugares: procesos de configuración y transformación social del espacio*; La Carreta Editores E.U., Medellín, p. 221-246. / GOSDEN, C. (2001) "Postcolonial archaeology: issues of cultural, identity, and knowledge"; en I. HODDER (Ed.) *Archaeological theory today*; Polity Press, Cambridge, pp.241-261. / HODDER, I. (1992) *Theory and practice in archaeology;* Routledge, Londres.

En segundo lugar, pensar la práctica arqueológica inserta en el presente promovió el involucramiento de muchos arqueólogos con las comunidades donde trabajaban: participación en las diputas por reconocimiento de tierra en comunidades indígenas y campesinas; defensa de lugares sagrados o patrimonios culturales locales; construcción de museos locales con participación comunitaria tanto en la gestión como la creación de la narración del pasado; entre varios otros[260]. Así la arqueología entró en un diálogo fluido y más simétrico con los pobladores locales donde trabajaba.

La arqueología, en el caso del estudio del pasado reciente vinculado con la última dictadura militar (historia signada por la violencia y el dolor que quiso ser ocultada y borrada de la memoria colectiva por quienes la propiciaron) se transformó en una herramienta eficaz que permitía no sólo comprender y analizar los mecanismos represivos utilizados, sino que también, junto con los relatos orales de los sobrevivientes y testigos, posibilitó visibilizar las voces, percepciones y vivencias de quienes pasaron por esos lugares e incluso de quienes fueron asesinados allí[261].

Halbwachs[262], en su ya clásico ensayo sobre la memoria colectiva, señalaba que el entorno material lleva al mismo tiempo nuestras marcas y las de los otros. En ese sentido observó que no existe ninguna memoria colectiva que no se desarrolle en un marco espacial. En el espacio, según este autor, nuestras impresiones se suceden unas a otras. En arqueología diríamos que conforman verdaderas estratigrafías[263]; capas que se sedimentan unas sobre

---

[260] Un panorama sobre ésta temática en el caso de Argentina pude ser leída en: JOFRÉ, C. (2010) *El Regreso de los Muertos y las Promesas del Oro. Patrimonio Arqueológico en Conflicto*; Encuentro Grupo Editor y Universidad Nacional de Catamarca, Córdoba.

[261] BIANCHI, S. (dir.) (2008) *El Pozo (Ex Servicio de Informaciones). Un Centro Clandestino de Detención, Desaparición, Tortura y Muerte de personas de la ciudad de Rosario, Argentina. Antropología política del pasado reciente*; Ed. Prohistoria, Rosario. / COMPAÑY, G. (2009), *Del* pars pro Todo *a la puesta en duda que instala la intemperie. Un hacer arqueológico en un centro clandestino de la ciudad de Rosario El Pozo (1976-1979)*; Ed. Sol en Turín, Buenos Aires.

[262] HALBWACHS, M. (2004) [1950], *La Memoria Colectiva*; Ed. Prensas Universitarias de Zaragoza.

[263] CARANDINI, A. (1997) "Historias en la tierra. Manual de excavación arqueológica"; Traducido por X. Dupré Raventós; Crítica (Grijalbo Mondadori), Barcelona.

otras y narran la apropiación que la gente realizó de ese espacio en el pasado. De esta manera, como bien lo señala Halbwachs[264], que centró su mirada en la relación entre memoria y cultura material, nada permanece en nuestro espíritu y no sería posible comprender o recuperar nuestro pasado si no se conservase en el medio material que nos rodea. Los vestigios materiales con los que la arqueología trabaja y hace visible por medio de sus técnicas, cobran en este contexto una relevancia fundamental en tanto la memoria puede ser reinscripta en ellos, pasando a configurar verdaderos monumentos de ese pasado y de un presente en continua resignificación y disputa.

En Córdoba, la arqueología realizada sobre este período histórico se vinculó principalmente a dos modalidades de intervenciones[265]. Por un lado, la excavación y prospección de áreas para la identificación y recuperación de personas desaparecidas[266]. Por el otro, la recuperación y reconstrucción de los lugares que funcionaron como centros clandestinos de detención, tortura

---

[264] HALBWACHS, M. (2004) [1950] Op. cit.

[265] En muchos casos estas se dieron de manera simultánea. Estas dos modalidades coinciden con las descripciones realizadas por ZARANKIN *et al.* (2012, op. cit.) para caracterizar a nivel general los tipos de arqueología de la represión realizados en Argentina.

[266] Para ampliar sobre los aportes de la arqueología al ámbito forense consultar: SOMIGLIANA, M. (2012) "Materia oscura. Los avatares de la antropología forense en Argentina"; en ZARANKIN, A.; SALERNO, M. y M.C. PEROSINO (Eds.) *Historias desaparecidas: arqueología, memoria y violencia política;* Encuentro Grupo Editor y Universidad Nacional de Catamarca, Córdoba, pp.25-34. Algunos ejemplos de Córdoba son: a partir del año 2001, a pedido de la Justicia se inician investigaciones y excavaciones, realizadas por el Equipo Argentino de Antropología Forense (EAAF) en calidad de perito, con la participación de arqueólogos del Museo de Antropología de la FFyH-UNC y estudiantes avanzados de la Escuela de Historia de la misma Facultad, en el Cementerio Municipal de San Vicente. Dando lugar al hallazgo de la fosa común más grande, asociada al terrorismo de Estado, que se ha excavado en nuestro país con métodos arqueológicos (EQUIPO ARGENTINO DE ANTROPOLOGÍA FORENSE 2005, *Cementerio San Vicente. Informe 2003*; Ferreyra Editor). Asimismo, se inició una serie de prospecciones para la búsqueda de fosas de enterramiento clandestino en el campo militar La Perla y más recientemente en el predio de la ex prisión militar La Ribera. Se promovieron convenios entre el Equipo de Arqueología Pública del Museo de Antropología, el Equipo Argentino de Antropología Forense (EAAF) y la Justicia Provincial para el análisis de cuerpos que pudieran aparecer en las distintas actividades de rescates realizadas por el equipo del Museo en distintas áreas de la provincia (FABRA, M. I. ROURA GALTES, M. ZABALA (2007) "Reconocer, recuperar, proteger, valorar: prácticas de arqueología pública en Córdoba"; *Número especial de Pacarina, Revista de Arqueología y Etnografía Americana* I, pp.329-333).

y exterminio y que se van conformando como Sitios de Memoria[267]. En relación a esta última modalidad, podemos mencionar las intervenciones que tuvieron lugar durante 2006 llevadas a cabo por un equipo de arqueólogos, antropólogos sociales, artistas y museólogos del Museo de Antropología en el relevamiento de los grabados dejados por los detenidos en el ex D-2, actual APM[268]. Como resultado de dicha labor se confeccionó un informe de las inscripciones (donde se recuperaron nombres, fechas y distintas expresiones) y se montó la muestra "Memorias en los Muros"[269]. En este mismo sitio se realizaron a su vez excavaciones en uno de los sótanos con el objetivo de la recuperación de documentos de la época que pudieran haber quedado ocultos. Además, se lograron identificar, junto al trabajo con sobrevivientes, marcas en los pisos que permitieron determinar algunos de los lugares por donde pasaron los detenidos y que eran mencionados en los relatos de quienes estuvieron presos en ese lugar. Arqueólogos del Museo de Antropología también intervinieron en el Espacio para la Memoria y la Promoción de los derechos

---

267 Durante el año 2006 la Legislatura Provincial de Córdoba promulga la "Ley de la Memoria" nº 9286. En función de la misma se crean la Comisión y el Archivo Provincial de la Memoria (APM). En el 2009 y en el 2010 respectivamente, abren sus puertas el Espacio para la Memoria y la Promoción de los DD.HH. en el ex CCD La Perla y Sitio de Memoria ex CCD La Ribera. A partir de la creación de la Ley se da entonces un proceso de recuperación, señalización, estudio y puesta en valor de estos espacios y otros que también fueron parte del circuito represivo de la provincia de Córdoba tales como Casa de Hidráulica y, como desarrollaremos más adelante, el Puesto Caminero de Pilar.

268 De esta intervención se expuso un trabajo en las Jornadas Relieves de la Memoria de 2010 organizada por el Archivo Provincial de la Memoria. El equipo del cual fuimos participantes, fue dirigido por Andrés Laguens y Mirta Bonnin.

269 Para el análisis de las expresiones gráficas conservadas en los calabozos del patio trasero del edificio se usaron técnicas de registro y relevamiento de arte rupestre, para luego analizar los datos en el laboratorio. En los calabozos, primero se cuadricularon imaginariamente las paredes con un sistema de coordenadas en filas y columnas para poder ubicar espacialmente cada inscripción. Luego se fotografió cada cuadrícula, tratando de que la fotografía poseyera superposición con las cuadricula lindantes para poder reconstruir luego digitalmente un mosaico fotográfico de la pared entera. Además, de cada cuadrícula se realizó un calco de las inscripciones mediante un grafitado, una técnica que consiste en pasar un grafito sobre un papel de manteca en el que se imprime el relieve de las inscripciones; de este modo se recuperan otros graffiti que no se ven a simple vista. Las inscripciones que podían leerse directamente también fueron registradas en fichas y en una libreta de campo. En el laboratorio se procedió a armar el mosaico fotográfico de las paredes. Sobre éste, se aplicaron diferentes filtros de colores, sombras, contraste o relieve, con el fin de que resaltaran inscripciones que no podían observarse en el lugar o directamente sobre la foto.

humanos ex CCD La Perla[270]. En este caso se llevó a cabo el relevamiento de huellas en los muros, identificándose rastros de sangre en paredes, o marcas que permitieron comprender a nivel espacial el funcionamiento del lugar. Algunas otras acciones se trataron de excavaciones en otros centros de la ciudad como son el "Departamento 2" (D-2) de Mariano Moreno y Caseros y, peritajes en la Casa de Hidráulica, camino a la ciudad de Carlos Paz. El trabajo emprendido en el ex CCD "Puesto Caminero de Pilar" se enmarca dentro de esta última modalidad de intervención arqueológica.

Luchas por sentidos sobre "El Puesto Caminero de Pilar": borrar vs. visibilizar lo ocurrido

Detrás del Cabildo de Córdoba, en el Pasaje Santa Catalina, funcionó entre los años 1974 y 1978, el Departamento de Informaciones de la Policía de la Provincia de Córdoba (D-2). Por este centro pasaron unas 1000 personas (Archivo Provincial de la Memoria de Córdoba). En los años previos a la última dictadura militar, el D-2 se transformó en el nexo entre el ejército y la policía. A partir de 1976 se convirtió en una estructura propia dentro de la policía con autonomía para ejecutar tareas represivas respondiendo al Tercer Cuerpo de Ejército que comandara Luciano Benjamín Menéndez. A diferencia de otros centros, como el caso de La Perla, el D-2 funcionaba a la vista de todos, a escasos metros de la plaza central de la Ciudad de Córdoba (San Martín). Además este centro no alojaba a detenidos-desaparecidos por mucho tiempo sino que, como lo indican diferentes testimonios de sobrevivientes, se lo utilizaba como lugar de interrogatorio y tortura. Luego, los secuestrados eran distribuidos a los CCD como La Perla, La Ribera o Hidráulica o bien se los "legalizaba" trasladándolos a las cárceles del servicio penitenciario[271].

---

270 La intervención estuvo a cargo de Andrés Laguens.
271 COMISIÓN PROVINCIAL DE LA MEMORIA (CPM) Y ARCHIVO PROVINCIAL DE LA MEMORIA (APM) (2009) *Catálogo de Centros Clandestinos de Detención en Córdoba*; CPM y APM, Córdoba; [http://www.apm.gov.ar/sites/default/files/centros_clandestinos.jpg.pdf] Consultado el 2/10/2013.

Vinculados y dependientes del D-2 existían en este momento, en zonas aledañas a la ciudad, otros centros de menor envergadura. Tenían las mismas características que mencionáramos en el párrafo anterior para el D-2. A esta red se la conoce como el "circuito del D-2". Entre ellos se hallaba el CCD "La escuelita de Pilar", ubicado en la localidad de Pilar a unos 40 km al sur-este de la ciudad de Córdoba. Antes de la última dictadura militar, este lugar funcionaba como un puesto caminero de la Policía de la Provincia. El mismo se halla justo traspasando el puente que divide las ciudades de Río Segundo y Pilar, a la vera de la Ruta Nacional N°9 (Figura 1).

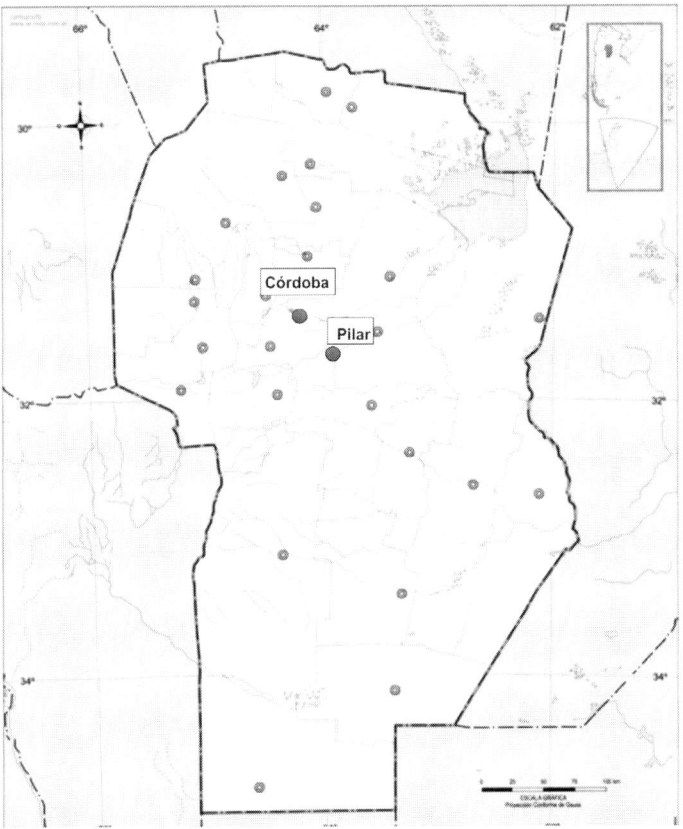

(Fig.1) Ubicación del ex CCD "Puesto Caminero de Pilar" en la pcia. de Córdoba.

A diferencia de los otros "Sitios de Memoria" presentes en la ciudad de Córdoba y alrededores, la casa que fuera utilizada como CCD sufrió, desde el advenimiento de la democracia, un proceso que va desde su demolición hasta la marcación como "lugar de memoria". Esta lucha simbólica que articuló disputas entre el municipio de la localidad, organizaciones de derechos humanos, familiares de detenidos-desaparecidos y otras personas de la localidad, será lo que posibilitará que esa ausencia-presencia material del CCD en la ciudad, convierta a una tapia y una plaza en símbolo no sólo de ese pasado sino de la lucha por la visibilización, en el espacio público de Pilar, de lo ocurrido. Pasaremos a contar esa historia y nuestra inserción en ella como arqueólogos.

De cómo llega a ser plazoleta de la memoria: marcando, desmarcando y volviendo a marcar

Con el retorno de la democracia (el año no está claro pero es al principio del período democrático), debido a que se conocía que en el Puesto Caminero de Pilar había funcionado un CCD, se erige al frente del mismo un monolito en memoria a los desaparecidos. Pocos días después, el monolito fue destruido y arrancado por orden del Municipio y arrojado a la vera del río. Este será el primer hecho, en democracia, donde se observe una lucha entre la visibilización e invisibilización de este lugar como espacio de memoria.

La casa seguirá en pie hasta el año 2007. Durante ese tiempo sigue funcionando como dependencia policial, hasta que es abandonada. Posteriormente, comienza a vivir en ella una familia llegada desde Córdoba. Hay una denuncia del Municipio por usurpación de la misma. Es durante la intendencia de Orlando Cascú, en el año 2007, que llega una orden judicial de desalojar y derribar el edificio donde funcionó el "Puesto" caminero. Se produce el desalojo violento de la familia que habitaba la casa y se la demuele en su totalidad; sólo queda en pie el muro perimetral sur del lugar (una tapia) y parte de los cimientos, aunque invisibles en superficie (Fig.2). Antes de la demolición existían pedidos por parte de algunos familiares y pobladores del lugar de frenar el acto y reconocer al espacio como patrimonio histórico y recuperarlo como parte de la memoria local. La Intendencia promueve su demolición con el pretexto de que en el lugar se "juntaban indigentes y generaba un problema de inseguridad"[272].

Este hecho catalizó que en 2008 se conformara la Comisión de la Memoria de Pilar y Río Segundo (localidad vecina). La propuesta es iniciada por una institución escolar pública, La Escuela "Juan Bautista Bustos", que solicita al Consejo Deliberante del Municipio de Pilar que se conforme el espacio donde estaba el CCD como una plazoleta de la memoria. El 24 de marzo del mismo año se inaugura la "Plaza de la Memoria" realizándose un acto colectivo con diferentes organizaciones e instituciones, reconociendo al lugar como espacio recuperado. El muro en pie quedará integrado como parte de la plaza, conformará el límite sur de la misma; funcionando de medianera con una casa que se halla al lado de la plazoleta (Figura 3). En el caso de los cimientos presentes en la subsuperficie, tapados por el pasto y la tierra utilizada para nivelar el espacio, quedaron casi completamente invisibilizados. Esto produjo que se dudara de que existieran aún restos de éstos.

(Fig.2) La casa y su demolición.

---

272 DÍA SIETE, "Desalojo y Demolición de una Construcción". Edición 20/03/2007, p.3.

Por otro lado, dada la inexistencia de planos de la época, la ausencia de la estructura misma, además de pocas referencias testimoniales, la estructuración del centro en el momento de funcionamiento no estaba clara y aún no lo está. Volveremos más adelante sobre este aspecto. Este espacio empieza así a funcionar como plaza. En tanto tal, se instala un mástil y se colocan una serie de bancos de material. El límite oeste de la plaza es delimitado mediante postes de madera que la separan de la banquina de la ruta (Fig.3).

(Fig.3) Plazoleta de la memoria.

Apropiación de la plaza y marcas de la memoria: la tapia deviene en símbolo de lucha y rememoración

Desde la inauguración del espacio como plazoleta de la memoria, el lugar es fuertemente apropiado por algunos sectores de la comunidad: por diferentes organizaciones de derechos humanos, por alumnos y maestras de la escuela y, también, por familiares del único desaparecido que se conoce hasta el momento en Pilar: Luis Oscar "Oso" Bonfanti[273]. Al inaugurarse la plazoleta, la familia de Bonfanti coloca un monolito recordatorio casi en el centro de la plaza, junto al mástil (Fig.4). Este monolito, el mástil y el muro son los objetos más visibles de la plaza, en tanto la misma no posee grandes árboles, ya que sólo recientemente se han plantado algunos que están creciendo lentamente.

(Fig.4) Memorial de la familia de Bonfanti.

A medida que este lugar comienza a funcionar como plazoleta y espacio de memoria, el muro en pie (la tapia) va adquiriendo cada vez más relevancia. En primer lugar, el muro será la única materialidad visible del centro. Pero a la vez, paulatinamente se irá convirtiendo en símbolo de la lucha por retener este espacio en la ciudad de Pilar como "lugar de memoria". Esta lucha se hace visible en diferentes momentos y situaciones.

Dada la alta visibilidad del muro, muy observable por aquellos que transitan hacia la ciudad de Córdoba por la ruta nacional N°9 –que se compone principalmente de camiones-, empresas dedicadas a la pintura de carteles publicitarios, pintaron la pared con carteles de marcas de repuestos o casas de ventas de repuestos. En las dos ocasiones que ocurrieron estos hechos, la Comisión debió movilizarse para señalar a los dueños de la empresa que era un espacio de la memoria, que no podía pintarse y que debían repintarlo. En

---

273 Desaparecido el 14/08/76.

general el muro volvía a ser pintado de blanco. Hasta ese momento el muro no tenía en sí algo que indicara su condición de monumento.

El muro en pie, a medida que se van sucediendo las distintas actividades que se llevarán a cabo a lo largo del año y de los años en el lugar, se va a convertir en el centro articulador de las diferentes intervenciones realizadas en la plazoleta. Si bien en muchas otras plazas el mástil suele ser el eje articulador del espacio para actos, en este caso, lo será más el muro. Si uno participa de los actos que se realizan en el lugar, en general siempre se lo va a tener de fondo: los abanderados de las escuelas participantes se colocaran de espaldas a éste y los micrófonos durante el acto serán ubicados delante de él. El espacio de la plazoleta, también fue utilizado como lugar de rememoración por la familia de Bonfanti y otras personas que suelen dejar, en distintas épocas del año, flores junto al monolito (ver Fig.4).

La Comisión por la Memoria de Pilar y Río Segundo, junto a algunas escuelas de Pilar, suelen realizar diferentes actos en el lugar a lo largo del año, tales como los actos del 24 de marzo, el festival por la memoria y también actividades con alumnos: por ejemplo, plantación de árboles en memoria de los desaparecidos, entre otras actividades que se realizaron sobre el muro y que describiremos más adelante.

La plazoleta es un espacio que, además de haber sido fuertemente significado como espacio de memoria, se lo reconoce como espacio recreativo, puesto que si uno visita el lugar suelen observarse niños jugando en ella.

Incorporándonos: "los arqueólogos" y las marcas de la memoria en el Puesto Caminero de Pilar

Aproximadamente en el año 2009, la Comisión de Pilar y Río Segundo, se entera de un proyecto del municipio de mejoramiento de la entrada a la localidad y construcción, en terrenos aledaños a la plazoleta, de una rotonda de acceso. Desde ese momento comienza a existir una nueva preocupación.

Dado que se necesitaba un espacio mayor del que existe para realizar tal obra, la comisión temía que la plazoleta corriera peligro.

La demolición del lugar en el 2007 por parte del municipio, a pesar de los reclamos, sentaba dudas sobre la conservación de la misma. Por esto la Comisión recurre al Archivo Provincial de la Memoria (APM), quien había estado involucrado en la declaración de este espacio como "sitio de memoria", además de ser la autoridad de aplicación de la "Ley de memoria" provincial. La intención de la Comisión fue marcar de manera más visible a este lugar como sitio de memoria, ya que hasta ese momento existía como marca más visible, el monolito antes descrito, así como un cartel a unos 100 metros del lugar que indicaba la existencia tal sitio.

Dicha Comisión le propone al APM hacer en el lugar un monolito del estilo del que plantea la Red Federal de Sitios de la Memoria dependiente del Archivo Nacional de la Memoria (Secretaría de Derechos Humanos de la Nación). El proyecto realizado ocupaba gran parte de la plazoleta, por lo que el lugar se vería alterado completamente en su uso como plaza. Desde el APM, ante la consulta de la Comisión sobre las posibilidades de intervención en el lugar para su mayor visibilización, se convoca a un grupo amplio de actores para colaborar en pensar cómo conservar y visibilizar este espacio[274]. Es en este marco en el que se nos invita a participar como arqueólogos. En primera instancia, la invitación fue para que contáramos la experiencia de intervención en el ex CCD D-2. En ese sentido, nuestra participación al principio se da como "consultores", podríamos decir de orden más "técnico". Las preguntas realizadas entonces giraron en torno a cómo conservar lo que quedaba en pie, la posibilidad de excavar y detectar la presencia de los cimientos que hubieran quedado desde la demolición y, en caso de su existencia, la excavación y visibilización de los mismos.

---

274 Cátedra de Estrategias de Intervención Comunitaria de la Facultad de Psicología, Cátedra de trabajo Social Comunitario de la Escuela de Trabajo Social, tesistas de la Facultad de Arquitectura (UNC); Arqueólogos del Museo de Antropología. Archivo de la Memoria. Comisión de la Memoria Pilar-Rio Segundo; Establecimientos educativos de la zona; Artista por la Secretaría de DD.HH. de la Nación.

En este marco, es que el APM y la Comisión de Pilar-Río Segundo organizan a fines de 2010 un encuentro taller: "Relieves de la Memoria". Esta jornada reunió a miembros de distintos equipos de arqueólogos y antropólogos que colaboran en Sitios de la Memoria de Córdoba y el país (ex CCD Mansión Seré, de Morón; y ex CCD "El Pozo", de Rosario)[275]. En nuestro caso, expusimos los trabajos realizados en el ex CCD D-2. En el taller, no sólo se expusieron los distintos recorridos transitados por cada grupo en los diferentes Espacios de Memoria donde trabajaban, sino que se discutió entre los participantes acerca de las posibles acciones y sus implicancias respecto de la visibilización e intervención en los restos de los cimientos que se hubieran conservado en subsuperficie. También se realizó una intervención en la plazoleta, se colocó una flor roja confeccionada de papel celofán, caño y alambre. La flor era gigante tenía unos 4 m de alto. Esta fue confeccionada luego del taller, donde participamos todos en el armado y luego fue sujetada en el mástil de la plaza, por lo que no sólo fue en memoria de los desaparecidos, sino que también marcaba el trabajo colectivo realizado por los participantes del taller en la visibilización del espacio. De esta manera, todos los que participamos del evento, intervenimos en una nueva acción de marcación por parte de la comunidad de este lugar.

Los debates iniciados en dicha Jornada se han prolongado durante el transcurso del 2011 y 2012. Durante encuentros periódicos (cada 15 días) y puestas en común entre los distintos actores involucrados y sus aportes interdisciplinares e interinstitucionales, se fueron abordando las inquietudes allí esbozadas. La participación de "los arqueólogos"[276] en este espacio se dio en

---

275 Ambos equipos poseen particularidades específicas, el caso de Mansión Seré estuvo enfocado en recuperar objetos, restos, acciones y espacios que dieran cuenta del CCD ahora destruido, ver: DI VRUNO, A., A. DIANA, V. SELDES, M. T. DE HARO, J. DOVAL, P. GIORNO Y L. VÁZQUEZ (2008) "Arqueología en un centro clandestino de detención. El caso Mansión Seré –Atila"; en M.T. CARRARA (comp.) *Cambio y Continuidad Cultural en Arqueología histórica*; Escuela de Antropología, Fac. de Humanidades y Artes, Rosario, pp.220-225. En la otra experiencia, si bien se realizaron trabajos arqueológicos vinculados a la recuperación de inscripciones en los muros, se concentró en la construcción de los relatos sobre el lugar de una manera dialógica. Para más detalles BIANCHI, S. (2008) op. Cit.

276 Así es como se nos denominaba cundo se refería a nosotros en dichas reuniones. Estaban también la "gente de las cátedras", los del "archivo", la "comisión" y la "escuela". En este sentido nuestra participación era una más de otras, en un plano más técnico.

dos planos. Primero, vinculado a cómo intervenir museográficamente el lugar, con el objetivo de seguir visibilizando la plazoleta de la memoria; y segundo, sobre la reconstrucción de la dinámica de funcionamiento del espacio en el momento considerado, en tanto existían hasta el momento muy pocos registros y testimonio; lo que hacía difícil construir una narrativa. A nivel museográfico, el espacio era complejo, en tanto plaza no existía un lugar o espacio para construir muestras en salas, como sí lo hacían otros centros, o realizar, como en el caso del D-2, visitas guiadas por sobrevivientes. Tampoco existía la posibilidad ni las condiciones de construir un espacio techado en dicho lugar.

En el momento en que se nos invitó, optamos por participar y aceptar en parte el rol más técnico que desde el archivo y la Comisión se nos otorgó. En cierta forma cumplíamos el rol de "expertos". Ciertas posiciones dentro de la arqueología y principalmente aquellas donde se interviene activamente en las comunidades donde se trabaja, ya habían discutido en parte la implicancia de la figura del "experto", figura que fagocita y se impone sobre otras formas de conocimientos o proceso de construcción y narración del pasado[277]. En ese sentido, nos incomodaba ocupar este rol, por lo menos al principio. A medida que transcurrió la relación y nuestra participación en ella, también comprendimos que la comunidad -en este caso la Comisión, las maestras de las escuelas, etc.- no desconocía el rol institucional y de autoridad que la disciplina construyó a lo largo de los años. Pero tampoco desconocían que la arqueología podía ser utilizada como combustible de lucha y legitimación en el espacio local de la plazoleta, como espacio de la memoria[278]. Por ende,

---

[277] Un análisis interesante sobre la relación entre estar autorizado para hablar y tener autoridad para hablar puede ser leído en: BOURDIEU, P. (1991) ¿Qué Significa Hablar? Economía de los Intercambios Lingüísticos; Akal, Madrid. Para el caso de la arqueología en un CCD, el libro de Compañy (2009) op. cit. lo muestra claramente.

[278] Un caso interesante es el artículo de: QUESADA, M. N. (2009) "Discursos cartográficos y territorios indígenas en Antofalla"; Intersecciones en Antropología 10: pp.155-166. En este trabajo el autor analiza lo que fue la conformación de la comunidad indígena de Antofalla (Catamarca, Argentina), donde ésta le pide que confeccione el mapa de su territorio, que el estado le pide para reconocerla como comunidad originaria. Este autor produce un rico análisis sobre su rol como mediador autorizado entre la comunidad y el estado. Y cómo en el proceso de hacer el mapa, se tensionan y contraponen sentidos locales y globales, e incluso epistemologías locales de vivir el territorio y la epistemología universal que implica hacer un mapa.

luego comprendimos que era ese el lugar "esperado" de nuestra participación en dicho proyecto.

En virtud de la preocupación por parte de la comisión y las escuelas por hacer cada vez más visible la plazoleta en el espacio de la ciudad de Pilar, acordamos en realizar una nueva intervención, esta vez directamente sobre el muro. Recordemos las sucesivas pintadas del muro por parte de empresas de propagandas y las sospechas de que con la ampliación de la entrada del pueblo este lugar podría dejar de existir o transformarse sólo en una placa junto a una rotonda. Desde el punto de vista museográfico, propusimos intervenir una parte del mismo con una obra de arte y dejar otro visible sin alterarlo. La Comisión propuso que fuera un trabajo colectivo donde participaran principalmente los niños y los jóvenes alumnos de la escuela[279].

Un artista de la Secretaría de Derechos Humanos de la Nación, junto a miembros de la Cátedra de Trabajo Social Comunitario (Escuela de Trabajo Social de la Universidad Nacional de Córdoba) y, maestras de la escuela "J.B.Bustos" realizaron un taller con alumnos. La actividad consistió en que estos pintaran en cuadritos de madera algo alegórico a lo que había ocurrido en el lugar. Lo sucedido durante la dictadura militar en ese espacio conformaba parte de lo trabajado en las aulas por las maestras. Luego el artista compiló en un marco de metal todos eses cuadritos que se trasformarían en una especie de narrativa visual contada por los alumnos acerca de tales sucesos. Este gran marco de más de dos por dos metros se empotró en el muro y se inauguró con un acto conmemorativo (Fig.5). La plaza y específicamente el muro, con la incorporación de la obra, recibió otra capa de sentido y marcación. Desde un punto de vista arqueológico, si pensamos en la historia del muro, en estos pocos años desde la demolición del CCD en 2007, se puede decir que el muro posee una verdadera estratigrafía de marcaciones y desmarcaciones, lo mismo que la plaza.

---

[279] El hacer cosas "todos juntos", tal como fue la fabricación de la flor, se repetirá a lo largo de las sucesivas intervenciones en las que hemos participado. Probablemente esto se vincule con otorgar mayor fuerza simbólica a la visibilización de este espacio.

En relación a nuestra otra tarea de ayudar a conocer la circulación y dinámica del espacio, aún se tienen vacíos de información. Si bien existen algunos testimonios de testigos o sobrevivientes, así como algunas fotografías del momento de la demolición de la casa en 2007, detalles sobre su funcionamiento específico (lugares de tortura, calabozos, etc.) queda aún por resolver.

(Fig.5) Obra artística que intervino el muro.

En 2011 se consigue un plano del puesto caminero que poseía la Policía Provincial, y realizamos un trabajo arqueológico de relevamiento superficial para observar la presencia de los cimientos en la plazoleta. De esto se pudo obtener un plano de aquellos cimientos que aún se conservan y se lo superpuso con el plano de la policía. La elaboración de la plani-altimetría de los cimientos y el muro[280] y su comparación con algunos testimonios que

---

[280] Del relevamiento participaron las tesistas de la Facultad de Arquitectura: Virginia Arruti y Ana Lucía Oses y el artista Matías Lozada de la Secretaría de Derechos Humanos de la Nación.

señalan al Puesto como un edificio de pequeñas dimensiones, con un patio al costado y un portón de acceso al lugar, trajeron preguntas sobre cómo era específicamente este centro en el momento de su funcionamiento (Fig.6). En el relevamiento se halló uno de los pilares que habría sido parte de la entrada señalada por los testigos, así como también se identificó el área que pertenecería al patio. De todas maneras, si se comparan algunos de los relatos con el plano, la cimentación muestra una edificación más compleja y más grande que la señalada por algunos testigos. Esto está en pleno proceso de análisis en la actualidad. Al terminar de elaborar el plano, en la reunión siguiente con todo el grupo -no sólo interdisciplinario sino interinstitucional, sumado a la participación de alumnos de distintos años escolares- se lo puso a consideración.

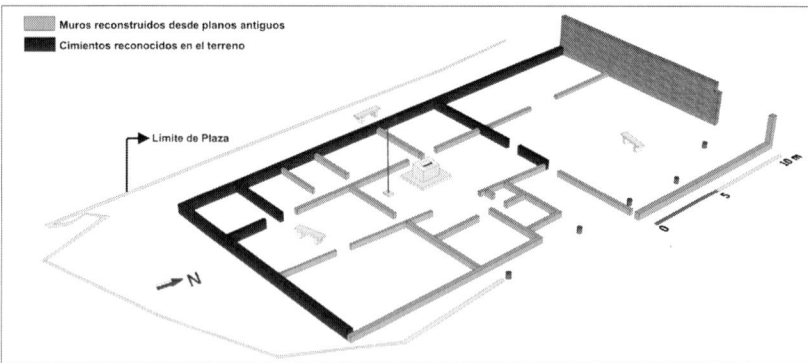

(Fig.6) Plano de reconstrucción del ex CCD "Puesto Caminero de Pilar".

Un ejemplo de los interrogantes surgidos en la puesta en común fue que si los cimientos aún conservados cubren casi toda el área de la Plaza, la excavación podría modificar completamente el lugar. En este sentido emergieron preguntas sobre qué visibilizar de ese espacio y qué no; cómo hacerlo sin alterar la dinámica entablada por la comunidad con la plazoleta, entre otras. Y por otro lado coincidíamos que hacía falta conocer más de la dinámica del centro. En dicha reunión se optó por realizar una actividad en el próximo festival de la memoria, que se realizaría en 2012, en la que se hiciera partícipe al resto de la comunidad. A través de la confección de una postal utilizando una imagen de la casa aún en pie, recuperada recientemente de las filmaciones realizadas durante la demolición del año 2007, se realizaba la siguiente pregunta: "¿sabe qué ocurrió en esta casa?". En la postal existían unos renglones en blanco donde las personas podían escribir lo que pensaban. Con esta acción se pretendía propiciar el involucramiento de otros sectores de la comunidad en la reconstrucción activa del sitio. El modo colectivo como forma de recuperar, visibilizar y conservar este lugar como "espacio de memoria", emerge otra vez.

Una semana antes de la realización del mencionado festival, el juzgado de Río Segundo dicta una orden de desalojo de la casa vecina a la plazoleta. El muro conforma la medianera entre la vivienda a ser desalojada y la plazoleta. En un acto violento, al mismo tiempo que el municipio desaloja a la familia, demuele la casa y, con ello también el muro (Fig.7). Antes de la demolición desmonta la obra de arte y se la lleva al corralón municipal. Aquellas sospechas que tenían los miembros de la comisión se vuelven realidad, el muro queda derrumbado, mezclado con los escombros de la vivienda lindera. En el mismo instante del derrumbe algunos miembros de la comisión e integrantes de algunas cátedras de la UNC que se hallaban en el lugar, realizan una "cadena humana" para que al menos quedara parte del muro. No lo logran y las topadoras lo destruyen.

La destrucción final del muro es un acto, al igual que aquel realizado al inicio de la democracia con el monolito y la demolición de la casa en 2007, de invizibilización y desmarcación de este espacio. En este caso es aún mayor, si tenemos en consideración las sucesivas capas de sentido o estratigrafía que este muro poseía y que narráramos arriba. Pero por esto mismo, por el peso de sedimentos significativos que se fueron superponiendo unos a otros sobre esta tapia y la plaza, hubo una reacción contraria. Esta acción produjo la hipervisibilización de dicho espacio.

(Fig.7) Demolición del muro.

El repudio de lo sucedido no sólo se dio a nivel público a través de medios locales, sino que trascendió a los medios provinciales y nacionales[281]. El Municipio, luego de observar esta reacción en cadena y sabiendo que había destruido un monumento, está en proceso de acuerdo, no sólo para reconstruir en parte el muro, sino de que se integre a la plazoleta de la memoria el espacio vecino donde se encontraba la casa demolida. Esto está aún en proceso de desarrollo y la última marcación de este espacio fue el 24 de marzo de 2013 cuando, en un acto donde participaron miembros de la Secretaría de DD.HH de la Nación, autoridades locales, miembros de la Comisión, escuelas, el APM y quienes participaron del proyecto, se colocó un cartel de gran proporción en

---

281 El 2 de noviembre de 2012 en el diario Página/12 fue publicada una nota firmada por Adriana Meyer, en la que se describía lo sucedió en Pilar con el muro. El título de la nota se denominaba: "Arrasado por las topadoras". Este diario posee una distribución nacional.

el que figuran tanto los tres estandartes de memoria, verdad y justicia, como el plano confeccionado con los cimientos del muro -ahora derrumbado- y un texto narrativo sobre el lugar (Fig.8).

(Fig.8) Inauguración del nuevo cartel de la Plazoleta de la Memoria.

(Fig.9) Muro reconstruido en la plaza central de Pilar.

Materialidades que importan: arqueología, comunidad y luchas por sentidos del pasado

En el acto de fin de año que realizan en la plaza central de Pilar las distintas escuelas de la localidad, en el que se muestran las actividades escolares realizadas durante el año; los alumnos de la escuela local, junto con sus maestras, levantaron en una de las esquinas de la plaza el muro de la plazoleta de la memoria utilizando ladrillos de cartón –cajas- (Fig.9). Los cuadritos de madera que componían la obra retirada por el municipio, que adornaban el muro y contaban la historia ocurrida allí, ahora son de papel (como se observa en la fig.9). Las distintas actividades realizadas en la plazoleta durante todos estos años forman parte del muro; las fotos que las retratan están adosadas en cada uno de los ladrillos de cartón que componen el mismo. El muro cambió de componentes, tiene otros materiales; sin embargo es el mismo muro, en tanto conserva la potencia de significación, marcación y visibilización de aquel que fuera demolido: el de ser símbolo de ese pasado y de la lucha por los sentidos del mismo en el presente.

El muro de ladrillo ya no está en pie, casi ha desaparecido, sin embargo la desmarcación brutal que sufrió, en parte lo liberó de su especificidad material de tener que ser un muro de ladrillo anclado fijamente en una plaza. Esa liberación, no sólo le permitió conservar intacta toda su densidad de significado, esa estratigrafía que habláramos arriba que ahora forma parte de la materialidad misma del muro, sino que posibilitó que sea llevado a otros espacios del pueblo, a otras plazas; se volvió una especie de monumento móvil[282]. La materialidad del muro de la plaza, no sólo estaba dada por estar

---

282 Un discusión del concepto de monumento que se vincula con lo planteado aquí puede leerse en: CRIADO BOADO, F. (1991) "Tiempos megalíticos y espacios modernos"; *Historia y Crítica* 1, pp.85-108. En este artículo el autor señala que el monumento conforma un acto fundacional, un acontecimiento que se conforma en estructurador de prácticas futuras, al ser altamente visible y perdurable, está oriento hacia el futuro. Lo importante es la articulación que realiza el monumento entre el tiempo –pasado, presente, futuro- y el espacio haciéndose visible y duradero en uno y en otro. Cunado analiza el megalitismo europeo señala que una de las características de las tumbas megalíticas es precisamente ser monumento: construcción de grandes proporciones concebidas para resistir el tiempo, y ser visibles, resaltar del espacio circundante. En los Andes, las chullpas (tumbas sobreelevadas de grandes dimensiones) podrían ser interpretadas como monumentos, en tanto se inscriben visible y duraderamente en el paisaje; de esta forma, como

hecho de material no perecedero –ladrillo y cemento-, sino que también el continuo proceso de ir incorporándosele sentidos, produjo que se formara una verdadera estratigrafía, que terminó por aumentar y densificar su estructura hasta convertirlo en monumento[283].

Nuestra participación cómo arqueólogos "expertos", en este caso, es uno más de esos sedimentos. En este sentido, y a pesar de nuestro disgusto de tener que ser los "expertos", "los arqueólogos" (con todo lo que implica ocupar esa posición en el ámbito de la discusión en la arena arqueológica de hoy), nos permitió descentrarnos y, a la vez, descentrar la arqueología y la violencia disciplinar que la enmarca como sujeto único de enunciación del pasado. Al tiempo que la comunidad reconocía el rol de autoridad que esta disciplina tiene a la hora de luchar por sentidos del pasado y particularmente cuando se trata de restos materiales, logró "redisciplinar" esa violencia epistémica y reconvertirla en combustible para visibilizar ese pasado que se pretendió borrar. Así nos encontramos mudándonos de ese lugar donde la arqueología se sintió cómoda, donde lo arqueológico nada tenía que ver con el presente. Es por ello que sentimos que, como diría Compañy[284], estar a la "intemperie", quizá sea el mejor estado y situación desde donde abrir una posibilidad para entablar un diálogo productivo, sincero, útil y más simétrico con las comunidades locales y grupos sociales donde nos insertamos.

---

monumento originado en generaciones pasadas naturaliza la genealogía de las generaciones del presente. En este sentido los monumentos se trasforman en fuertes estructuradores de prácticas futuras. En el caso del muro aquí analizado, dichas características, no fueron concedidas como cualquier otro monumento por un evento inicial de fundación, si no que como hemos analizado se fueron adquiriendo paulatinamente, a través de un proceso de sedimentación de sucesivas marcaciones y desmarcaciones.

283 Para ver la relación entre sedimento y monumento se puede consultar la siguiente bibliografía: HABER, A. (2006) *Una Arqueología de los Oasis de Puna. Domesticidad e Interacción en Antofalla;* Ed. Jorge Sarmiento, Córdoba. / HABER, A. (2013) *La casa, las cosas, los dioses. Arquitectura doméstica, paisaje campesino y teoría local;* Encuentro Grupo Editor y Universidad Nacional de Catamarca, Córdoba. / GASTALDI, M. R. (2007) *Tecnología y Sociedad: Biografía e Historia Social de Las Palas del Oasis de Tebenquiche Chico*; Bar Internacional Series, Oxford. / GASTALDI, M. R. (2011) *Cultura Material, Construcción de Identidades y Transformaciones Sociales en El Valle de Ambato durante el Primer Milenio D.C.*; Tesis doctoral. Sedici, Universidad Nacional de la Plata, La Plata. Disponible http://sedici.unlp.edu.ar/handle/10915/5316

284 COMPAÑY, G. (2009) op. cit.

Agradecimientos

En primer lugar quiere agradecer la invitación a participar en este proyecto a toda la gente que trabaja en el Archivo provincial de la Memoria y a las personas que conforman la Comisión de la Memoria de Pilar y Río Segundo. Agradezco también a la directora del APM, Ludmila Catela da Silva, por su predisposición e interés. Especialmente estoy con Carina Tumini y Emiliano Salguero por contagiarme el entusiasmo (militancia) por el proyecto, además de estar siempre presentes. Carina Tumini aportó valiosos comentarios a una versión preliminar de este escrito. También va mi agradecimiento a los alumnos y docentes de las diferentes cátedras de la UNC que participan en el proyecto. Virginia Arruti, Ana Lucía Oses y Matías Lozada colaboraron en la realización de los planos del CCD. Gracias al Museo de Antropología –FFyH-UNC- por prestarme equipamiento para la realización del trabajo de campo. A Henrik Lindskoug y David Rosetto por sus acompañamientos y consejos al inicio del proyecto. Anahí Ginarte me facilitó bibliografía. Por último agradezco a Soledad Biasatti y Gonzalo Compañy por invitarme a participar de este libro. Todos ellos propiciaron lo bueno que pueda contener este trabajo, el resto es de mi exclusiva responsabilidad.

Bibliografía

BIANCHI, S. (dir.) (2008) *"El Pozo" (Ex Servicio de Informaciones). Un Centro Clandestino de Detención, Desaparición, Tortura y Muerte de personas de la ciudad de Rosario, Argentina. Antropología política del pasado reciente*; Prohistoria, Rosario.

BOURDIEU, P. (1991) *¿Qué significa hablar? Economía de los intercambios lingüísticos*; Akal, Madrid.

CALVEIRO, P. (2001) *Poder y desaparición. Los campos de concentración en la Argentina*; Colihue, Buenos Aires.

CARANDINI, A. (1997) *Historias en la tierra. Manual de excavación arqueológica*; Traducido por X. Dupré Raventós; Editorial Crítica (Grijalbo Mondadori), Barcelona.

CATELA DA SILVA, L. (2006) Las marcas materiales del recuerdo; *El Monitor* 6, Dossier: sin paginación, digital [http://www.me.gov.ar/monitor/nro6/dossier8.htm] Consultado el 2/10/2013

COMISIÓN NACIONAL SOBRE LA DESAPARICIÓN DE PERSONAS (CONADEP) (1984) *Nunca más. Informe de la Comisión Nacional sobre la Desaparición de Personas*; Ed. EUDEBA, Buenos Aires.

COMISIÓN PROVINCIAL DE LA MEMORIA (CPM) Y ARCHIVO PROVINCIAL DE LA MEMORIA (APM) (2009) *Catálogo de centros clandestinos de detención en Córdoba*; Colección: Territorios de memoria, CPM y APM, Córdoba; [http://www.apm.gov.ar/sites/default/files/centros_clandestinos.jpg.pdf] Consultado el 2/10/2013

COMPAÑY, G. (2009) *Del pars pro Todo a la puesta en duda que instala la intemperie. Un hacer arqueológico en un centro clandestino de la ciudad de Rosario El Pozo (1976-1979)*; Sol en Turín, Buenos Aires.

CRIADO BOADO, F. (1991) "Tiempos megalíticos y espacios modernos"; *Historia y Crítica* 1, pp.85-108.

DÍA SIETE "Desalojo y demolición de una construcción." Edición 20/03/2007, p.3.

DI VRUNO, A., A. DIANA, V. SELDES, M. T. DE HARO, J. DOVAL, P. GIORNO Y L. VÁZQUEZ (2008) "Arqueología en un centro clandestino de detención. El caso Mansión Seré –Atila"; en M.T. CARRARA (comp.) *Cambio y Continuidad Cultural en Arqueología histórica*; Escuela de Antropología, Fac. de Humanidades y Artes, Rosario, pp.220-225.

EQUIPO ARGENTINO DE ANTROPOLOGÍA FORENSE (EAAF) (2005) *Cementerio San Vicente. Informe 2003*; Ferreyra Editor.

FABRA, M. I. ROURA GALTES, M. ZABALA (2007) "Reconocer, recuperar, proteger, valorar: prácticas de arqueología pública en Córdoba"; *Número especial de Pacarina, Revista de Arqueología y Etnografía Americana*, I, pp.329-333

FUNARI P.P. y A. ZARANKIN (2006) *Arqueología de la represión y la resistencia en América Latina 1960-1980*; Encuentro Grupo Editor, Córdoba.

GASTALDI, M. R. (2007) *Tecnología y sociedad: biografía e historia social de las palas del Oasis de Tebenquiche Chico*; Bar Internacional Series, Oxford.

(2011) *Cultura material, construcción de identidades y transformaciones sociales en El Valle de Ambato durante el Primer Milenio D. C.*; Tesis doctoral, Sedici, Universidad Nacional de la Plata, La Plata; [http://sedici.unlp.edu.ar/handle/10915/5316]

GNECCO, C. (2004) "La indigenización de las arqueologías nacionales"; en POLITIS G. y R. D. PERETTI (Eds.) *Teoría arqueológica en América del Sur*, INCUAPA, UNICEN, pp.119-128.

(2006) "Territorio y alteridad étnica: fragmentos para una genealogía"; en GÓMEZ, D. H. y PIAZZINI SUÁREZ (Eds.) *(Des) territorialidades y (NO) lugares: procesos de configuración y transformación social del espacio*; La Carreta Editores E.U., Medellín, p. 221-246.

GOSDEN, C. (2001) "Postcolonial archaeology: issues of cultural, identity, and knowledge"; en I. HODDER (Ed.) *Archaeological theory today*; Polity Press, Cambridge, pp.241-261.

HABER, A. (2006) *Una arqueología de los Oasis de Puna. Domesticidad e interacción en Antofalla;* Ed. Jorge Sarmiento, Córdoba.

(2013) *La casa, las cosas, los dioses. Arquitectura doméstica, paisaje campesino y teoría local;* Encuentro Grupo Editor y Universidad Nacional de Catamarca; Córdoba.

HALBWACHS, M. (2004) *"La memoria colectiva"*; Prensas Universitarias de Zaragoza.

HODDER, I. (1992) *Theory and practice in Archaeology;* Routledge, Londres.

JOFRÉ, C. (Coord.) (2010) *El regreso de los muertos y las promesas del oro. Patrimonio arqueológico en conflicto*; Encuentro Grupo Editor y Universidad Nacional de Catamarca, Córdoba.

SOMIGLIANA, M. (2012) "Materia oscura. Los avatares de la antropología forense en Argentina"; en ZARANKIN, A.; SALERNO, M. y M. PEROSINO (Eds.) *Historias desaparecidas: arqueología, memoria y violencia política;* Encuentro Grupo Editor y Universidad Nacional de Catamarca, Córdoba, pp.25-34.

QUESADA, M. N. (2009) "Discursos cartográficos y territorios indígenas en Antofalla"; *Intersecciones en Antropología* 10; pp.155-166.

TRIGGER, B. (1994) *Historia del pensamiento arqueológico;* Editorial Crítica, Madrid.

ZARANKIN, A. Y M. SALERNO (2008) "Después de la tormenta: Arqueología de la represión en América Latina"; *Complutum* 19(2), pp.21-32.

ZARANKIN, A.; SALERNO, M. Y PEROSINO, M.C. (2012) *Historias desaparecidas: arqueología, memoria y violencia política;* Encuentro Grupo Editor y Universidad Nacional de Catamarca, Córdoba.

Capítulo 7
MEMORIA DE ELEFANTE: REFLEXIONES EN RELACIÓN AL PROCESO DE "RECUPERACIÓN" DEL MUSEO DE LA MEMORIA ROSARIO

por Cecilia Arias Morales[285] y Alejandra Ferreyra[286]

"(...) la historia está como siempre pletórica de edificantes corazonadas
pero en cambio los miserables suburbios de la historia
están llenos de albañales de frustración y letrinas de resentimiento
de cepos ideológicos donde se calumnia a los que luchan
de mezquinas envidias por el valor ajeno
de verdades que se fingen para tapar la verdad
(...)
la militancia también es
una memoria de elefante.[287]"

Mario Benedetti.

Introducción: tropezando con "la memoria" en el centro rosarino

Un paseo obligado para cualquier persona que decide pasar unos días en la ciudad de Rosario es la famosa calle Córdoba. Caminando desde el Monumento a la Bandera, ubicado a orillas del río Paraná, el visitante atraviesa la Plaza 25 de Mayo, deja atrás el Palacio de la Municipalidad y la Catedral, y sigue su recorrido paseando por la peatonal. Puede mirar los negocios, detenerse frente a alguna librería, tomar un café sentado al aire libre en algún bar, con un poco de suerte quizás con música en vivo de fondo. Unas

---

285 Escuela de Antropología, Universidad Nacional de Rosario (UNR). E-mail: arias_amc@hotmail.com
286 Escuela de Antropología, UNR. E-mail: an.ferreyra88@gmail.com
287 BENEDETTI, M. (1974) "Militancia"; *Inventario*, Editorial Alfa Argentina, Buenos Aires.

cuadras más y la peatonal se transforma en calle, ya suenan las bocinas de los autos y se ven más bancos y oficinas. Enseguida, el visitante se topa con otra plaza histórica, la plaza San Martín, que ocupa toda la manzana. Siguiendo por esa misma cuadra, encuentra la Facultad pública de Derecho, a menudo con carteles y afiches de agrupaciones políticas. En la vereda de enfrente, una casona afrancesada llama la atención. De aspecto señorial, posee unas prolijas y cuidadas paredes color manteca, ventanas angostas y altas, una galería abovedada, un amplio patio en la ochava con baldosas blancas y negras en forma de damero, también, desde la vereda, se ven unos canteros alargados con plantas y flores. La puerta principal es de hierro con arabescos y tiene grandes dimensiones. Para ingresar, hay que subir unas escaleras de mármol negro que llevan a un amplio hall, desde donde se pueden observar los bajorrelieves sobre algunas aberturas, una media cúpula, así como las distintas salas y pisos que la casa posee.

Esta casona del centro rosarino fue, durante la última dictadura cívico-militar argentina (1976-1983), la Sede del Comando del II Cuerpo de Ejército. Desde este lugar, se programó y ejecutó el plan sistemático de persecución, secuestro, tortura y exterminio de miles de personas en la región del Litoral. Hoy aquí se emplaza el Museo de la Memoria.

En este trabajo, nos proponemos reflexionar acerca de cómo el Museo de la Memoria ha resignificado ese espacio que hoy ocupa, tomando como punto de partida nuestra experiencia como voluntarias de la institución.

El Museo en su contexto espacial e histórico

El Museo de la Memoria de Rosario está ubicado en la intersección de las calles Córdoba y Moreno, en pleno centro de la ciudad, por donde circulan miles de personas todos los días. La casa de esta esquina cobra relevancia, además, por su entorno: ya dijimos que frente a ella se encuentra la Facultad de Derecho (ex Palacio de Tribunales) y la Plaza San Martín (Fig.1). Atravesando esta plaza, se halla el edificio en el que actualmente se ubica la Subsede de Gobierno de Santa Fe y distintas dependencias públicas, donde también está la Plaza Cívica, el Museo Provincial de Ciencias Naturales y un bar muy moderno. Desde su inauguración en 1916 y hasta el año 2003, en esta manzana se encontraba la Jefatura de Policía Provincial, donde funcionó, entre los años 1976 y 1979, el Centro Clandestino de Detención (CCD) más grande de la región, conocido como "Servicio de Informaciones" o "el Pozo"[288].

(Fig.1) Vista aérea: (1) Casa De Lorenzi, actual Museo de la Memoria, (2) Plaza San Martín, (3) Edificio de la ex Jefatura de Policía, actual Sede de Gobernación y "Plaza Cívica" (4) ex CCD "El Pozo". Imagen *Google Earth* 2013.

La casa que hoy es sede del Museo fue diseñada por Ermette De Lorenzi para sus padres y construida en 1928 junto al ingeniero José Spirandelli, por lo que recibió en ese primer momento el nombre de "La Casa de los Padres", destinada a reuniones y eventos sociales. Hasta la actualidad es reconocida por su valor patrimonial al igual que por el arquitecto que la diseñó[289] (Fig.2).

---

288 EQUIPO DE INVESTIGACIÓN POR LA MEMORIA POLÍTICO-CULTURAL [2008] (2009) *"El Pozo" (ex Servicio de Informaciones) Un centro clandestino de detención, desaparición, tortura y muerte de personas de la ciudad de Rosario, Argentina. Antropología Política del pasado reciente;* Ed. Prohistoria, Rosario.

289 AUSBURGER, A. C. (2003) "La vivienda individual, ¿un campo experimental?"; en EQUIPO DE INVESTIGACIÓN - RIGOTTI, A.M. (Dir.) *Ermette De Lorenzi. Ideas, lecturas, obras, inventos;* pp.96-112.

(Fig.2) Desconocemos la fecha de la toma, pero estimamos que pertenece al momento previo de su ocupación por el Comando de II Cuerpo de Ejército. Fuente: Archivo Museo de la Memoria.

A partir de 1949 comienza claramente un segundo momento de la casa, cuando el Ejército toma posesión de ella, a pesar de no conocerse con exactitud de qué manera o porqué decide mudarse allí. Es en la década de 1960 que se instala oficialmente el Comando del II Cuerpo de Ejército, sede que, sobre todo a partir de 1976, constituyó el verdadero "cerebro" de la represión estatal sobre las seis provincias del Litoral (Santa Fe, Chaco, Formosa, Entre Ríos, Corrientes, Misiones) y diecisiete partidos del norte de la provincia de Buenos Aires, en articulación con el plan sistemático de represión a nivel nacional. Según los testimonios brindados por distintos sobrevivientes[290], se conoce que el Comando no constituyó un CCD, sino que más bien fue un lugar de detención transitoria[291]. En este sitio se desarrollaban los "Consejos de Guerra", "juicios" en el que un tribunal militar decidía sobre la suerte de los detenidos en los distintos CCD de la región. Además, miles de familiares de personas desaparecidas se acercaban al Comando para reclamar información sobre ellas. La Sede del Comando del II Cuerpo de Ejército funcionó en Córdoba y Moreno hasta el año 1981.

---

290 Diario Rosario 3, 27/09/99. Archivo "Centro Documental Rubén Naranjo", Museo de la Memoria, Rosario.

291 Sin embargo, por nuestra experiencia de dos años de recorridos escolares, hemos visto que la mayoría de la gente que se acerca todavía piensa que ese lugar fue un CCD.

Hacia finales de 1984 y principios de 1985, la familia propietaria realizó un pedido de demolición de la casa y de la vivienda lindera, lo cual coincidió con el reordenamiento urbano que se comenzaba a delinear desde la Secretaría de Planeamiento de la ciudad[292]. La Comisión de Preservación del Patrimonio, creada a causa de esta petición, se ocupó de resolver este conflicto. Así, se llegó a un acuerdo para no demoler la casa, en el que no obstante se permitió la construcción de un estacionamiento en una franja no utilizada del terreno, sobre calle Moreno, y en el que se autorizó el alquiler del inmueble a la Municipalidad de Rosario[293]. Cabe destacar, sin embargo, que "el objetivo de este rescate patrimonial no se vinculaba con recuperar artefactos materiales que fueran soportes de la memoria social"[294]. En este momento se instalaron las oficinas de Obras Públicas y Planeamiento, que permanecieron allí hasta 1997.

Con la primer Comisión pro Museo ya creada a instancias del Concejo Municipal (1996), se intensifican los reclamos desde diferentes organismos de Derechos Humanos de la ciudad que ponen en discusión qué usos darle a esa materialidad. En 1998, el mismo Concejo dicta la Ordenanza número 6506[295] a través de la cual crea el Museo de la Memoria en la órbita de la Secretaría de Cultura y Educación de la Municipalidad de Rosario, con la conformación de una Comisión Directiva y la asignación de un lugar provisorio de funcionamiento. Ahora bien, a partir de la Ordenanza N°6790[296] del año 1999, se decide que la sede definitiva del Museo de la Memoria sea la casona del ex Comando del II Cuerpo de Ejército. Sin embargo, unos meses antes de esto, comienza a funcionar allí un lujoso bar temático llamado Rock and Feller's. De aquí en adelante, se suscitan acaloradas discusiones en el ámbito público entre quienes defendían la permanencia del bar y aquellos que proclamaban por la inmediata instalación del Museo.

---

292 PASQUALI, L. y C. VON POEPELEN (2002) "La plaza San Martín de Rosario: un sitio para la memoria. El caso del edificio del II Cuerpo de Ejército". Jornadas de Jóvenes investigadores, Reconstrucción de la identidad de los desaparecidos, 25° Aniversario de Abuelas de Plaza de Mayo. 18 y 19 de octubre de 2002.

293 PASQUALI, L. y C. VON POEPELEN (2002) "La plaza San Martín de Rosario: un sitio para la memoria. El caso del edificio del II Cuerpo de Ejército". Jornadas de Jóvenes investigadores, Reconstrucción de la identidad de los desaparecidos, 25° Aniversario de Abuelas de Plaza de Mayo. 18 y 19 de octubre de 2002.

294 PASQUALI, L. y C. VON POEPELEN (2002) op. cit. P.3

295 [www.rosario.gov.ar/normativa] Acceso el 11 de diciembre de 2013.

296 [www.rosario.gov.ar/normativa] Acceso el 11 de diciembre de 2013.

Paralelamente a estos debates, ya en el año 2001, el Museo de La Memoria inicia sus actividades en la Secretaría de Cultura y Educación municipal, en la ex Estación Ferrocarril Rosario Norte. En 2002, la ley provincial N° 12.018[297] autoriza la expropiación del inmueble, abriendo un período de arduas negociaciones para que el Museo pudiera tener su lugar en Córdoba y Moreno. A pesar de lo proclamado por las Ordenanzas y la ley provincial, en 2003, se extiende el contrato entre el propietario de la casa y la firma Food Corner S.A. (Rock and Feller's), prolongando la permanencia del bar (Fig.3).

(Fig.3) Museo de la Memoria, diciembre 2013. Archivo personal.

Tuvieron que pasar diez años para que el Museo pudiera tomar posesión del inmueble. El 1° de marzo de 2010 el Museo recibe las llaves de la casa y a partir de allí se realizan tareas de refacción y restauración (teniendo

---

297 [http://gobierno.santafe.gov.ar/boletinoficial] Acceso el 11 de diciembre de 2013.

en consideración que el bar temático ya había modificado la fisonomía del edificio en 1999[298]). Finalmente el Museo de La Memoria abre sus puertas al público en diciembre de ese mismo año.

¿Cómo empezamos? Sumando voluntades individuales…

Ya en su sede definitiva, en el 2012 el Museo de la Memoria abrió una convocatoria a la comunidad para la participación en un voluntariado, dependiente del Departamento de Educación. La convocatoria invitaba a todas las personas que estuvieran interesadas en llevar adelante las visitas guiadas a diferentes colegios de la ciudad y sus alrededores. Así fue como nos presentamos y nos incorporamos a esta propuesta.

El Departamento de Educación entiende a "la visita" como un diálogo y al "guía" como un coordinador, si bien existe un guion con ciertos temas o puntos a tratar. La muestra permanente del Museo es muy amplia y se dificulta abarcar su totalidad en un único recorrido escolar. Nuestra tarea consiste en coordinar, una vez por semana, a estudiantes de entre 11 y 17 años de edad en un recorrido por los espacios. A lo largo de estos dos años de coordinaciones recibimos a más de 35 escuelas, sumando más 1700 alumnos. Desde el comienzo, se nos ha permitido elegir qué salas trabajar, en qué orden y cuánto tiempo dedicarle a cada una (generalmente se calcula un recorrido de una hora y media en total), lo cual contribuye a que las coordinaciones no sean todas iguales. No obstante, los que siempre marcan la diferencia son los chicos, ya que cada grupo que se acerca aporta algo siempre nuevo, tanto sobre los espacios como sobre los contenidos, pero también por la manera en que ellos nos interpelan cuando nos encontramos todos juntos en ese espacio.

El período que trata el Museo, la última dictadura militar, es abordado desde el arte, a través del cual se "*narra la historia política desde el presente, poniendo un lugar de interpretaciones en el que el público participa a través de sus sentidos y su reflexión*"[299]. Es así que diversos artistas rosarinos realizaron en cada espacio distintas intervenciones que sirven de soporte para construir el "diálogo" con los diferentes grupos. Las principales temáticas

---

298 ÁGUILA, G. (2007) "Dictadura y memoria. El conflictivo contrapunto entre las memorias de la dictadura en Rosario", *Prohistoria* 11, Rosario.
299 Fragmentos del folleto institucional que recibe el visitante al ingresar al museo.

que abordan las salas o intervenciones que visitamos con los chicos son: las luchas por "la memoria, la verdad y la justicia"; la lucha de Madres de Plaza de Mayo; los Centros Clandestinos de Detención y el "mapa represivo" de CCD en todo el país, la búsqueda de Abuelas de Plaza de Mayo a sus nietos. En estos espacios trabajamos problemáticas como el terrorismo de Estado, el derecho a la identidad, los derechos humanos, la actitud de la sociedad civil, la modalidad de "desaparición forzada" de personas, entre otras que más adelante profundizaremos.

Primero empezamos observando cómo eran éstos recorridos, de qué manera se llevaban a cabo y qué estrategias utilizaban nuestras coordinadoras del Departamento. Un mes y medio más tarde fue nuestro turno. Coordinar comenzó siendo un gran desafío, principalmente por los nervios: nervios de hablar en público frente a personas desconocidas, nervios por que se entendiera lo que dijéramos junto a nuestras compañeras, y sobre todo, nervios por las preguntas que nos pudieran hacer y si seríamos o no capaces de responderlas. Pese a estas preocupaciones iniciales, nuestra tarea semana a semana fue "cumpliendo" con lo requerido desde el Departamento.

Sin embargo, en el transcurrir fueron surgiendo distintas inquietudes en el grupo de compañeras: en relación a nuestro rol como coordinadoras, a qué decíamos en los recorridos, cómo lo decíamos y qué respuestas teníamos de los chicos. Entonces, propusimos reunirnos entre las voluntarias para discutir qué sensaciones nos despertaban las coordinaciones, qué cuestiones estábamos dejando de lado en nuestro discurso, que en ese momento seguía en su generalidad los lineamientos planteados por el Museo. En las reuniones empezamos a plantearnos qué queríamos que los chicos supieran, qué reflexión queríamos incitar, en definitiva, *para qué* mostrarles el Museo de la Memoria.

Construyendo un colectivo: preguntas en plural

> *"(...) está visto que un pueblo sólo empieza a ser pueblo cuando cada singular necesita perentoriamente su plural y fue precisamente la necesidad de plural la que nos llevó a encontrarnos y vernos las caras y vernos los miedos y vernos la osadía (...)"*
>
> Mario Benedetti

En aquellas reuniones expresábamos una cierta disconformidad compartida respecto a tres cuestiones principales, todas ellas relacionadas con el discurso del museo y las problemáticas que invisibilizaba. Nos replanteábamos cómo abordar la dictadura dentro de su contexto histórico-político y cómo introducir la figura del "militante" (que empezó siendo un gran problema), hasta el momento ausente en nuestras coordinaciones. Así mismo, estas discusiones nos llevaron a preguntarnos por la materialidad que contenía a estas representaciones, al igual que por las limitaciones que implica elegir al arte como la manera de "narrar" la historia política de nuestro país.

Las primeras reflexiones partían de la sensación que los chicos se iban del Museo "sin entender nada". Es decir, habiendo recibido muchísima información, de datos, fechas, personas, lugares, pero sin entender *porqué* en 1976 vino a instalarse una dictadura tan atroz. ¿Se podía explicar la dictadura en sí misma? ¿Qué pasaba antes del 76?

En principio, nos propusimos explicar la dictadura no solamente como un plan sistemático del terror, sino fundamentalmente considerando su articulación con (y su funcionalidad respecto de) un plan económico y socio-cultural más profundo, como una instancia "refundacional" en nuestra historia. Para ello, decidimos incluir en nuestras coordinaciones un video documental muy breve, a modo de disparador, que resume distintos momentos desde el golpe de Estado, pasando por el retorno a la democracia y hasta los juicios por crímenes de lesa humanidad llevados a cabo en nuestra ciudad en el año 2010. El video nos ayudaba a pensar con los chicos los conceptos de "terrorismo de Estado" y el binomio "dictadura/democracia", y también a armar el rompecabezas de la complicidad de los sectores económicos, civiles y eclesiásticos con el proyecto perpetrado por las Fuerzas Armadas argentinas. Servirnos de un recurso audiovisual nos parecía sumamente importante, puesto que manifestábamos la preocupación por que los jóvenes pudieran ver y escuchar a esas personas de las que les habla la historia, pero también porque buscábamos generarles alguna sensación: ya sea de tristeza, angustia, indignación, bronca, curiosidad…y por qué no, para ver qué lugar tenía el desinterés, la indiferencia, la apatía.

Una de las cuestiones que nuestra propuesta puso sobre la mesa fue cómo incluir la militancia en nuestro discurso. En el documental hay un gran espacio dedicado a las Madres y, por su fuerte carga emotiva, eran casi siempre las primeras que los chicos mencionaban cuando al final les preguntábamos a quiénes habían visto en el video. Hablar de las madres nos llevó directamente (aunque no sin cierta incomodidad) a hablar de sus hijos. Preguntábamos entonces: ¿A quiénes buscaban estas madres?, "a los desaparecidos, a sus hijos" era la respuesta segura. ¿Qué hacían estos hijos?, "estudiaban, trabajaban", seguro más lo primero que lo segundo. ¿Por qué desaparecían estos hijos?, "porque pensaban diferente"… La pregunta, que en ese momento parecía lógica, por el *porqué de la desaparición* fue nuestro primer intento de acercar la figura del militante a los chicos. Como ya dijimos en otro trabajo, "en este diálogo que parece 'inocente', creemos que están condensados ciertos discursos históricamente legitimados -heredados de la dictadura- que nos atraviesan (tanto a ellos como a nosotras) y que, a nuestro pesar, terminamos reproduciendo: reconociendo en nuestro discurso la carga del 'algo habrán hecho' "[300].

¿Cómo es posible no hablar de militancia en un museo que propone narrar nuestra historia política? Creemos que parte del problema radica en pretender cumplir este objetivo a través del arte, es decir, *únicamente* a través del arte. Si no hay un soporte, o como en nuestro caso, un "coordinador" que llene estos vacíos, ¿cómo hacer para traer al discurso algo que no está presente en la muestra permanente? Estos vacíos se plasmaron en nuestras primeras coordinaciones, en las que "la militancia" no aparecía. Más adelante, a pesar de nuestras más sinceras intenciones de referirnos explícitamente a la militancia política, seguíamos sin poder enunciarla: hablábamos de "trabajadores/ estudiantes/jóvenes", "que luchaban", "que estaban comprometidos con una

---

[300] ARIAS MORALES, C. *et al.* (2013) "Los usos del espacio en el Museo de la Memoria: aportes críticos desde la experiencia de Voluntariado"; XII Jornadas Rosarinas de Antropología Sociocultural, 24 y 25 de octubre de 2013, Facultad de Humanidades y Artes, UNR, Rosario.

causa", pero no podíamos decir "eran militantes".

En el Museo encontramos la figura del "desaparecido", de la "víctima", o en el mejor de los casos, de una persona con nombre y apellido, pero aislada del colectivo que le daba pertenencia e identidad. Silenciando las identidades políticas, el militante desaparece no sólo ya física sino además simbólicamente, y se olvida "el conjunto de valores y concepciones por las cuales vivió y también murió"[301]. En este sentido, sostenemos que la elección del arte como camino para transmitir nuestra historia política no es en absoluto neutral. Todo lo contrario, creemos que tendría la intención de silenciar los conflictos de nuestro pasado reciente, en un posicionamiento que más bien apuntaría a construir consensos.

Por otro lado, el tema de la materialidad surgió con fuerza (aunque con sorprendente retraso) en las reflexiones con las compañeras voluntarias. ¿Cómo interactuaban los chicos con ella? Generalmente, al provenir en grupo de una institución educativa, los estudiantes suelen venir con las advertencias típicas de una visita a un museo: "hagan silencio", "no toquen nada", "presten atención", son frases que suelen repetirse apenas atraviesan la puerta. Si bien el Museo intenta romper con esa lógica, su imponente aspecto muchas veces intimida a los chicos, tanto para su atención como para su participación, que es lo más importante. Su suntuosidad, su pulcritud, ¿a quiénes invita a entrar?

Un año y medio de coordinaciones pasaron hasta que notamos que había algo que desencajaba entre lo que decíamos sobre la casa y lo que la casa mostraba de sí misma. En este punto, cabe aclarar que en nuestro grupo de trabajo no nos detenemos demasiado tiempo en contar su historia, más allá de explicar que allí funcionó el Comando del II Cuerpo de Ejército y lo que esto significó. Nunca nos habíamos detenido a pensar que le estábamos diciendo a los chicos que la casa se construyó en 1928, que pasó por muchos usos y ocupaciones, que ahora está el Museo, pero sucede que esa casa, esa materialidad no muestra ninguna señal del paso del tiempo y, mucho menos, de los distintos usos que tuvo en sus casi 100 años de existencia. Como decíamos al principio, su aspecto es impecable, pulcro, por dentro y por fuera, es una casa "reciclada".

---

301 EQUIPO DE INVESTIGACIÓN POR LA MEMORIA POLÍTICO-CULTURAL [2008] (2009) op.cit. p.51.

Al ser visitada por miles de chicos anualmente, nos preguntamos si es posible llegar a reflexionar, en un recorrido de poco más de una hora, sobre el sentido que tuvo el lugar en los años de la dictadura. Al ocultar las marcas de su pasado, también se ocultan las disputas que su constitución como Museo implicó, sobre todo en el período que va del 2001 al 2010. Tal vez esa materialidad debería pensarse "(…) como un aporte a la reconexión de dicho proceso, a revertir lo interrumpido, recomponer lo desconectado, denegar lo negado, lo deslegitimado"[302]. Entonces, nos preguntábamos (en tiempo presente también): ¿qué sentidos se expresan en una materialidad que no muestra las huellas de su historia?[303]

Buceando en las contradicciones

> *" (…) al principio sentíamos una culpa tibiona*
> *algo así como la húmeda fiebre que anuncia un constipado*
> *porque claro cada uno declamaba su teoría-congoja*
> *que de algún modo permitía entender el malentendido comunitario*
> *en realidad eran pocos los que habían desenvainado su furia*
> *o su nostalgia y el futuro mantenía las catástrofes*
> *detrás de sus biombos neblinosos (…)*
>
> Mario Benedetti

Dos años de coordinaciones escolares en el Museo de la Memoria, recorrer sus salas acompañadas por un grupo (el de voluntarias) que era siempre el mismo y por otro grupo (el de los estudiantes) con el que sólo compartiríamos apenas unas horas en la vida, nos movilizaron: abrieron preguntas, revivieron angustias y broncas adormecidas, "olvidadas" o ignoradas, sensaciones que van más allá la cuestión individual, pues ellas expresan una pequeña parte del trauma histórico que dejó tras de sí la experiencia de la dictadura para la sociedad toda[304]. Es por esta razón que, a la hora de ver en retrospectiva

---

302 COMPAÑY, G. (2009) *Del* pars pro Todo *a la puesta en duda que instala la intemperie. Un hacer arqueológico en un centro clandestino de la ciudad de Rosario: El Pozo (1976-1979)*; Ed. Sol en Turín, Buenos Aires, p.135.
303 ARIAS MORALES, C. *et al.* (2013) op.cit.
304 EQUIPO DE INVESTIGACIÓN POR LA MEMORIA POLÍTICO-CULTURAL [2008] (2009) op.cit.

nuestra labor en el Museo y de permitirnos una mirada crítica sobre la propia práctica, fueron emergiendo distintas contradicciones que, con el tiempo, nos fuimos permitiendo compartir, con la turbadora perspectiva de observar que el suelo que pisábamos no era tan firme como creíamos.

...sobre recordar qué...

Cuando comenzamos las coordinaciones, uno de los recursos que utilizábamos, en concordancia con la propuesta del Museo, era explicar la dictadura por contraposición a la democracia. Esto les ayudaba a los chicos a pensar la cotidianeidad, lo que se puede hacer hoy que no se podía hacer en ese entonces: votar, reunirse con amigos, leer ciertos libros, escuchar determinada música, tener el pelo largo.

Una situación bien distinta suele darse en la sala dedicada a los CCD, allí conversamos con los chicos sobre las diferencias entre un preso legal y un detenido-desaparecido, sobre los derechos que hoy en día tiene cualquier persona que quiera ser detenida por la policía. La idealización de la democracia por oposición a la dictadura se cae estrepitosamente cuando un chico dice "a mi me detuvieron porque no tenía el documento" o "a mi tío se lo llevaron a la comisaría y lo cagaron a palos". Un "argumento comodín" que permite una rápida escapatoria ante semejante tensión es "nuestra democracia tiene sus deficiencias", "hay muchas cosas que cambiar", "los derechos están pero no siempre se respetan, hay que hacerlos respetar".

Creemos que lo que se pone en juego en este contexto es la idea misma *democracia*. ¿La democracia es una sola? Más allá de las obvias diferencias que marcan un quiebre entre un gobierno de facto y un gobierno democrático fundado en un Estado de derecho, vale cuestionarse por los "problemas" de nuestra democracia. ¿Son estos problemas propios de cualquier democracia o de un cierto tipo de democracia? ¿Cuáles son las continuidades que sobreviven tanto a las dictaduras como a "la democracia"? Como plantean Biasatti y Compañy, "trascender esta dicotomía nos llevaría tras el rastro de aquellas contradicciones y solapamientos con los que pareciera instalarse la idea de que 'aquella historia' pasó y esto que estamos viviendo es algo nuevo y completamente diferente"[305]. ¿Qué papel han cumplido históricamente las fuerzas de seguridad del Estado, desde su consolidación a fines del siglo XIX? ¿Por qué y para qué siguen existiendo, y qué relación tienen con ese Estado, más allá del régimen político vigente? Estas preguntas llevan a debates muy profundos que claramente no pueden improvisarse en el transcurrir de una coordinación.

Otra cuestión clave para nosotras fue reconocer la ausencia de la militancia política. Ya hablamos sobre este silencio en el discurso del Museo, ahora nos toca asumir nuestros propios silencios. Retomamos para ello algunos fragmentos de escritos personales que propusimos como ejercicio de reflexión.

> "Al principio me pasaba que cuando decía la palabra 'militante' sentía que resonaba. Como quien dice una 'mala palabra'. (...) Me parecía que decir 'militante' desencajaba en ese contexto, parecía como una radio con interferencia. Al momento de hablar de la lucha armada me pasaba lo mismo"[306]

Militancia y lucha armada, militancia y violencia política. El conflicto pasaba por estar convencidas de *tener que* hablar de esto (sin saber exactamente cómo), cuando en realidad lo que sucedía es que nosotras estábamos *eligiendo* hablar de esto, y eso es desde ya un posicionamiento. ¿Un posicionamiento frente a qué? ¿Frente a quiénes?

> "Se fue dando en un espacio que requería necesariamente posicionarnos al respecto y, sobre todo, en un espacio que empezó a ser colectivo, en el cual se intercambiaron y chocaron opiniones"[307]

Ahora nos resulta ingenuo haber pensado alguna vez que el principal desafío de coordinar los recorridos escolares en el Museo de la Memoria sería el hecho de hablar frente a personas desconocidas. Semana tras semana, discusión tras discusión, entendimos que lo trascendental de esta experiencia

---

305 BIASATTI, S. y G. COMPAÑY (2010) "¿Restitución o reinstitución? Acerca del papel de la arqueología en el proceso de recuperación de la memoria histórica en Argentina (1976-1983)", J. ALMANSA (Ed.) *Recorriendo la Memoria / Touring Memory*, Archaeopress, Oxford; p.17
306 FERREYRA, A. Notas de voluntariado, julio 2013.
307 ARIAS MORALES, C. Notas de voluntariado, julio 2013.

era, justamente, empezar a pensar*se* y a pensar*nos con otros*, en y a partir de ese espacio.

Tuvimos que afinar el oído: escuchar al otro y escucharse a uno. Retomando lo que planteábamos más arriba respecto de la pregunta *por qué desaparecían*: ¿qué sentidos estábamos reproduciendo sin darnos cuenta?

> *"Otra cosa que me pasaba al principio era que le tenía mucho miedo a que saliera esto de los dos demonios. Después me fui dando cuenta que salía todo el tiempo, que hasta yo lo reproducía, pero que aparecía muy disfrazado, implícitamente."*[308]

¿Cómo era que salía todo el tiempo? ¿Podía ser posible que adolescentes que no supieran acerca de la existencia de algo llamado "la teoría de los dos demonios" aún así la enunciaran, la reprodujeran? No con todas las letras, claro está, sino matizada, a veces una sola palabra ya nos hacía "ruido" en la cabeza. Una frase que escuchamos muchas veces de los chicos y de las docentes (y de nosotras mismas) es por ejemplo: "a veces los militares se llevaban gente que no tenía nada que ver…". Nada que ver ¿con qué? ¿Qué implicaría para esa persona tener algo que ver con "eso" que no se enuncia? Creemos que acá aparece claramente la justificación, la idea de que se lo merecían, que se lo estaban buscando por "andar en algo", que había gente que tenía "algo que ver" por oposición a quienes "la ligaron de rebote", podemos pensar: gente *inocente*. ¿Qué relevancia cobra el uso de la violencia para calificar a alguien, quien quiera que sea, de "culpable" o "inocente"? ¿De qué depende su validez, su legitimidad? ¿La violencia es una sola y por lo tanto nunca se justifica?

Entendemos que la teoría de los dos demonios, por más que hoy se la crea "superada", sigue estando fuertemente presente, pues ya casi es parte del "sentido común". "Expresada con contundencia en el prólogo del Nunca Más, donde se reconocía la sistemática violación a los derechos humanos perpetrada por el Estado, (la teoría de los dos demonios) postulaba que la dictadura había sido el producto de un enfrentamiento entre dos bandos con iguales responsabilidades, donde los "excesos" y los castigos debían repartirse en forma equitativa, mientras que una sociedad víctima y ajena había asistido

---

308 FERREYRA, A. Notas de voluntariado, julio 2013.

pasivamente al enfrentamiento entre los grupos en pugna"[309]. A pesar de estar claramente en contra de esta interpretación de la historia reciente, creemos que nuestra dificultad pasaba (pasa) por encontrar otra manera de explicar la dictadura, la represión estatal, la militancia y la violencia política, sin caer en esta justificación de "por algo será".

...dónde...

Una pregunta que les hacemos siempre a los chicos, y que nos hacemos en este trabajo, es: ¿Por qué el Museo de la Memoria se ubica en esta casa? ¿Cuán importante es haber podido recuperar este lugar para que se haga un Museo de este tipo?

La única referencia a lo que sucedió allí durante la última dictadura militar es una placa apenas subiendo la escalera de entrada, en la pared izquierda, que dice que ese sitio fue la Sede del Comando del II Cuerpo de Ejército (Fig.4). Quizás sea una "información" accesible para los visitantes más atentos, nos preguntamos cuántos visitantes realmente la notan. Pero creemos que esta es justamente la razón que le da sentido al Museo de la Memoria en ese lugar, ¿por qué no hacerla más visible? Al mismo tiempo, vemos que no hay referencias respecto de los 10 años que le llevó al Museo instalarse allí, a pesar de que la legislación tanto municipal como provincial se lo autorizaba. ¿Por qué invisibilizar la lucha por este espacio "ganado"? (Fig.5).

En relación con esto, como hemos mencionado en otra oportunidad, si bien para la ocupación del bar Rock and Feller's ya se había alterado considerablemente la fisonomía de la casa, cuando el Museo tomó posesión del inmueble, "para su 'restauración y reciclaje' (Decreto N°14187/1998) y para la compartimentación de las salas, se colocaron placas de yeso sobre las paredes originales, ocultando así las marcas de su historia, *los distintos usos de ese mismo espacio*"[310]. ¿Por qué borrar sus diferentes usos? ¿Acaso no son esos usos los que quieren ser resignificados con el Museo? ¿En qué momento del proceso de resignificación el espacio quedó vacío de su historia?

---

[309] ÁGUILA, G. (2007) "Dictadura y memoria. El conflictivo contrapunto entre las memorias de ladictadura en Rosario", *Prohistoria* 11, Rosario, p.92.
[310] ARIAS MORALES, C. *et al.* (2013) op.cit. p.9.

(Fig.4) Placa informativa (Museo de la Memoria). Archivo personal, diciembre 2013.

(Fig.5) Placas ubicadas a la derecha de la puerta de entrada al museo. Fuente: Archivo personal, diciembre 2013.

Desandando el camino que nos encontró aquí... sobre recordar *para qué*

Decíamos que el mayor aprendizaje que nos dejó nuestra experiencia de voluntariado en el Museo de la Memoria fue poder comenzar a pensar*se* y a pensar*nos con otros*.

> *"Me parece que ahí está la clave, digo, en una tarea que es colectiva e implica una reflexión acerca de nuestro quehacer como sujetos, como estudiantes, como futuras antropólogas... una reflexión política...de la cual, personalmente, mucho tiempo escapé, por creer que no sabía, que no estaba preparada para 'emitir opinión' alguna..."*[311]

Queremos subrayar la importancia que tiene *lo colectivo* en nuestras reflexiones, ya que creemos que las dificultades y los interrogantes que venimos planteando no son solamente nuestros. Por el contrario, nosotras somos parte de una generación que nacimos a fines de los 80', en la post-dictadura, y nos criamos en los 90', la década neoliberal. ¿Cómo no comprender que esta historia común, en tanto generación, nos constituye y nos atraviesa como sujetos? Retomamos unas palabras para pensar*nos*: "sólo puede historizarse un vínculo cuando un sujeto puede pensarse como parte constitutiva de un: *desde dónde vengo y quién soy en relación con otros*"[312].

En nuestro caso, historizarnos nos lleva directamente a los 90': la década menemista, la década de las privatizaciones, de las "relaciones carnales" con EEUU, de la "reconciliación nacional". La época de "mirar para adelante", del "1 a 1", de los viajes al exterior, del "todo por $2", de la "pizza con champán", del lujo y la ostentación...una década en que los políticos eran tapa de revista, y en que la sociedad parecía ajena a lo que pasaba en el reducido (y elitista) mundo de "la política", quizás por desinterés, resignación o deliberado desentendimiento.

> *"Pienso en lo político y se me hace en la cabeza como una nube gris oscura...una nebulosa...esos programas retrógradas y aburridos de lunes o martes a la noche...Grondona, Neustadt...hablando muy seriamente...Creo que la política en los noventa era 'un tema de grandes', donde los pibes no*

---

311 ARIAS MORALES, C. Notas de voluntariado, julio 2013.
312 EQUIPO DE INVESTIGACIÓN POR LA MEMORIA POLÍTICO-CULTURAL [2008] (2009) op.cit. p.412.

> *opinábamos…es gente corrupta, gente sólo comprometida con el billete, la jubilación de privilegio, las ferraris, la pizza y el champán…incapaces de fundamentar una idea, un proyecto… parecía que ya ni eso era necesario… Cabe aclarar que es algo muy distinto a lo que hoy creo que es 'lo político'"*[313]

Como sujetos pertenecientes a una generación criada en los 90', ponernos a desandar ese camino, ver imágenes de la época, escuchar los discursos de "los políticos", nos desconcierta. La motivación más profunda pasa por entender *cómo fue posible*, encontrarle una razón. Hay *algo* que nos falta. Como dijera Hugo Pappalardo, militante de Montoneros y sobreviviente del CCD "Servicio de Informaciones", refiriéndose a su generación (que vivió su juventud entre 1960-1970): "teníamos la ventaja de que no nos habían robado la historia como a ustedes. Absorbíamos la experiencia anterior, nosotros no empezábamos de cero. Nos sentíamos parte de la historia"[314].

Resulta difícil dimensionar cuánto esto nos constituyó como generación, cuánto nos "disciplinó" para no comprometernos, para no participar, para no poder siquiera imaginar una primera persona plural, para desconfiar de cualquier intento de cambio, para bajar los brazos antes de intentar nada. En definitiva, nos hicieron creer que se podía ser *a-político*. El "chaleco de fuerza" que impone el individualismo es duro de aflojar, para hacerlo tenemos que volver sobre nuestros pasos, volver sobre nuestra historia en tanto nos asumimos como sujetos *políticos*[315].

> *"Nuestro 'sentido común' nos lleva a asociar la militancia con la represión, y también pienso en la militancia, que implica necesariamente un compromiso, en tensión con el 'no te metás' que nos inculcaron después"*[316]

> *"Pensar en el compromiso y en la falta de, volver a creer que transformar es posible, poder pensarme dentro de un nosotros y hacer con otros, no sé qué viene primero."*[317]

---

313 ARIAS MORALES, C. Notas de voluntariado, julio 2013.
314 EQUIPO DE INVESTIGACIÓN POR LA MEMORIA POLÍTICO-CULTURAL [2008] (2009) op.cit. p.515.
315 Ibíd.
316 FERREYRA, A. Notas de voluntariado, julio 2013.
317 Ibíd.

Lo decimos una vez más: ser voluntarias en el Museo de la Memoria nos generó muchas cosas (sensaciones, pensamientos, inquietudes, contradicciones, alegrías, tristezas, broncas, esperanzas y desesperanzas), cosas que no se pueden manejar en soledad, sino que estamos convencidas que deben ser transitadas, compartidas y discutidas con otros. De hecho, en esas primeras reuniones en que se fue conformando un grupo, un *nosotras*, empezamos a pensar nuestra tarea en el Museo como una (aunque modesta e incipiente) forma de militancia.

Pensar*nos* en y a partir de este espacio, de esta materialidad que es el Museo. Una materialidad que, como ya dijimos, no tiene huellas de su pasado. Esto nos hace pensar, ¿por qué el Museo no habla de su historia como institución? ¿O acaso no tuvo que esperar 10 años para instalarse en esa esquina de Córdoba y Moreno? ¿Qué pasaba en el Museo cuando funcionaba en la vieja estación de ferrocarriles? ¿Qué cambió en ese traslado, aparte del lugar físico? ¿Por qué no historizarse a sí mismo?

Otra cuestión que no deja de llamarnos la atención es el hecho de que, a pesar de que la muestra permanente fue realizada en su totalidad por artistas rosarinos, no vemos que haya nada en ella que la haga *especialmente* nuestra, nada que la identifique específicamente con la ciudad. Carece de una visión localista: el Comando del II Cuerpo de Ejército funcionó aquí y no en otro lado, ¿cómo afectó esto la vida cotidiana de los rosarinos? ¿Qué pasaba a su alrededor? ¿Cómo es que vivieron los rosarinos la dictadura? ¿Qué pasaba con las personas de esas otras provincias que "dependían" del II Cuerpo? Y más adelante, ¿cómo vivió la ciudad la disputa por ese espacio?

Entonces: *para qué* el Museo de la Memoria, para qué en ese espacio de Córdoba y Moreno. ¿Para hablar de las Madres de Plaza de Mayo? ¿Para hablar de niños apropiados de cuyos padres no se dice más que su nombre y su fecha de desaparición o el mes de embarazo que atravesaba la madre? ¿Para leer nombres de personas asesinadas, sin saber de dónde venían, qué hacían, por qué luchaban, cómo y dónde luchaban, en nombre de quién/es luchaban? ¿Para hablar de "desaparecidos" y no de "militantes"? ¿Para no dar lugar a que los sobrevivientes puedan compartir sus historias con las generaciones que crecimos en la post-dictadura?

Definitivamente, no. Sostenemos que lo que tendría que generar un espacio como este es el debate, la discusión: discutir la militancia, la democracia, la violencia, la identidad (los enunciamos en singular pero creemos que todos son susceptibles de pluralizarse). Hablando de estas cuestiones, lo demás (las madres, los niños apropiados, los CCD) viene solo.

Pero además y, fundamentalmente, un espacio "de memoria" debería incentivar la participación, el compromiso de "poner el cuerpo", de empezar a hacer para transformar. Un espacio que sirva para todo esto, que ayude a reflexionar, a pensarnos desde un nosotros-con-otros, a cuestionarnos, a fomentar la participación, el compromiso, ¿no implica de alguna manera hablar de la última dictadura militar? ¿No supone rescatar y retomar esas luchas que se intentan silenciar o dejar en el pasado? ¿No significa recuperar la historia, *nuestra* historia?

Agradecimientos

Queremos agradecer al Departamento de Educación del Museo de la Memoria de Rosario por la apertura hacia estas reflexiones en el marco del voluntariado dentro de la institución. A Fabiana, por su calidez y su confianza. Agradecemos, especialmente, a nuestras compañeras de coordinación (y amigas): Savina Vargas y Silvina D'Arrigo, con quienes, en la adversidad del día a día, nos animamos a transitar nuestras memorias…Y, finalmente (pero no por eso menos importante), a Soledad y Gonzalo, quienes confiaron en nosotras e hicieron posible nuestras primeras experiencias escribiendo por cuenta propia, tarea por cierto ardua pero hermosa. ¡Gracias por el empujoncito!

Bibliografía

ARIAS MORALES, C.; D'ARRIGO, S.; FERREYRA, A. Y S. VARGAS (2013) "Los usos del espacio en el Museo de la Memoria: aportes críticos desde la experiencia de Voluntariado"; *XII Jornadas Rosarinas de Antropología Sociocultural, 24 y 25 de octubre de 2013*, Facultad de Humanidades y Artes, UNR, Rosario.

ÁGUILA, G. (2007) "Dictadura y memoria. El conflictivo contrapunto entre las memorias de la dictadura en Rosario", *Prohistoria* 11, Rosario.

AUSBURGER, A. C. (2003) "La vivienda individual, ¿un campo experimental?"; en EQUIPO DE INVESTIGACIÓN - RIGOTTI, A.M. (Dir.) *Ermette De Lorenzi. Ideas, lecturas, obras, inventos;* pp.96-112.

BENEDETTI, M. (1974) "Militancia"; *Inventario*, Ed. Alfa Argentina, Buenos Aires, pp.167-171.

BIASATTI, S. y G. COMPAÑY (2010) "¿Restitución o reinstitución? Acerca del papel de la arqueología en el proceso de recuperación de la memoria histórica en Argentina (1976-1983)"; en J. Almansa, (Ed.) *Recorriendo la Memoria / Touring Memory*, Archaeopress, Oxford, pp.15-19.

COMPAÑY, G. (2009) *Del* pars pro Todo *a la puesta en duda que instala la intemperie. Un hacer arqueológico en un centro clandestino de la ciudad de Rosario: El Pozo (1976-1979)*; Ed. Sol en Turín, Buenos Aires.

DIARIO ROSARIO 3, 27/09/99. Archivo "Centro Documental Rubén Naranjo", Museo de la Memoria, Rosario.

EQUIPO DE INVESTIGACIÓN POR LA MEMORIA POLÍTICO-CULTURAL [2008] (2009) *"El Pozo" (ex Servicio de Informaciones) Un centro clandestino de detención, desaparición, tortura y muerte de personas de la ciudad de Rosario, Argentina. Antropología Política del pasado reciente;* Silvia Bianchi (Dir.); Ed. Prohistoria, Rosario.

FOLLETO INSTITUCIONAL del Museo de la Memoria.

PASQUALI, L. y C. VON POEPELEN (2002) "La plaza San Martín de Rosario: un sitio para la memoria. El caso del edificio del II Cuerpo de Ejército"; Jornadas de Jóvenes investigadores, Reconstrucción de la identidad de los desaparecidos, 25° Aniversario de Abuelas de Plaza de Mayo. 18 y 19 de octubre de 2002.

Capítulo 8
RESTOS DEL ASUNTO: OBSTÁCULO, REMOCIÓN Y UNA ALTERIDAD ALTERADA[318]

Gonzalo Compañy[319] y Soledad Biasatti[320]

"El poder siempre se cobra al contado,
y sobre lo aplanado y vaciado construye una fachada que lo
represente para que olvidemos lo que nos ha hecho y nos ha quitado"
León Rozitchner,
Mi Buenos Aires querida

"... también llamada pie, pero que no ha de
confundirse con el pie antes citado"
Julio Cortázar,
Instrucciones para subir una escalera

Introducción: franqueos

Atrás parece haber quedado aquella imagen de la arqueología como disciplina de la lejanía y del arqueólogo como aventurero. Desde hace algunas décadas y dentro de una tendencia creciente en la actualidad, buena parte de los proyectos arqueológicos ha estado incluyendo actividades que se proponen revertir esta imagen y atender la pregunta por *lo social*. Incluso se ha llegado a una instancia en la que la "contribución social" constituye un requerimiento para el diseño de un proyecto de investigación. Con ello se trataría de enmendar errores del pasado o de comenzar a modificar las prácticas tradicionales para lograr una arqueología "más cercana" a la sociedad. La pregunta que formulamos aquí es en qué medida y desde dónde

---

318 Algunos aspectos de este artículo han sido presentados en un trabajo anterior COMPAÑY, G. y S. BIASATTI (2013) "From the siege to the site: materiality and memory in the archaeological events", en el marco del WAC-7, The Dead Sea-Jordan. Agradecemos aquí a Maud Lesure su fundamental asistencia en la traducción de dicha presentación.

319 E-mail: zalocvive@yahoo.com.ar

320 E-mail: solebiasatti@yahoo.com.ar

se genera esta contribución y hasta qué punto se puede sostener que el cambio de *imagen* implica un cambio en la *situación*.

La intención de acercarse o acercar a la comunidad, en términos de lograr con ello la inclusión de este *otro*, con el tiempo ha implicado el diseño de diversas actividades. Medidas representan ciertamente lo que podríamos calificar como un avance, tanto en lo que respecta a la auto-crítica disciplinar que el preguntarse por la-cuestión-social implica, como en cuanto al cambio e inclusión de la concepción de "visitante" (fomentar la participación, salir del lugar del mero espectador, etc.). La distensión de la división arqueología / sociedad, puede verse de un modo particular en el desarrollo de la "visita guiada", en donde se pasa de la vitrina del museo al museo de sitio, y de éste a los llamados "días de puertas abiertas" que tienen lugar durante las excavaciones. *In situ*, trascendiendo la mera visita, encontramos también actividades como la participación de voluntarios/as no-arqueólogos en el trabajo de campo. En la misma línea se están desarrollando actividades practicadas principalmente con niñas y niños en edad escolar de tipo "arqueología simulada", "excavación en cajones de arena", entre otras. Tanto la participación en una intervención "real" como su recreación se muestran útiles para lograr ampliar la imagen a menudo simplista que se tiene de la arqueología e ir más allá de una actividad meramente limitada a extraer de la tierra objetos más o menos valiosos. Con ello se intenta aclarar, entre otras cuestiones, que la arqueología no sería sólo trabajo de campo y éste, no sólo excavación.

Durante los días de "puertas abiertas", se trata de capturar la atención del visitante para tener la oportunidad de explicar correctamente aquello que la arqueología *es*, de modo de alejar posibles malos entendidos. Se aconseja que lograremos una "efectiva socialización" si distribuimos información (p.e. gráfica) entre los visitantes, ya que ésta además permite la posibilidad de ampliar la difusión entre el círculo social de quien la reciba (amigos, familia, etc.). Efectiva socialización, eficaz modo de llegar a aquellos que estén interesados *en* arqueología. La mayoría de las propuestas que intentan dar difusión sobre algún aspecto de sus investigaciones arqueológicas comienzan con un pequeño recuento de *¿qué es la arqueología?*, para luego pasar a describir aspectos de las técnicas y metodología que utilizamos los arqueólogos en el trabajo de campo.

Con todo ello nos preguntamos, ¿hasta qué punto es suficiente la inclusión de la comunidad *en* arqueología, para poder hablar propiamente de participación comunitaria? Por una parte, apostamos a generar un "efecto evocador" en el público; por otra, evitamos la pregunta acerca de qué hacer con ello, quedándonos a mitad de camino. Nuestro interés llega entonces hasta ahí. Pretendemos "implicar" al visitante, ya que se presupone la inexistencia de algún tipo de conexión previa con el sitio-historia. Aunque *lo previo*, aquello que solemos llamar *pre-conceptos*, sólo es de nuestro interés en tanto puede ayudarnos a corregir nuestra exposición.

Se parte, generalmente, de una realidad según la cual la comunidad ocupa y ha estado ocupando un papel pasivo. Si bien esta realidad queda fuera de discusión, la pregunta es ¿qué se esconde o sigue escondiendo, tras nuestra idea de "activo", tras la inclusión participativa? Esta idea de rol "activo" se basaría mecánicamente en tanto opuesta al rol "pasivo", teniendo en cuenta otros métodos meramente expositivos. Y esto sería así, incluso cuando la participación pretendiera remediarse mediante la posibilidad de manipular una pantalla táctil, armar un modelo en escala o girar paneles, logrando que uno se sienta protagonista. Lo cierto es que sería apresurado suponer que el hecho de que ciertas técnicas estén asociadas ciertamente a un rol "pasivo" implique que otras más novedosas se les opongan, sino que tal vez sean simple y meramente otras, aunque en el fondo no tan distintas.

Aunque constituyan grandes avances en sí, aún es posible creer que la participación tenga que ver con algo más que lograr manipular los comandos de una audio-guía o incluso con tener la oportunidad de evaluar una muestra o intervención arqueológica. Independientemente de los esfuerzos en pedagogía y en instrumental museográfico, ¿podemos sostener la idea de un participante "activo" incluso cuando lo hayamos delimitado y encausado previamente? ¿Qué subyace bajo esta noción de *participación*? Asimismo, puede suceder que pongamos todos nuestros esfuerzos en "llegar" al visitante, ocupando para ello nuevas tecnologías y complejos dispositivos e incluso que en buena medida esto se logre, pero que sigamos sin preguntarnos por aquello que el visitante, en tanto *otro*, *es*.

Mirando a lo lejos

No es aleatorio que estemos pensando esto ahora mismo, tiempos en los que el discurso occidental parece estar siendo inquietado a partir de la insurgencia de voces *otras* hasta entonces silenciadas. Como tampoco que una de las principales repercusiones que hacen eco en ciencias sociales tenga que ver con las nociones de *diversidad* y *multiplicidad*, como inobjetablemente opuestas al discurso homogeneizador occidental. ¿Cuál es la respuesta dada desde la arqueología -con su historia asociada al colonialismo, etnocentrismo y al imperialismo-, a los pedidos de inclusión y de auto-determinación?

Es destacable el hecho de que en el caso de la tensión entre arqueología y pueblos originarios, el creciente número de aborígenes que devienen profesionales arqueólogos sea propuesto como una solución para obtener la auto-determinación de sus propios bienes[321]. De lo que se deduce, por lo menos, que la soberanía se obtiene sólo en tanto ser-arqueólogo. Se presenta una arqueología planteada como rito de pasaje o en términos de empoderamiento[322]. La educación *en* arqueología como herramienta para expresarse en un plano de "igualdad" a la hora de negociar. Lo propio, "el saber de sí mismos" como "saber fundamental" que proponía el ilustre venezolano Simón Rodríguez, pasado a cuarto intermedio, mediado, soterrado paradójicamente como vía para obtenerlo.

Pero volviendo a la *inclusión* y al *acercamiento*, ¿de qué modo esta *otredad* acercada, se manifiesta en términos epistemológicos? Por un lado, estaríamos ante la ampliación de la arqueología al incorporar objetivos, aspiraciones e incluso al comenzar a "tener en cuenta" otras opiniones. También se ha logrado una mayor participación en el trabajo de campo, donde incluso se ha llegado a reconocer que la gente puede mostrarse tan competente al punto de que a menudo vuelve a ser tenida en cuenta para futuros trabajos[323]. Por otro

---

321 Cf. ALLEN, H. y C. PHILLIPS (2010) "Maintaining the Dialogue: Archaeology, Cultural Heritage and Indigenous Communities"; en H. Allen and C. Phillips (eds.) *Bridging the Divide. Indigenous Communities and Archaeology into the 21st Century*; Left Coast Press, California.

322 cf. NICHOLAS, G.P. (2000) "Indigenous land rights, education, and archaeology in Canada: postmodern/postcolonial perspectives by a non-Canadian White guy"; en LILLEY, I. (ed.) *Native Title & The Transformation of Archaeology In The Postcolonial World*; Left Coast Press, Walnut Creek.

323 Cf. PHILLIPS, C. (2010) "Working Together? Maori and Archaeologies in Aotearoa/New Zealand Today"; en H. Allen and C. Phillips (eds.) *Bridging the Divide. Indigenous Communities and Archaeology into the 21st Century*; Left Coast Press, California.

lado, este acercamiento también es aprovechado para dar a conocer lo que es la arqueología, con lo cual se logra despejar dudas tanto en términos de procedimiento, como a partir de generar "lazos de confianza". Obviamente, otra de las vías a las que se apelan para fomentar el involucramiento de la comunidad tiene que ver con generar un recurso económico, en tanto beneficio social indiscutiblemente inmediato y discutiblemente directo.

Frente al riesgo homogeneizador[324] que caracteriza a la cultura occidental, desde la arqueología se ha comenzado a plantear la tarea de demostrar y tomar medidas para resguardar la multiplicidad que se encuentra en el mundo no-occidental. En términos generales, se habla de haber generado una "arqueología más sensible" desde la cual se están incorporando nuevas visiones del mundo, de las personas, los objetos o las formas de relacionarse entre sí, entre otras. ¿Qué sucedería si propusiéramos que, lejos de tener que ver con educar al *otro* para que pueda realizar sus propias excavaciones como vía para lograr la autodeterminación, los arqueólogos partiéramos del reconocimiento del *otro* como tal? ¿Podemos los arqueólogos intercambiar saberes sólo cuando los *otros* son profesionales? ¿Comienza el diálogo con el otro cuando el *otro* ocupa el lugar de *uno*? Entonces, ¿cómo pensar la complejidad histórica, pasando por alto precisamente la propia posición, que como occidentales tenemos en la historia? ¿O es que acaso occidente es algo homogéneo? Dicho de otro modo, ¿no tenemos suficientes muestras de que más bien occidente se refunda a diario como una cultura basada en la opresión de la mayoría, comenzando por los propios occidentales?

¿Desde dónde asumimos la crítica que la *otredad* no occidental refleja en occidente? ¿Cómo repercute el llamado y la insurgencia de la diversidad? El reconocimiento de *lo diverso*, en tanto existencia de otras concepciones del mundo, las "cosas", las personas, el tiempo, la historia, etc. representa indudablemente un paso favorable, frente al colonialismo sobre el cual se asienta el mundo occidental en general y la arqueología en particular. Pero por otra parte, identificando al *otro* con *lo múltiple*, por oposición, como *uno*, quedamos asimilados a *lo unívoco*.

Habituados a asociar al *otro* con la lejanía, al intentar pensarlo como *uno* capaz de expresarse dejamos de asumirnos a nosotros mismos como *uno*.

---

[324] WATKINS, J. (2010) "Wake Up! Repatriation Is Not the Only Indigenous Issue in Archaeology!"; en H. Allen and C. Phillips (eds.) *Bridging the Divide. Indigenous Communities and Archaeology into the 21st Century*; Left Coast Press, California, p.52.

Al internalizar la homogeneidad occidental quedamos imposibilitados de pensarnos a nosotros mismos como un *otro* en los límites del mundo que habitamos. Frente al *otro que es*, nos reducimos a la *nada que somos*: nos vemos como meros casos perdidos. El pensamiento hegemónico occidental, sin resquebrajarse, estaría colectivizando la deuda mediante la neutralización de aquellos que pasan a ser *ni uno, ni otro*.

La alternativa a una "arqueología tradicional" no tendría que ver entonces con plantear una "arqueología de la otredad", sino con partir del reconocimiento de *lo propio* en tanto vía para interactuar con un *otro* e identificar el proceso y los problemas que hacen que este *otro* no haya o no esté pudiendo ser y expresarse desde lo que él mismo es. La invisibilización colonial del *otro* lejano, no sólo no implicó un fortalecimiento del *uno* occidental, sino que significó simultáneamente la imposibilidad de pensar tierra adentro. La expansión de occidente entonces, no como la expresión de quienes lo habitan -como si se tratara de un sistema incluyente promulgador de libertades-, sino como la expansión del proyecto occidental hegemónico. La emergencia actual de numerosos reclamos por autodeterminación, al mostrar que –a pesar de la devastación homogeneizadora– el carácter múltiple ha sobrevivido, podría invitarnos a repensar nuestra posición dentro de occidente. Y en el mismo acto, las propias condiciones de sometimiento que sufrimos: somos obstáculo y remoción[325].

Pareciera que el sistema homogeneizador occidental "cede" en concebir la sobrevivencia de *lo múltiple*, al precio de que esto suceda únicamente más allá de sus límites. La incapacidad de asumir la *otredad* como parte de nuestra cultura, alejaría la posibilidad de problematizar el plano en el cual nos asentamos. Excluidos, salimos a buscar conocimiento allá a lo lejos. Este desplazamiento producido encuentra sentido en la producción de un sujeto particular requerido por el sistema. La presentación de un *otro puro*, en simultáneo al desprecio de esos *ni-unos-ni-otros* por irrelevantes. Se trata de no dejarnos conducir al sacrificio propuesto, sino de volver la mirada precisamente allí donde está el *resto*, aquello desechado, desatendido. El ser *poca cosa*, se dice con razón.

Desde la arqueología nos ocupamos de una materialidad y un sustrato esencialmente *público*, por lo que la preocupación por *lo público* debería

---

[325] Cf. ROZITCHNER, L. [1966] (1996) "La izquierda sin sujeto"; *Las desventuras del sujeto político. Ensayos y errores*; El cielo por asalto, Buenos Aires.

ir más allá de lograr un acercamiento. No se trata de juzgar aquí el carácter ético que en muchos casos estos intentos de *inclusión* y *acercamiento* tienen. Intentos que, en muchos casos, son fruto de discusiones y preocupaciones al interior de los equipos de investigación. De cualquier manera, frente a este cambio de actitud de la arqueología en relación a la sociedad, ¿puede considerarse la noción de *acercamiento* como un valor en sí mismo?

Si la participación del *otro* se limita a tomar parte en la excavación, lograr un puesto de trabajo en un museo o incluso co-firmar un *paper*, ¿quién es el *otro* en lo más profundo de nuestra investigación? Quizás no sea suficiente la intención de "abrir las puertas", cuando excluimos de la discusión los fundamentos sobre los que, como arqueólogos, nos asentamos desde los comienzos de la arqueología. En otros términos, que la presencia de la comunidad, aunque en principio un gesto altamente positivo, no implica necesariamente que nuestra investigación adquiera por ello carácter *público*.

Una arqueología pública podría replantearse en profundidad la relación que se establece con la comunidad, con este *otro* por el que decimos mostrar interés. En este sentido, vemos cómo la idea de *lo público* a menudo recae, reduciéndose a la mera divulgación: extensión, transferencia, impacto en la comunidad, entre otros. Se trataría entonces de ir más allá de la publicidad, para ingresar al plano de *lo público*. No libre de eufemismos, esta situación en buena medida se contempla en cómo los cuestionamientos de una *arqueología social* habrían sido aparentemente resueltos mediante la mudanza a una *arqueología pública*.

Si se sostiene una *arqueología pública* en tanto popularización de su campo de estudio, ¿es el desconocimiento que tiene la sociedad *acerca de la arqueología* el principal problema de la arqueología? De no ser ella misma, ¿cuál es el problema que nos proponemos solucionar desde ésta? Hablar del lazo arqueología-sociedad, podría implicar algo más que dar a conocer lo que la arqueología es. En este movimiento tendiente a lograr el preciado acercamiento, seguimos preguntándonos cómo hacer posible que la sociedad "se acerque". Nos estaríamos formulando entonces innumerables preguntas por las fallas en la divulgación, tal vez como eficaz modo de evitar preguntarnos en qué medida se *funda* nuestra práctica en los problemas de la sociedad. Por el contrario, una *arqueología de lo público* podría ser entendida en tanto práctica capaz de concebir su interacción con la comunidad, con el fin de aportar a la solución de problemas de carácter *público*.

Espejos y espejismos

Entonces, innumerables son los casos que muestran que la participación comunitaria en arqueología es, por así decirlo, un hecho. En este sentido –y siempre siendo optimistas–, buena parte de la participación pública se reduce, como hemos mencionado, al aprendizaje *sobre* arqueología. En este marco, no es sorprendente notar que usualmente la devolución del visitante (sus preguntas, comentarios, libro de visitas, dibujos, etc.), gire en torno a cuestiones internas de la disciplina, coherentemente con lo que se propone y supone.

Es posible pensar entonces que este *otro* no participa (activamente), sino que ingresa (pasivamente) en una participación ajena. En otras palabras, que no participaría como el *otro* que es, sino como el *uno* que se espera que sea. El asumir este franqueo, incluso a partir de las mejores intenciones, señalaría más bien una parodia de participación. Sin negar el acercamiento, sustentaría la noción según la cual se participa entrando en la producción de conocimiento aunque ocupando el rol de aquello que *no es*, es decir, el rol de arqueóloga/o. Partiendo de una noción de *participación* en términos de recuperación de la soberanía, de tomar las riendas de lo propio, esto no se verifica a partir de *lo que se es* sino mediante el pasaje por la capacitación dada, en este caso, por el disciplinamiento arqueológico. Si bien se presentaría la participación como vía para recuperar lo que fue expropiado, en la práctica se plantea paradójicamente sin contemplar lo único *propio* que tal vez permanezca. Recuperaríamos un pasado de modo científico, a cambio de dejar atrás un pasado-presente más amplio. Con la pretensión de recuperar, corremos el riesgo de perpetrar una segunda expropiación, aunque esta vez solapada bajo la alfombra de las buenas intenciones.

Es entonces pensable que para asimilar tan profundamente esta contradicción, hayamos tenido que ser nosotros mismos, investigadores, persuadidos de algo: o bien creer que la arqueología, al ser la disciplina que indaga en la memoria, estaría exenta de contradicciones; o bien que no hay tal cosa propia, que no hay algo que perder. Entre ambos extremos, se dice que la comunidad tiene *pre-conceptos* sobre los que hay que operar mediante la introducción de un marco de sentido.

De suponer que un proyecto de arqueología pública cumpliera sus objetivos (en términos de repercusión o impacto), con ello no se habría neutralizado más que el propio problema generado por la historia disciplinar. Pretendiendo resolver un problema de orden social, pareciera que como arqueólogas/os nos limitamos a la neutralización de nuestras propias *arqueopatías*. Deduciendo, acto seguido, la inexistencia de un problema pre-arqueológico a resolver. Esto sería ciertamente válido a no ser porque se suele ver en ello menos un punto de partida que un fin último. Así, puede suceder que al creer estar ante la resolución de un problema, no estemos realmente más que dando un paso al costado y con ello allanando el terreno a otro problema que (incluso en nombre del acercamiento), desde ahora encontraría un obstáculo menos.

Quizá debido a la correspondencia de nombres entre aquel que se le ha dado a los hechos y al registro de los mismos, cuando nos proponemos transmitir aquello que hacemos al hacer arqueología, no transmitimos aquello que tiene que ver con una historización, sino concretamente con arqueología. La necesidad de demostrar ser algo más que un auxiliar de la Historia haría que precipitemos la traducción de conceptos, confundiendo en tal acto la sucesión de eventos con la explicación de las técnicas profesionales empleadas para el registro de los mismos. Creyendo referirnos a la relación que se tiene con la historia, lo haríamos en términos de la relación que se tiene con la arqueología, en tanto disciplina.

Tras esta confusión, incluso en el marco de un programa de arqueología pública, como decíamos, no desentona partir de la idea de que la comunidad parte de *pre-conceptos*. Sin implicar necesariamente la creencia de que se está ante una carencia de conocimiento, de todas formas el (pre)conocimiento es algo que será tenido en cuenta sólo como plataforma que posibilitará nuestro desembarco informativo. Por ello se habla, sin pudor y hasta el cansancio, de un "acceso democrático y universal a la cultura". La cultura en términos de *accesibilidad*. Pero, ¿qué nos está diciendo esta incapacidad de concebir (cuando no de silenciar) a este *otro* en sí, como aquel que *es*? ¿Por qué insistir en el acceso a *aquello que no se es* o *no se tiene* y no, por el contrario, intentar quitar las capas que no nos permiten ver lo que efectivamente somos?

Cuesta creer que sea posible seguir sosteniendo un *pasado* como parte del *presente* si seguimos sin reconocer que gran parte de la sociedad, en tanto sustrato desde donde el presente adquiere sentido, queda excluida del mismo presente. Mientras se pretende haber solucionado un problema de carácter público, en el fondo no se ha salido de una discusión de estricto orden interno.

Hablar pues de un "acceso democrático y universal a la cultura", partiendo de interactuar con este *otro* precisamente en tanto *otro* que es. Si bien ya no se mantiene el reconocimiento de la sociedad como carente de saberes, no por ello se interrumpe el eclipse del *logos* hegemónico. De lo que se trataría tal vez es de dilucidar los mecanismos de invisibilización histórica: lograr *acceder* menos a *lo externo* que a *lo inaccesible* que ya se tiene y que es permanentemente negado. El problema que presenta el *problema* tendría que ver con los espejismos a sortear para llegar al fondo de éste.

Seguiremos eternamente esperando que la sociedad demande nuestra participación, al tiempo que nos mantendremos lejos de percatarnos que nuestra pretensión sea tal vez la contracara de esta demanda ausente. En otras palabras, que la ausencia de demanda estaría quizás señalando que ésta se encuentra más allá de nuestro ombligo disciplinar. Esta pretensión de alcanzar reconocimiento social o una mayor presencia en la sociedad, indicaría la reducción a paso constante del concepto de *invisibilización histórica* a la propia necesidad de una puesta en valor de la arqueología misma. Una cosa sería *acercar* el patrimonio a la sociedad, mientras que otra, concebir un patrimonio que no está necesariamente *lejos* sino que fuera *alejado*. Permanecería entre nosotros, aunque *invisibilizado*.

Que la arqueología sea una ciencia social que trata con el *público* y *lo público*, implica algo más que la sociedad sea su destinataria, sino fundamentalmente que ésta constituye su campo de trabajo. La pregunta por el acercamiento debería formularse entonces: ¿debemos *llegar a* o *partir de* la comunidad? La situación de *desconocimiento* constituye el mismo punto de partida, con el agregado de que no se trata de un problema de *distribución*, sino más bien de *producción*[326]. Indagar entonces en las formas de producción de conocimiento, en tanto otra de las caras de la producción de desconocimiento en serie. ¿Quién es el *otro* en la investigación arqueológica, incluso cuando éste está integrado en ella de forma directa?

---

[326] ROLLAND CALVO, J. (2011) "De los sistemas expertos a prácticas democráticas en arqueología"; en J. ALMANSA (Ed.) *Charlas de Café 1. El futuro de la arqueología en España*; JAS, Madrid, p.210.

Familiaridades

El reconocimiento de nuestra pertenencia al mundo occidental no implica que asumamos por ello el rol de verdugos, como si tuviéramos el mando del poder dominador. Nuevamente, "lo que late es una neutralización"[327]. Asumiendo el proyecto de dominación como propio y no como algo impuesto[328], la cuestión devendría como condición de enunciación de *lo propio* y de anunciar la expresión del *otro*.

Una cosa es reconocer la parte que tomamos en la reproducción del sistema, y otra, dejar que este esencial reconocimiento aborte el punto de partida. *Interruptus* donde se anula la posibilidad de subvertir tal lógica. El desafío estaría en ver en la reivindicación de la voz del *otro*, a través de las rajaduras del discurso hegemónico, la posibilidad de expresión general. Que el surgimiento de este *otro* sea mostrado como única voz y que, por tanto, sólo sea a condición de que cancelemos la nuestra (como si alguna vez la hubiéramos podido expresar libremente o si tal acto fuera celebrado y promovido desde los ministerios), demostraría entre otras cosas que el poder está hablando a partir de nosotros, incluso también ahí cuando denunciamos de buena fe la expansión del proyecto occidental. Se trata de un sacrificio. Un ajuste de cuentas.

Si la interacción intercultural implica un aprendizaje con el *otro*, ¿cómo interactuar con este prescindiendo del *uno* que se es? Si no el fin de la historia, ¿hasta cuándo seguiremos pensándonos fuera de ésta? ¿A qué se debe nuestra incapacidad de poder concebirnos más allá de la disciplina? La emergencia de la *multiplicidad*, la supervivencia de la *diversidad*, en tanto abre la posibilidad, podría mostrarnos la necesidad de re-enlazarnos con la alteridad de nuestra homogénea subjetividad disciplinada. Menos una fuga *new age* de occidente, como un des-cubrir la posibilidad de lo no-hegemónico que hay en él, como intento de recuperar la *subjetividad enajenada*[329]. Podemos decir que "la historia recomienza cuando uno nace"[330], en tanto con cada uno se

---

327 GONZÁLEZ-RUIBAL, A. (2010) "Contra la Pospolítica: Arqueología de la Guerra Civil Española"; *Revista Chilena de Antropología* 22, p.26.
328 Cf. GRÜNER, E. (1997) *Las formas de la espada. Miserias de la teoría política de la violencia*; Colihue, Buenos Aires, p.159-160.
329 GRÜNER, E. (1997) op.cit. p.160.
330 ROZITCHNER, L. (2011) "La *mater* del materialismo histórico. De la ensoñación al espectro patriarcal"; *Materialismo ensoñado. Ensayos*; Tinta Limón, Buenos Aires, p.17.

renueva la *posibilidad* de poner en duda la homogeneidad occidental. Si no hay pecado original, apostar al resurgimiento del carácter múltiple del cual formamos parte. Caso contrario, estaremos borrando nuestra propia capacidad de resistencia así como el sustrato necesario para aportar al cambio.

Pendulamos desde la incapacidad de pensar la *otredad* como *lo diferente* que caracteriza los comienzos disciplinares, a la incapacidad de pensar *lo propio*. ¿Es posible concebir el cese de la opresión occidental o cuanto menos la posibilidad de expresión de lo múltiple en su seno? No se trataría por cierto sólo de eliminar la frontera de expansión occidental, sino de indagar paralelamente intra-muros, buscando bajo los escombros que pisamos, los restos de lo nuestro más propio.

El acto de enunciación en tanto expresión subjetiva se da desde una situación determinada, siendo ésta ya desde el dominio que sobre el *otro* se ejerce, ya desde la servidumbre con éste compartida[331]. Que quienes habitamos este mundo occidental no podamos pensarnos como parte de la disidencia daría cuenta, si no de la posición de privilegio que ocupamos y no queremos abandonar, cuanto menos de la ceguera sistemática que impide que veamos nuestra propia capacidad de subversión. ¿Es posible pensar la expresión de *lo propio* en la cultura occidental? ¿Altruismo o sumisión?

Si sólo conocemos de occidente aquello hegemónico, se debería a que éste se ha encargado de bautizarnos aplastándonos y de hacer de esta opresión una práctica ejemplarizante, eliminando y soterrando cualquier intento de diferencia. ¿O adjudicaremos las innumerables dictaduras, los genocidios, la represión a mansalva, procesos todos generados y aplicados sobre las mismas poblaciones occidentales, a caprichos del azar, fenómenos de la naturaleza: primavera, verano, otoño, invierno y masacre[332]?

¿Cómo pensar al *otro* como *otro* si no somos capaces de pensarnos a nosotros mismos como sujetos portadores de un sentido que trasciende al disciplinado ser-investigador, refugio desde donde proclamamos una responsabilidad –ahora sí colectiva– frente a la expansión occidental? ¿No se trata también de luchar por la autodeterminación de modo que surja lo propio

---

[331] Cf. ROZITCHNER, L. [1955] (1996) "Comunicación y servidumbre"; *Las desventuras del sujeto político. Ensayos y errores*; El cielo por asalto, Buenos Aires.
[332] SCORZA, M. (1977) *Cantar de Agapito Robles*; Monte Ávila, Caracas, p.22.

que también somos? De lo contrario, ¿qué aprendemos del *otro*? El tomar al *otro* en serio no implicaría necesariamente dejar de hacerlo con uno mismo, sino reforzarlo en el mismo acto.

Sin embargo, a menudo nos asumimos como investigadores al tiempo que vaciamos *lo propio* que había en nosotros. El *ser* se da un nuevo comienzo con la investigación, olvidando lo anterior. Movemos la coma, cediendo un dígito. Al reducir nuestro *ser* al *ser-investigador*, parecería como si la puesta en duda de la disciplina, del *ser-disciplinado*, activara en nosotros el terror del *dejar-de-ser*. Podríamos entonces comenzar por tomarnos en cuenta a nosotros mismos como trascendencia de este *ser-investigador*. Lo que no significa negar una parte, sino por el contrario atrevernos a considerar que la pregunta por *aquello que se es* forma parte de la investigación. Desmontar nuestro papel como investigadores es también parte de la investigación. Incluir esta pregunta, aún corriendo el riesgo de quedar a la intemperie, tal vez nos acerque a palpar ese *todo inasible previo* que vemos en el *otro* como constitutivo de *lo múltiple*.

Reconocer, por lo tanto, que aquello que tenemos de ser-investigador se asienta en un ser anterior desdeñado[333] y que éste, a pesar de todo, permanecería en el ser que se es. Asumir el sustrato desde donde nos formamos[334] e investigamos, suelo que no es sólo la *disciplina* sino la *vida* en la cual se inserta, conteniéndola y que, por tanto, constituye el humus sin el cual aquella no sería posible. Toda crítica al disciplinamiento se auto-limita en tanto no podemos pensarnos como algo (ade)más que investigadores. Entonces, el primer paso para indisciplinar nuestra disciplina, sería indisciplinarnos a nosotros mismos, indisciplinando la concepción que tenemos de nosotros, trascendiendo lo que de disciplinar tenemos, para dar con aquello indisciplinado que somos. Y volver y permear desde ahí a la disciplina, redefiniéndola. Limitando el indisciplinamiento al plano metodológico, a una medida, caeríamos repetidamente en una suerte de disciplinado indisciplinamiento, indisciplinamiento contenido, en tanto no es posible ocuparnos de lo post-disciplinar, dejando de lado su fundamento, lo pre-disciplinar. Antes que salir, hay que quedarse a buscar. Ya no se trata

---

[333] ROZITCHNER, L. (2011) "Ensoñación"; Mater*ialismo ensoñado. Ensayos*; Tinta Limón, Buenos Aires, p.38.

[334] PEREZ, J. y V. VEGA. (2007) *La enseñanza de la historia contemporánea de América Latina en las universidades del Cono Sur;* Prohistoria Ediciones, Rosario.

de ver o mostrar lo familiar como *no-familiar*[335], caer en la tentación de su opuesto, sino precisamente de ver lo familiar en profundidad, lo familiar en el contexto mayor en el cual se funda y nosotros, en ello.

Parte del asunto: del asedio al sitio

La alternativa a la arqueología tradicional no sería, por tanto, una arqueología del *otro*, puesto que ello solapa otros impedimentos. Ocuparse de cierto período, temática o área, podría representar una intromisión. No es extraño que incluso se imponga la necesidad de cumplir requisitos, como si la identificación de una problemática o el interés por resolverla fuera insuficiente. "Haber vivido esa historia", tener ancestros indígenas o contar con un familiar *desaparecido*, como si se tratara de presentar credenciales. Situación en algunos casos siniestra, que daría las claras de una tendencia a la desmovilización mediante la deslegitimación. Situación sintomática.

Decíamos, aquel afán de identificar la otredad con *lo lejano*, llevaría a que uno mismo y su entorno sea reducido a *lo ordinario*, entendido como resto, desecho de y frente a *lo extraordinario*. Si, por un lado, vernos como *uno* implica necesariamente adosarnos a la homogeneidad occidental (y por ello identificarnos del lado opuesto al oprimido); por el otro, la sola idea de asumirnos como *otro* encuentra su límite ante un *otro* previamente alejado y por definición incomparable. La imposibilidad de que nos pensemos como *otro* (en sí confirmación de una condición subalterna) estaría contemplada al producirse y publicitarse un *oprimido ejemplar*, un *otro* acreditado. Otro ciertamente oprimido hasta el extremo, mientras *uno* es reducido a aquello imposibilitado de pensar su propia condición.

La alternativa a esta situación entonces vendría representada por una arqueología que, partiendo del reconocimiento de uno como *uno*, se interesa por el otro como *otro*. Entonces, más que tender a que el visitante se convierta en protagonista de su propia investigación, es necesario apelar a que éste tome las riendas de *su* posición, de lo que es, de aquello que precisamente *por-ser-lo-que-es* intenta ser anulado. ¿O es que tendemos a ser investigadores, en

---

335 HARRISON, R. y J. SCHOFIELD (2009) "Archaeo-Ethnography, Auto-Archaeology: Introducing Archaeologies of the Contemporary Past"; *Archaeologies: Journal of the World Archaeological Congress* 5 (2), p. 196.

tanto sumo grado de realización? ¿Puede ser el objetivo de una investigación, el lograr que el resto de personas se conviertan en investigadores? Una cosa es concebir a la arqueología como la única capacitada para explorar el pasado, y otra definir su especificidad como una disciplina desde la que se pueden demostrar las formas en que las personas fueron y son privadas de su pasado como parte de un mecanismo de dominación actual. ¿La investigación como reducción del *resto* de las personas? Hablamos de explorar el pasado como tendencia a visibilizar las formas de negación de la historia y de recuperar la visión histórica que permita a la sociedad, a partir de reencontrarse activamente con su pasado, historizar su situación presente.

Por lo tanto nos estamos refiriendo menos a un involucramiento de la sociedad-comunidad-visitantes *en* la arqueología, que a la importancia de redefinir una arqueología que permita demostrar las invisibilizaciones de la historia, incluido el presente. Desde ésta se podría poner en evidencia la historia donde se cuentan e insertan las historias, la historia del modo en que la historia es contada y, por cierto, hecha. No tanto el planteo de *convertirse* en arqueólogo –como si fuera algo en sí mismo, puerta de acceso a *lo propio*– sino de *re-descubrirse* a sí mismo; no convertirse en experto sino precisamente lograr librarse del lastre que el mismo saber experto coloca y ha estado colocando como modo de impedir la emergencia de la *otredad*. Alteridad considerada objeto de peligro y por ello a administrar.

Desde la filosofía y la crítica política desde hace tiempo se viene enfatizando la necesidad de llevar adelante una arqueología de la situación presente. Pareciera como que sólo los arqueólogos seguimos sin percatarnos de ello. Cuando finalmete lo hacemos, paradójicamente limitamos la reflexión arqueológica (en tanto necesaria crítica interna) a la arqueología en sí misma, excluyendo la interrogación del presente como estratificación del tiempo en el que estamos insertos y desaprovechando por tanto una oportunidad ciertamente histórica.

El *des-conocimiento*, entonces, como motor de la *memoria*. Reconocer la necesidad de interactuar con un *otro* frente a una materialidad, tiene que ver con asumir la importancia de recuperar la *multiplicidad* como umbral del cambio. La materialidad asociada al Estado, en tanto productor de un modelo de sociedad a su medida, contiene marcas de la expropiación de la subjetividad. Trascender la instrumentalización de la *cosa*, abriría la posibilidad de contar con espacios de recuperación de ciertos vínculos no conservados o especialmente alterados en la memoria social[336]. Por lo que, plantear la gestión de esta materialidad prescindiendo de la subjetividad implicaría lógicamente la profundización –consentida o no– del mismo proceso que se pretende enfrentar.

(Fig.1) Las puertas del ex CCD "El Pozo", en la ciudad de Rosario (Argentina). En palabras de Hugo Papalardo, militante de la agrupación Montoneros, ex preso político y sobreviviente del horror de la última dictadura argentina: "antes no nos dejaban salir, ahora no nos dejan entrar". La reducción de los lugares del horror a su inmobiliarización también forma parte de los procesos de memorialización.

---

336 ROZITCHNER, L. (2003) "Contra las máquinas del olvido"; *El terror y la gracia*; Norma, Buenos Aires, p.59.

Se parte de la necesidad de desmantelar el mecanismo desde el cual, como principal lógica de dominación, se nos anula la subjetividad. Precisamente por instar a la expresión, estas materialidades referidas constituyen focos de disputa por el sentido[337]. Afirmar que estos lugares podrían permitir la expresión de la multiplicidad, no es decir que en sí mismos la garanticen. De ahí las constantes pujas por asumir su control en términos inmobiliarios y la obstinación puesta en reducir sus potencialidades mediante su instrumentalización (Fig.1).

Esa materialidad que desde la arqueología casualmente llamamos *sitio*, podría ser abordada como espacio en el cual la sociedad visualizara y re-estableciera su posición respecto de la historia[338]. La posibilidad que ésta nos permite no ya meramente como instancia de asedio en la que se *rellena* una carencia sino en la que, mediante su *historización*, esta carencia logra reintegrar el marco de sentido en el cual fue generada: por qué el desconocimiento es posible, qué fines estuvieron y están detrás de esta situación. La materialidad patrimonial permitiría una conexión, precisamente a partir del acceso a la multiplicidad, en tanto aquello accesible mediante la expresión de lo que se es. Se trataría entonces de un acceso-exceso, aprehensión expresiva, un abandonar el pasado para mejor reencontrarlo[339].

I. Digresión: antes del fin

Si partimos del *desconocimiento* no ya como mera *ausencia*, sino como *neutralización* del conocimiento (de lo) propio en tanto esencia desde la cual enunciar la historia, una *arqueología de lo público* se ocuparía de poner sobre el tapete las formas de privación, el despojo que la sociedad protagoniza en

---

337 En Argentina, recientemente, se dieron dos debates de gran repercusión mediática en torno a los distintos usos y actividades en estos espacios. El primero se refiere a los asados en el ex CCD ESMA y, al festejo del carnaval frente al ex CCD "El Olimpo". En el primer caso, por ejemplo, Nora Cortiñas de *Madres de Plaza de Mayo Línea Fundadora*, afirmó: "la ESMA está para recordar qué es la ESMA; no se puede banalizar lo que vivimos, de ninguna manera" y continuó diciendo "jamás se hizo algo así en el campo de concentración de Auschwitz". Frente a esto Juan Cabandié, integrante de las agrupaciones *HIJOS* y *La Cámpora*, afirma: "Los lugares hay que resignificarlos, darles vida y apostamos a eso. (…) Me da una alegría tremenda que haya asados y murgas". En www.lanacion.com del día 3 de septiembre de 2013.

338 Cf. BIANCHI, S. (dir.) (2008) *'El Pozo' (ex Servicio de Informaciones). Un centro clandestino de detención, desaparición, tortura y muerte de personas de la ciudad de Rosario, Argentina. Antropología política del pasado reciente*; Prohistoria, Rosario.

339 HASSOUN, J. (1996) *Los contrabandistas de la memoria*; Ediciones de la Flor, Buenos Aires, p.17.

su propio ámbito, es decir, en el plano de *lo público*. Se estaría evidenciando entonces una de las formas de la privatización de lo público y de la historia.

Precisamente porque una imagen vale más que mil palabras, ninguna imagen –nuestra propia mirada lanzada al aparente vacío– vale históricamente más que cualquiera de ellas (Fig.2). Puede que esta aparente ausencia, en el acto de tener que pensarla, sea quien habilite la participación. No se pone en duda el hecho de que lo que llamamos "sitio arqueológico" requiera intermediación, contextualización, presencia arqueológica. La diferencia radica más bien en la concepción epistemológica que se tiene de los actores presentes. Permitirnos dejar de pensar que el opuesto de una guía contextualizada es una no-guía o un libre albedrío, trascender la tentadora oposición: al evaluar desde el terror de perder nuestra posición, nuestro *estar*. El desconocimiento, en tanto *pre-* es *concepto desprestigiado* y, por ello, materia de trabajo.

Por otra parte, si una imagen puede facilitarnos una instantánea del pasado, prestarle a nuestra imaginación aquello difícil de obtener cuando se está frente a una "ruina", frente a un "vacío"; puede a su vez constituirse en un *ancla*[340] que haga que evitemos el *inalcanzable* esfuerzo que precisamente necesitamos realizar. La apropiación mediante el anclaje de *lo unívoco* permanece latente, al acecho de esta *multiplicidad*. Las ruinas no son en-sí lenguaje sino la instancia a partir de la cual uno debe hacer el esfuerzo por nombrarlas. Como propusiera Jean-Luc Godard, "el cine no está para representar sino para pensar"[341]. Más que asistir ficticiamente, *dar la sensación* de que se es también productor del pasado, se trata de lograr conectarnos con nuestra historia a partir de lo que uno *es*: "el trabajo de la poesía no es convencer al público, sino lograr que se deje llevar por este encanto hacia su propio interior para descubrir la riqueza infinita de cada uno"[342]. Esto *inalcanzable* entendido entonces como el desgarre que la historia requiere para que nos veamos dentro de ella.

---

[340] Agradecemos a Elisa esta reflexión en el marco del recorrido-taller por el ex CCD "El Pozo" (Rosario, Argentina) (27/06/2003). Archivo ElMePoC, Silvia Bianchi (dir.).
[341] GODARD, J.L. (2010) "El enigma Godard"; Diario *El Público*, 18/12/2010, p.41.
[342] BENNIS, M. (2011) "Soy feliz con la revolución de la juventud árabe"; entrevista por Paula CORROTO, Diario *El Público* (Madrid), 05/03/2011.

Gonzalo Compañy y Soledad Biasatti - *Restos del asunto* | 237

(Fig.2.1) La hoja en blanco del campo de Concentración de Buchenwald (Thüringen), (fig.2.2) las habitaciones vacías del ex CCD "El Pozo" (Rosario), (fig.2.3) las aguas del Río de la Plata (Buenos Aires), (fig.2.4) el campo de concentración de Castuera (Extremadura), nos instan a pensar la historia. (Figs.2.1 y 2.4, los autores / fig. 2.2, archivo EIMePoC / fig.2.3, archivo personal Gisela Heuse).

Como bien sabemos, eso que llamamos "ruinas", materialidades descontextualizadas, desfiguradas, aparentemente disfuncionales[343] de las que partimos en arqueología, dan cuenta de un *contexto*: de una intencionalidad política en provocar desorientación, en hacer que uno las deseche como *carencia*, como *pre-texto*. Ahora, ¿cómo comunicar tal cosa? Las *ruinas* y los *restos* indicarían aquello que se nos lega para que no podamos acceder al mundo que los sostuvo, en tanto imposibilidad que distrae nuestra atención y que hace lo posible para que no nos veamos en ellas. Pero a su vez es este mismo *vacío* quien nos insta a que hagamos el esfuerzo de pensarlo desde un espacio de verdadera libertad[344]. La *ruina* entonces en tanto testimonio, no como quien debe venir a decirnos algo, sino como quien nos traza el contorno de aquello que por definición se le escapa[345].

II. Digresión: tras su nombre

Hay materialidades que tradicionalmente no han entrado en la definición arqueológica. Estas materialidades contemporáneas, al conservar su contexto, pueden ayudarnos a pensar otros aspectos del problema que tratamos. La toma del poder de diversos regímenes de gobierno (al menos durante el siglo XX y lo que va del XXI), ha mostrado en reiteradas ocasiones los posibles usos de la materialidad: nombre de calles, arquitectura, monumentos, etc.; y particularmente en lo que respecta al manejo de la subjetividad, como a la concepción y tratamiento del cuerpo con o sin vida[346]. Tal recurrencia, por cierto, no se limita a las dictaduras, ni a regímenes abiertamente fascistas. La pregunta que se instala tiene que ver con de qué modo abordar, qué hacer con esta materialidad que se nos lega.

---

343 RÜSEN, J. (1998) „Über den Umgang mit den Orten des Schreckens. Überlegungen zur Symbolisierung des Holocaust"; en D. HOFFMANN (Hg.) *Das Gedächtnis der Dinge. KZ-Relikte und KZ-Denkmäler 1945-1995*; Campus Verlag, Frankfurt am Main, p.331.

344 GUELERMAN, S. (2001) "Escuela, juventud y genocidio. Una interpelación posible"; en S. GUELERMAN (comp.) *Memorias en presente. Identidad y transmisión en la Argentina posgenocidio*; Norma, Buenos Aires, p.42.

345 RASTIER, François [2004] (2005) *Ulises en Auschwitz. Primo Levi, el sobreviviente* [*Ulysse à Auschwitz. Primo Levi, le survivant*, A. Nuño, Trad.]; Reverso Ediciones, Barcelona, pp.116-117.

346 Cf. AGUILAR FERNÁNDEZ, P. (2008) *Políticas de la memoria y memorias de la política*; Madrid, Alianza. / ALMANSA, J. (ed.) (2010) *Recorriendo la Memoria*; BAR International Series 2168.

El quitar del mapa un monumento, demoler un edificio creyendo con ello eliminar sus efectos, puede conducirnos a continuar la lógica planteada por el mismo poder. Destruir esta materialidad *sin más*, como quien dice borrarla del mapa, abonaría a la línea que –incluso en casos indiscutiblemente bien intencionados– pretendería enfrentar. Eliminación que tiene que ver con *diluir la marca* del sistema al cual sirve, desaprovechando con ello la posibilidad de seguir las pistas que ésta nos permitiría evidenciar a nivel social. Se trataría entonces de indagar, de nombrar y seguir nombrando aquello que la *marca* simboliza, aquellas historias que –como el resto del iceberg– pueden emerger por debajo del monumento (Fig.3).

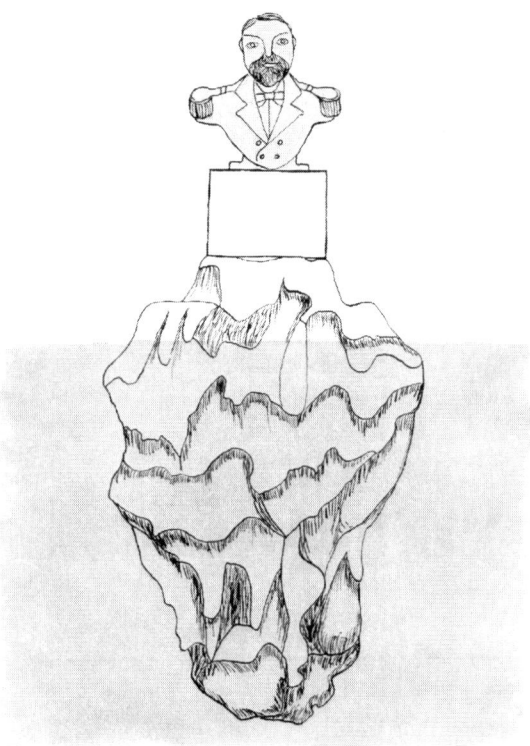

(Fig.3) *El resto del iceberg*, por Silvia Alucín.

De acuerdo a los propósitos adoctrinadores que llevaron a erigirlo, el monumento es *símbolo* y, por tanto (ni tan poco), no comienza ni termina en sí mismo. Lleva la marca del proyecto que lo necesitó y sigue necesitando. Tanto activamente, en el acto de erigirlo; como también de un modo pasivo, al mantenerlo, al no cuestionarlo. Es una materialidad que se ha naturalizado, inmiscuido entre la sociedad; materialidad que convive con nosotros como modo de anestesiarnos[347], persuadirnos del preguntar por su trasfondo.

Su eliminación puede lograr efectos bien diferentes en relación a quién se lo proponga, adquiriendo sentido su instrumentalización en el marco de aquello "políticamente correcto". Si un régimen de tinte conservador tomara una medida opuesta a su plan tradicional de medidas, lejos de "ceder", como podría lógicamente suponerse, capitalizaría un crédito en su haber. Tal actitud dotaría a dicha administración de un blasón al captar un sentido socio-cultural que en el fondo (puesto que nada ha cambiado) no tiene. Observaríamos una "conquista social", cuando más bien se trata de *cerrar una historia* para que no aparezca en otras manos, diluyendo con ello la organización de cualquier posible oposición. Esto tendría que ver con una neutralización, una esterilización. Los réditos que a tal administración ello puede darle son quizá más importantes en tanto, al mudar la apariencia de sus mecanismos de sometimiento, le permitirían su *renovación*. Es sabido que jugar a dos puntas, es hacerlo más bien sólo por la más conservadora de ellas. Lo político y correcto, precisamente como *corregida medida política* que el sistema aplica en estrictos términos estratégicos de reproducción. De aquí que el punto de superación que logra un sistema ultra-conservador sea pasar a llamarse a secas *conservador* o *moderado*.

Se instala la sed del *ni siquiera* para luego *ceder* cerrando el asunto. Instrumentalización mediante la reducción a un *siquiera* que no responde a la problemática mayor sino en tanto se presenta como opuesto al *ni siquiera*, en donde el primero amplifica sus dimensiones, cuyos resultados se contabilizan inmediatamente en gobernabilidad. En estos términos podríamos pensar que la avalancha de conmemoraciones tardías, el fervor por los homenajes póstumos, por los museos, parques, bosques temáticos de la memoria, más que expresión de indulgencia, pueden por el contrario pretender inducirnos a

---

[347] Cf. VALKO, M. (2010) "La dialéctica de las estatuas: El orden de la anestesia"; *Revista Solidaridad Global* 16; Universidad Nacional de Villa María.

un olvido soñoliento[348] e instalar una estética de la distancia[349].

Quitar un monumento en el marco de un debate público y de una iniciativa popular, tiene más que ver con resaltarlo en el mapa, des-naturalizarlo, restituirlo en su genealogía. Ejemplo de ello puede verse en Argentina a partir de la iniciativa respecto de los monumentos y nombres de las grandes avenidas dedicadas a quien fuera el genocida de pueblos originarios Gral. Julio Argentino Roca[350]. En tal marco, no se trata de borrarlos, sino más bien ponerlos en el lugar que se merecen[351]. Es por eso que el principal referente del proyecto, Osvaldo Bayer, habla de "bajarlos del pedestal" para que cese su dialéctica disciplinadora. Dejar de glorificarlos y, con ello, dejar de hacerlo con la misma historia que se padece. Es hora de no seguir (a)callando, para atrevernos a nombrar qué intereses, proyectos y personas acumulan y han estado acumulando los beneficios de la ignominia. Desconociéndolos, confundidos, no podremos tampoco de este modo afrontar, enfrentar o revertir nuestra situación.

Por otra parte, decíamos, el desafío que se impone es cómo no ceder a la tentación de limitarnos al mero reemplazo en bronce, creyendo que con ello se revierten los efectos aleccionadores: "Nada como la estatuaria para instaurar el orden de las huellas mnésicas de una sociedad e impartir desde lo alto del pedestal una determinada enseñanza que todavía no cesa"[352]. Si los monumentos vienen a coronar la perpetuación hegemónica, entonces el punto está en trascenderlos como fines en sí mismos, concebirlos más bien como un paso que simbolice la tarea de comenzar a recuperar y amplificar aquello que el mismo sistema reprime. Bajar la historia del pedestal nos permitirá palparla latiendo el suelo que pisamos.

---

348 RASTIER, F. [2004] (2005) op.cit. p.133.

349 CASULLO, N. (2001) "Fragmentos de memorias, la transmisión cancelada"; en S. GUELERMAN (comp.) *Memorias en presente. Identidad y transmisión en la Argentina posgenocidio*; Norma, Buenos Aires, p.245.

350 VALKO, M. (2013) *Desmonumentar a Roca. Estatuaria oficial y dialéctica disciplinadora*; Editorial Sudestada, Buenos Aires.

351 La idea es trasladar los monumentos que pueblan innumerables ciudades argentinas a la Estancia "La Larga" (Daireaux, Buenos Aires), propiedad de la familia Roca. Sus 65 mil hectáreas fueron parte del botín con el que el entonces Gral. fuera premiado tras la "Conquista del Desierto".

352 VALKO, M. (2010) "La dialéctica de las estatuas: El orden de la anestesia"; *op.cit.* p.31.

El mero reemplazo de una estatua por otra no lograría ir más allá de un rédito inmediato, cosa que a menudo más bien se apoya en una lógica de tipo electoral, no interesada por el asunto más que en lo que su inmediata superficialidad permite. Pretende reducir con ello el *problema* a la *cosa*, la *parte* al *todo*, continuando con la misma lógica cosificadora que los necesitó[353]. En el mejor de los casos persigue la creencia de que tal trueque revertiría por sí mismo los efectos producidos por la estatuaria, como si ésta hubiera sido erigida por sí misma. Sería además suponer cándidamente que se parte de un plano de igualdad de condiciones.

Superar la transacción inmobiliaria entonces, en tanto aquello que concebimos como *expropiación* es realmente una *reapropiación* de aquello que nos fue quitado. No sólo apoderarse de una materialidad, por caso un edificio, casa, esquina, para sellarla con una placa, *como si* se estuviera ante el fin. En el caso de representarlo, de constituir un fin, estaría más bien hablándonos del contorno de cada uno de los fragmentos en los que la historia fue trozada.

La cuestión sería entonces evidenciar el proceso de invisibilización en tanto mecanismo de opresión naturalizado. Dicha desnaturalización permitiría trascender la noción de *oprimido-tipo*, en tanto aquel con quien no se encuentra punto de comparación y que, por definición, se encuentra en un siempre-más-allá desmovilizador. Si reconocemos que esta materialidad fue naturalizada, no es posible equiparar entonces el mecanismo de invisivilización que el sistema opresor utiliza para perpetuarse, con aquello que inversamente requiere ser re-visibilizado. Ahora, si llegamos incluso al punto en el que un régimen conservador se propone eliminar un memorial erigido popularmente como intento de hacer visible aquello que por todos sus medios y hasta el cansancio ha sido invisibilizado, estamos desde todo punto de vista ante un acto de la impunidad más desenfrenada[354].

---

353 ROZITCHNER, L. (2001) "Memoria"; *Mi Buenos Aires querida*; Buenos Aires, Fondo de Cultura Económica, p.34.

354 Ejemplo de ello pudo verse a mediados de 2013, en el intento realizado por la *justicia* española de quitar del Campus de la Universidad Complutense de Madrid el monumento en recuerdo a las Brigadas Internacionales. El austero memorial –opuesto al Arco del Triunfo que reina a pocos cientos de metros (ver Rolland, en este volumen) – fue erigido en 2011 por asociaciones de brigadistas de todo el mundo, en conmemoración de los 75 años de la creación de las BI. Esta organización estuvo entonces conformada por alrededor de 40.000 luchadores-voluntarios que, procedentes de más de 35 países, se sumaron a la defensa de la II República. Ver más datos en http://guerraenlauniversidad.blogspot.de/2013/06/bandas-tribus-jefaturas-y-brigadas.html

Conclusión: del desinterés

Una *arqueología de lo público* podría evidenciar el por qué del "desinterés" o del "desconocimiento" social, cuestiones que ya no hablan meramente de un desconocimiento o desinterés por la arqueología sino por la historia propia. La pregunta por la relación arqueología/sociedad nos insta a revisar los fundamentos que guían nuestras investigaciones. Una arqueología de *lo público*, entendida entonces como la puesta a disposición del conocimiento arqueológico con el propósito de aportar a reestablecer la conexión que las personas tienen con su propia historia.

Si un primer paso en la resolución de un problema tiene que ver con su localización, la delimitación de éste implica que logremos comprender la socialización más allá de la publicación de los mecanismos de producción de conocimiento o como la mera publicación de sus resultados. La socialización partiría de la consideración de *lo social* como motor mismo para alcanzar ciertos objetivos. Se pregunta, ¿de dónde es que *surgen* nuestros problemas de investigación?

El objetivo de una arqueología social no sería pues *socializar* el conocimiento, sino que ése es su fundamento, es lo que ya es. Confundiríamos *fundamento* con *objetivo*, siendo tal confusión cosa no menor si hablamos de invisiblización. No es de extrañar que los *logros* en términos de socialización sean a menudo medidos de acuerdo a la cantidad de personas que visita o habla acerca de una actividad. En este sentido, es comprensible el afán que se pone en trabajar con instituciones que sostenidamente nos garanticen el número, el público cautivo. Aquello nombrado como *democratización y acceso a la cultura* se agota entonces muchas veces en su aspecto cuantitativo, dejando de lado lo que cada una de las personas *es* o el por qué de su aparente desconocimiento. La reducción de la socialización a algo independiente de las personas y que por tanto es factible de ser adquirido, evita la puesta en evidencia de un proceso que sigue actuando y que tiene que ver más bien con un mecanismo de socialización inversa, con una de *des-socialización* del conocimiento.

La toma de medidas en el *plano metodológico* que implicaría el pensae el del público, tanto la participación de voluntarios no-arqueólogos en el trabajo de campo, como la excavación como *puerta de acceso al pasado*, entre otras, tiene doble filo si no deviene correlato de otras aplicadas en el *plano epistemológico*. El peligro radicaría en creer estar dando por saldado el *todo* de una problemática, mientras que sólo sucede superficialmente, es decir, en una *parte*. El problema que esconde el problema es el *problema* anterior al *problema*: en el mejor de los casos estaremos actuando sobre una cuestión primera, aunque sellando otra más profunda, permanente y desde aquí en más invisible, puesto que la cuestión social habría sido quizá más que nunca, satisfactoriamente atendida.

La *inclusión* de la comunidad en la producción de conocimiento debe palparse necesariamente en el plano epistemológico, es decir en la pregunta por quién es el *otro*: el *otro* como *otro* y no como *uno-arqueólogo* (no arqueólogo a quien se le permite serlo por un momento); el *otro* como *sujeto activo* poseedor de un saber propio y de una historia cuyo sentido instala la pregunta acerca del rol que se está jugando en la historia en ese mismo momento. Esto adquiere una particular relevancia cuando el núcleo a tratar es precisamente el uso de la visibilidad/invisibilidad en el marco de un desconocimiento programado.

El llamado patrimonio arqueológico, en tanto campo de trabajo, constituye una fuente privilegiada para palpar las invisibilizaciones de la historia. Este podría ser aprovechado como puntapié para reflexionar sobre la historia y sobre las políticas de memoria. Como decíamos, el *desconocimiento* puede dejar de ser abordado-descartado en tanto *ausencia*, para ser asumido como uno de los puntales que logren orientar la investigación: reintegrar la entidad conceptual de los *pre-conceptos*. En otras palabras, se trataría de dejar de generar un vacío pre-conceptual cuyo objetivo no sea tal vez más que el de mantenernos ocupados laboralmente en la tarea de tener que llenarlo.

Bibliografía

AGUILAR FERNÁNDEZ, Paloma (2008) *Políticas de la memoria y memorias de la política*; Madrid, Alianza.

ALLEN, Harry y Caroline PHILLIPS (2010) "Maintaining the Dialogue: Archaeology, Cultural Heritage and Indigenous Communities"; in H. ALLEN and C. PHILLIPS (eds.) *Bridging the Divide. Indigenous*

Communities and Archaeology into the 21st Century; Left Coast Press, California, pp.17-48.

ALMANSA, Jaime (ed.) (2010) *Recorriendo la Memoria*; BAR International Series 2168.

BENNIS, Mohammed (2011) "Soy feliz con la revolución de la juventud árabe"; entrevista por Paula CORROTO, Diario *El Público*, España, edición del 5/03/2011.

BIANCHI, Silvia (dir.) (2008) *'El Pozo' (ex Servicio de Informaciones). Un centro clandestino de detención, desaparición, tortura y muerte de personas de la ciudad de Rosario, Argentina. Antropología política del pasado reciente*; Prohistoria, Rosario.

CASULLO, Nicolás (2001) "Fragmentos de memorias, la transmisión cancelada"; en S. GUELERMAN (comp.) *Memorias en presente. Identidad y transmisión en la Argentina posgenocidio*; Norma, Buenos Aires.

GUELERMAN, Sergio (2001) "Escuela, juventud y genocidio. Una interpelación posible"; en S. GUELERMAN (comp.) *Memorias en presente. Identidad y transmisión en la Argentina posgenocidio*; Norma, Buenos Aires.

GODARD, Jean-Luc (2010) "El enigma Godard"; Diario *El Público*, España, edición del 18/12/2010.

GONZÁLEZ-RUIBAL, Alfredo (2010) "Contra la Pospolítica: Arqueología de la Guerra Civil Española"; *Revista Chilena de Antropología* 22, pp.9-32.

GRÜNER, Eduardo (1997) *Las formas de la espada. Miserias de la teoría política de la violencia*; Colihue, Buenos Aires.

HARRISON, Rodney y John SCHOFIELD (2009) "Archaeo-Ethnography, Auto-Archaeology: Introducing Archaeologies of the Contemporary Past"; *Archaeologies: Journal of the World Archaeological Congress* 5 (2), pp.185-209.

HASSOUN, Jacques (1996) *Los contrabandistas de la memoria*; Ediciones de la Flor, Buenos Aires.

NICHOLAS, George P. (2000) "Indigenous land rights, education, and archaeology in Canada: postmodern/postcolonial perspectives by a non-Canadian White guy"; en LILLEY, I. (ed.) *Native Title & The Transformation of Archaeology In The Postcolonial World*; Left Coast Press, Walnut Creek.

PEREZ, Josefina y Viviana VEGA. (2007) *La enseñanza de la historia contemporánea de América Latina en las universidades del Cono Sur;* Prohistoria Ediciones, Rosario.

PHILLIPS, Caroline (2010) "Working Together? Maori and Archaeologies in Aotearoa/New Zealand Today"; en H. ALLEN and C. PHILLIPS (eds.) *Bridging the Divide. Indigenous Communities and Archaeology into the 21st Century*; Left Coast Press, California; pp.129-156.

RASTIER, François [2004] (2005) *Ulises en Auschwitz. Primo Levi, el sobreviviente* [*Ulysse à Auschwitz. Primo Levi, le survivant*, A. Nuño, Trad.]; Reverso Ediciones, Barcelona.

ROLLAND CALVO, Jorge (2011) "De los sistemas expertos a prácticas democráticas en arqueología"; J. ALMANSA (Ed.) *Charlas de Café 1. El futuro de la arqueología en España*; JAS, Madrid, pp.209-215.

ROZITCHNER, León [1955] (1996) "Comunicación y servidumbre"; *Las desventuras del sujeto político. Ensayos y errores*; El cielo por asalto, Buenos Aires.

[1966] (1996) "La izquierda sin sujeto"; *Las desventuras del sujeto político. Ensayos y errores*; El cielo por asalto, Buenos Aires.

(2001) "Memoria"; *Mi Buenos Aires querida*; Buenos Aires, Fondo de Cultura Económica.

(2003) "Contra las máquinas del olvido"; *El terror y la gracia*; Norma, Buenos Aires.

(2011) "La *mater* del materialismo histórico. De la ensoñación al espectro patriarcal"; Mater*ialismo ensoñado. Ensayos*; Tinta Limón, Buenos Aires.

(2011) "Ensoñación"; Mater*ialismo ensoñado. Ensayos*; Tinta Limón, Buenos Aires.

RÜSEN, Jörn (1998) "Über den Umgang mit den Orten des Schreckens. Überlegungen zur Symbolisierung des Holocaust"; en D. HOFFMANN (Hg.) *Das Gedächtnis der Dinge. KZ-Relikte und KZ-Denkmäler 1945-1995*; Campus Verlag, Frankfurt am Main, pp.330-343.

SCORZA, Manuel (1977) *Cantar de Agapito Robles*; Monte Ávila, Caracas

VALKO, Marcelo (2010) "La dialéctica de las estatuas: El orden de la anestesia"; *Revista Solidaridad Global* 16; Universidad Nacional de Villa María pp.30-35.

(2013) *Desmonumentar a Roca. Estatuaria oficial y dialéctica disciplinadora*; Editorial Sudestada, Buenos Aires.

WATKINS, Joe (2010) "Wake Up! Repatriation Is Not the Only Indigenous Issue in Archaeology!"; en H. ALLEN and C. PHILLIPS (eds.) *Bridging the Divide. Indigenous Communities and Archaeology into the 21st Century*; Left Coast Press, California; pp.49-60.

Epílogo
DESAPARICIÓN Y GEOGRAFÍA.
LA MEMORIA NO SE DISUELVE EN EL AIRE

por Marcelo Valko[355]

Yo vengo a hablar por vuestras bocas muertas
Pablo Neruda

A modo de inicio

Tal vez algún lector se sorprenda de la convocatoria realizada por los compiladores de esta obra Soledad Biasatti y Gonzalo Compañy, al unificar en un texto de autores europeos y sudamericanos trabajos que abordan temáticas relacionadas con lo indígena y con los procesos dictatoriales de uno y otro continente como disparadores de memoria y geografía. Pero si advertimos que los indios son nuestros primeros desaparecidos, la ligazón entre ambos aspectos se establece, se comprende y se fusiona de inmediato. Después de leer los textos que partiendo de tales bases analizan una problemática como la materialidad y la memoria desde ópticas y temas tan variados, no podemos menos que utilizarlos también como puntos de partida para delinear una serie de reflexiones sobre procesos tan complejos como la posibilidad de presentificación de lo ausente que se ejerce a través de recuerdos que pueden ser fieles, manipulados o prohibidos, pero siempre latentes. A su vez, estos trabajos nos permiten pensar sobre ciertos contextos geográficos concretos que resultan imposibles de equiparar con aquellos territorios que entendemos como normales o habituales y que por eso, a falta de otra denominación más apropiada los llamo geografía sagrada, un concepto que tomo prestado

---

[355] Marcelo Valko, psicólogo (UBA-FFyL). Autor de obras entre las que se destacan *Pedagogía de la Desmemoria, Ciudades Malditas Ciudades Perdidas, Desmonumentar a Roca* y *Los indios invisibles del Malón de la Paz*. E-mail: marcelovalko@yahoo.com.ar

de la arqueología[356], sin que, como veremos luego, tal acepción implique necesariamente una asociación con lo teológico. Anticipo un ejemplo. Durante los primeros años que dicté mi cátedra en la Universidad de Madres de Plaza de Mayo, era evidente que sus dos sedes resultaban insuficientes para albergar a la cantidad de materias que se dictaban. Faltaban aulas. Una opción era dar clase en la Escuela de Mecánica de la Armada (ESMA), el cuartel ubicado en plena Capital Federal que durante la dictadura cívico-militar-eclesiástica de 1976 fue el mayor campo de concentración tortura y exterminio y constituye el símbolo más contundente de lo que significó la última dictadura, allí llevaron detenidas a miles de personas para luego desaparecerlas. Una vez que ese ámbito fue recuperado para los organismos de DDHH, la Asociación de Madres dispuso allí de varios pabellones con espacio suficiente para paliar el problema de aulas. Y si bien la ESMA presenta una ubicación muy conveniente en cuanto a medios de transporte, los alumnos se rehusaban a cursar allí. La ESMA es una geografía saturada de muerte, una muerte matada malamente, con indefensión y dolor, con el espanto indescriptible de torturas implementadas por un Estado represor, todo eso sigue allí contaminando su paisaje, sacralizándolo. La memoria no se evapora de la materia. Es un espacio de muerte y ésta tiñe de sacralidad su geografía. La memoria de aquellos ausentes continúa aferrada al espacio, ligada a esas paredes, imbricada en los altos ventanales, aun doliente en sus amplios jardines de árboles añosos. Es un ámbito distinto, que posee otra mensura, otra dimensión. A raíz de tal espanto, ese espacio trágico, saciado de muerte, se convirtió en una geografía sagrada que no deja indemne a nadie que recorre sus instalaciones.

Me propongo abordar los ejes del libro considerando a la memoria en tanto la presentificación de ausencias forzadas a desaparecer por el poder o a imponerse mediante la historia oficial, y los anclajes geográficos sobre los cuales se instalan en tanto ejes materiales. Esos espacios, poseen una presencia poderosa en el imaginario cultural que tiene origen en un evento extraordinario ocurrido o atribuido a tales territorios. Dicho evento puede guardar relación con un sitio cargado de muerte y del cual emana una sensación sobrecogedora como el caso de la ESMA o, con ese espacio puntual donde el poder se impone sobre una sociedad mediante la estatuaria política o incluso con un suceso que se construye como sobrenatural. La

---

356 TILLEY, C. (1994) *A Phenomenology of Landscape*, Berg, Oxford.

presentificación de los ausentes sigue en pie, sus presencias habitan y tiñen esa geografía especial. Veremos cómo la memoria es inseparable de tales territorios dado que la corporalidad se une y disuelve en la materia. Por lo tanto, comencemos a reflexionar sobre el significado y destino que asume la corporalidad, la geografía que guarda relación con el mismo a través de la memoria y la reutilización simbólica tanto de los muertos como del espacio. Tenemos entonces cuerpos, territorios, estatuaria y memoria. Pero vayamos por parte, o mejor dicho, por cuerpo para advertir cómo la corporalidad está ligada a la memoria y ésta a la geografía.

1) Una cuestión de cuerpo

Cabezas que retoñan

Comenzaré examinando con ejemplos concretos el tratamiento dado a los cadáveres de Atahualpa, Túpac Amaru II, Sandino, Guevara e incluso Ben Laden, sin ánimo alguno de establecer comparaciones ni ponderaciones sobre los imaginarios culturales, marcos ideológicos, religiosos o actuaciones de unos y otros. Para el imaginario andino, el asesinato de Atahualpa en 1533 a manos del porquerizo Pizarro, fue y sigue siendo un cataclismo sin fin. No obstante ello, tampoco tiene descanso el trabajo comunitario para elaborar la catástrofe. Capturado en Cajamarca mediante un ardid, le exigen a Atahualpa un cuantioso rescate: las famosas habitaciones repletas de oro y plata. Pese a que el secuestrado cumple con el pago, el secuestrador lo ahorca mediante garrote vil, luego exhibe el cuerpo durante una jornada completa para que sus súbditos se convenzan de la muerte. Al día siguiente lo manda a enterrar. Apenas Pizarro abandona Cajamarca, los capitanes del Inca que no pudieron rescatarlo con vida, al menos lo devuelven a la muerte de su propia cultura[357]. Para ello sustraen el cadáver del soberano con objeto de momificarlo, único modo de mantener la vida en el más allá. Luego ocultan su *malqui* (momia) en alguna cueva que jamás fue descubierta. Su desaparición pronto ingresa en el territorio mítico. Para el imaginario andino tanto su muerte como el destino del cadáver es objeto de toda clase de suposiciones y controversias. La creencia que surge tras su desaparición corporizada en el mito de *Inkarry*,

---
[357] VALKO, M. (2005) "La representación que no cesa. Actos del imaginario andino", en *Cuadernos Hispanoamericanos* 664, Agencia Española de Cooperación Internacional, Madrid, p. 63.

afirma que el Inca fue decapitado por Pizarro y aunque sus enemigos ocultaron la cabeza, lo interesante es que en el lugar donde se encuentra, ésta no deja de crecer recuperando su cuerpo parte a parte, hasta la última de las uñas. Es *Inkarry* (el Inca y Rey) que reconquistará el Tawantinsuyo. En algún lugar de los Andes, su cabeza está creciendo, madura lentamente como un tubérculo, como una papa oculta en la clandestinidad de la tierra y se prepara, solitaria y mágica para expulsar a los invasores. Su *malqui*, intacto en algún sitio de los Andes, habita la totalidad del territorio. Todo el mundo andino es su tumba útero-originario del cual emergerá victorioso cuando su metamorfosis esté concluida. Necesita tiempo, al decir de Rodolfo Kusch, habita una temporalidad del mero estar[358]. Es indudable que la resistencia mítica, la que habita el imaginario social es una de las más difíciles de combatir y erradicar[359]. El cuerpo del Inca deja de ser Atahualpa, para resignificarse en un instrumento que regresará una y otra vez a lo largo de los siglos asumiendo nuevos nombres para el mismo combate y del cual políticos como Alberto Fujimori, Alejandro Toledo y Ollanta Umala se aprovecharon para utilizar publicidades que los muestran ataviados como *Inkarry*.

Prohibido recordar memorias

Es *vox populi* la tremenda crueldad del suplicio aplicado a José Gabriel Condorcanqui conocido como Túpac Amaru II. Después de obligarlo a presenciar la tortura y ejecución de su mujer Micaela Bastidas junto a sus hijos Hipólito y Fernando, el sumario del corregidor José Antonio de Areche ordena cortarle la lengua y amarrar sus extremidades a cuatro caballos para despedazarlo. Los miembros, tras ser exhibidos junto con su cabeza, son quemados y esparcidas las cenizas. Más allá del terrible suplicio padecido en 1781 por el rebelde, debemos advertir que semejante crueldad es un indicativo del terror experimentado por los funcionarios realistas ante la mayor insurrección de la época Colonial. Un especialista en el levantamiento como Boleslao Lewin en su formidable y documentada investigación habla de al menos cien mil muertos y un número varias veces mayor de desplazados que huyen de la zona de conflicto para evitar la represalia[360]. Aunque nunca

---

358 KUSCH, R. [1962] (1999) *América Profunda*, Biblos, Buenos Aires, p.89.
359 VALKO, M. (2011) "Entre la nostalgia incaica y el futuro independentista. Los amoríos del rebelde Ollanta", en *Huellas del mito prehispánico en la literatura latinoamericana*, Ed. Iberoamericana, Madrid, p.227.
360 LEWIN, B. (2004) *La rebelión de Túpac Amaru*, SELA, Buenos Aires.

se mató tanta gente en tan poco tiempo, los aires de independencia continúan soplando cada vez más recios y la desmesurada crueldad es el síntoma de una administración que asiste al colapso de su mundo. El temor y temblor se manifiesta en otros aspectos de la pena, igualmente importantes por sus consecuencias estructurales pero que fueron opacados por el *salpicré* de sangre de la sentencia y son lo que realmente me interesan para este trabajo.

Desaparecido Túpac Amaru II, el corregidor Areche decreta una suerte de castigos fácticos y otros de carácter simbólico para "las indiadas rebeldes". En un intento por modelar el cuerpo del adversario a la propia imagen y semejanza, dado que la vestimenta es un nítido referente identitario, ordena la utilización de ropas y peinados peninsulares, proscribe los trajes y bailes de indios "que sólo sirven para representarles los que usaban sus antiguos Incas, recordándoles memorias que nada otra cosa influyen que el concitarles más y más odio a la nación dominante, fuera de ser su aspecto ridículo y poco conforme á la pureza de nuestra religión, pues colocan en varias partes de él al Sol". También los retratos de sus Incas pasan a alimentar las hogueras de la represión. No debía quedar nada, e incluso ordena el empleo obligatorio del castellano prohibiendo el quechua, un idioma que en su momento fue una lengua franca que facilitó la Conquista. La represión apunta a la memoria, a la palabra y también al futuro que se avizora oscuro. Justamente el castigo simbólico más estructural y que guarda relación con el porvenir es el que luce como más ilógico. Areche ordena que la casa natal del rebelde "sea arrasada ó batida y salada á vista de todos los vecinos del pueblo ó pueblos á donde las tuviere ó existan"[361]. Un escribano real da fe que el solar donde nació Condorcanqui es desmantelado piedra por piedra por los soldados que a continuación esparcen enormes cantidades de sal gruesa con el fin de esterilizar el suelo natal que concibió semejante rebelde. ¿Acaso el suelo del Corregimiento de Tinta produce algo más que papas? Las actitudes de unos y otros así parecen confirmarlo. La cabeza de Condorcanqui para los suyos es un fruto mágico, un sueño eterno de esperanzas y para los realistas una pesadilla de horror. Es una planta que crece y se incorpora y camina. Por eso es necesario neutralizar el espacio que le dio vida. Necesitan matar la semilla, amedrentar la tierra, esterilizar el suelo. Debe castigar esa tierra paridora. La idea que subyace busca impedir que nadie semejante brote y florezca en ese terreno. Procuran impedir por todas las formas, el regreso del

---

361 LEWIN, B. (2004) op.cit. p.477.

Inca esterilizando la potencia germinativa del suelo natal que produjo aquella cabeza rebelde. Realmente se trata de un exorcismo mágico que apunta a anular aquel portal por donde vino al mundo. Destruirlo y esterilizarlo de nuevos nacimientos, de nuevos retornos, por eso se ensañan con la tierra misma que generó semejante rebelde que cuando eligió su nombre real, decidió asumir el nombre de Túpac Amaru, el del último Inca capturado en Vilcabamba en 1572 y así continuar el ciclo de retornos.

"Ay Nicaragua, Nicaragüita..."

Cuatro días después de ordenar la ejecución de Augusto Sandino, el jefe de la Guardia Nacional (GN) Anastasio "Tacho" Somoza anunció la creación de una comisión investigadora "para averiguar los deplorables sucesos ocurridos la noche del 21 de febrero de 1934", cuando Sandino tras cenar en la residencia del presidente Juan Sacasa, fue detenido, conducido a un descampado y ejecutado junto a dos colaboradores cercanos. Precisamente Sandino había acudido a la reunión para exponer sus quejas ante los abusos y arbitrariedades cometidos por la GN manejada por Somoza. Realmente el caso no era para que ningún detective se devane los sesos. Era sabido por todos que Somoza lo había mandado ejecutar utilizando a sus oficiales más confiables. Es más, la misma noche del crimen fue personalmente "a tomar vista" del cadáver. El cuerpo del "general de los hombres libres" fue conducido al campo de Larreynaga, frente al lago de Managua donde le despojaron de todas su pertenencias, le quitaron la ropa, su anillo matrimonial y lo arrojaron a una fosa no sin antes profanarlo. La plana mayor de la GN hizo un juramento de silencio e incluso firmó un acta, o más bien un pacto de sangre donde acordaron la eliminación de Sandino, una suerte de comida totémica con objeto de socializar el crimen. El documento menciona incluso que el embajador de EEUU Artur Bliss Lane "aprueba el asunto". Su ejecución supuso también el ataque al campamento de Wiwilí donde la GN elimina medio millar de sandinistas junto con sus mujeres e hijos tal como Gregorio Selser lo describió con pruebas contundentes[362].

Una versión afirma que Somoza manda matar a los enterradores para que nadie, excepto él, supiera la ubicación real de los restos. Otra, asegura que el cadáver del héroe de las Segovias permaneció en la fosa original hasta 1944. En ese entonces, grandes protestas sociales sacuden Nicaragua y "Tacho"

---

[362] SELSER, G. (1984) *Sandino, general de hombres libres*, Editorial Abril, Buenos Aires.

Somoza, temeroso que los opositores descubran la ubicación del cuerpo y lo utilicen como emblema contra su gobierno, manda desenterrar los restos, los incinera y luego esparce las cenizas por el lago Managua, acciones que supervisa personalmente. En cualquier caso, se mantiene el terror causado por aquel portador del emblemático sombrero alado. Hacia 1979, "Tachito" Somoza constató en carne propia lo inútiles que resultaron los desvelos de su dinastía para cegar la vitalidad insospechada del cadáver a quien el pueblo siguió teniendo presente como estandarte y que retornó con el del Frente Sandinista. Una vez en el poder, el FSLN intentó ubicar aquellos restos legendarios. Afortunadamente no lo lograron, permaneciendo de ese modo en algún lugar de Nicaragua que puede ser cualquier valle o monte. No ocurrió lo mismo con Guevara.

Ojos abiertos para siempre

Apresado con vida en la Quebrada de Yuro en 1967, Ernesto Guevara fue exhibido primero ante la prensa como un animal arisco al que logran sujetar a tiro limpio; luego, una vez ejecutado, lo exponen como un trofeo de caza en aquella mesa rodeado por agentes y militares ufanos de exhibir el cadáver de la presa cautiva. En ese momento de auge revolucionario, es necesario mostrar que el muerto está bien muerto, exponer el pecho descubierto de Guevara con los orificios de entrada de los proyectiles, mostrar que está vencido. El torso desnudo con los impactos de las balas enseña aquello que el poder desea demostrar y creer, que Guevara no es inmortal, que la revolución se puede matar, sólo es cuestión de perseverancia. Había combatido en Cuba y África, pero Bolivia era la vencida. Sus restos y los de sus compañeros ejecutados junto a él, fueron enterrados secretamente a la vera de un aeródromo militar constituyendo la ubicación de la fosa, uno de los secretos mejor guardados por los uniformados del altiplano que no se caracterizan precisamente por mantener la boca cerrada. Eufóricos con la exhibición de la presa, sus matadores no reparan en los ojos abiertos del cadáver exhibido en la mesa de aquella escuelita. Y la mirada de Guevara se les escapa en las cámaras fotográficas. Huye aunque lo siguen viendo expuesto sobre aquella mesa. Muerto, su cuerpo se liga a ese espacio donde lo exhiben y su memoria ingresa al mito y es aún más peligroso que cuando estaba en el monte.

Sin embargo, desde octubre de 1997, los escasos vestigios esqueletarios que sobrevivieron a la voracidad de la tierra, fueron identificados por el equipo de Antropología Forense y guardados en un pequeño féretro que se encuentra en un mausoleo de Santa Clara. Más allá de entender los motivos de su familia, como la intención política de Cuba por repatriar a Ernesto Guevara, esos huesitos distan tanto de aquel hombre a quien no le alcanzaba el día para construir un mundo que imaginaba factible. Pienso que extirparlo de aquella tierra que nutrió su sangre, un acto que si bien se realizó en forma respetuosa, no por eso deja de tener ciertos visos de profanación al exponerlo en ese pequeño féretro tan alejado de su cuerpo. Los restos humanos se convierten en vestigios arqueológicos. Lo momificaron convirtiéndolo en una pieza de museo. Y todo lo que ingresa a un museo tiene garantizado su muerte. Su repatriación fue desacralizar aquella vasta geografía que lo albergaba y el comienzo de su banalización en remeras, tatuajes y llaveros.

Muertos como para tirar al agua

Desde que tenemos registros los muertos jamás dejaron de perturbar, siempre provocaron sensaciones ligadas con el respeto, con lo incompresible y sobre todo con el temor ante la posible venganza que podría suscitar su retorno o permanencia entre los vivos, claro que unos dan más miedo que otros. Por eso el tratamiento dado por EEUU al cadáver del jeque saudita Osama Ben Laden sirve como disparador para advertir cómo la corporalidad está ligada a la memoria y la desesperación que por momentos se advierte para desintegrarlo de la geografía. Las imágenes tienen necesidad de mostrar y adoctrinar como lo han expuesto con desparpajo durante generaciones las láminas escolares que manipularon nuestra infancia. Poseen una capacidad discursiva desde el comienzo de la historia. Lo advertimos en los inicios del arte parietal con la imposición de las manos sobre el dibujo de algún animal que se desea cazar. Desde siempre se manejaron las representaciones, basta ver el tratamiento del tamaño de la figura descomunal de algún faraón y la multitud de sirvientes que no le llegan a la rodilla. Señores y vasallos, pese a transitar una dialéctica circular donde el emisor siempre es el poder. El receptor, invariablemente es el que obedece, sean los esclavos de ayer o los ciudadanos de hoy. También, y como supongo los lectores lo habrán advertido, es tan importante la presencia de la imagen como su ausencia, algo que toda potencia conoce a la perfección y que EEUU demostró hace algunas décadas con la Guerra del Golfo y de la cual hasta Jean Baudrillard acabó intoxicándose con su texto *La Guerra del Golfo no ha tenido lugar*[363]. Más tarde en Irak y Afganistán, ocurrió lo mismo, los muertos, el material que más abunda, es lo que está más ausente, sobre todo los muertos propios, a diferencia de lo ocurrido en Vietnam que constituyó un grave error semiológico que nunca más volverían a repetir. Ya el mismo Hernán Cortés había dado cátedra en ese sentido al enterrar a escondidas a los primeros soldados que le matan los aztecas, para mantener la idea de absoluta superioridad sobre el adversario[364]. Además de no desmoralizar al frente interno, la idea que subyace es demostrar la inmortalidad propia, mientras que el enemigo posee una muerte invisible, una muerte de desaparecido, una muerte que no importa, la muerte de los seres que no existen. Los muertos sólo tienen existencia si se ven, muertos contantes y sonantes, de lo contrario habitan esa entidad macabra que constituyen los desaparecidos. Los muertos enemigos se imaginan, o muestran que no los muestran y es una manera de poner de relieve la inocencia del victimario. Hay un caso ejemplificador. Durante los días posteriores a la ejecución de Ben Laden en 2011, la administración Obama debatió sobre "la conveniencia" de mostrar su cadáver mediatizado a través de una foto. Finalmente, dado el carácter "atroz" del estado de Ben Laden, deciden no facilitarla. El Pentágono asegura "que se trata de una imagen muy cruda en la que aparece prácticamente destrozada la cara del líder de Al Qaeda"[365]. En lugar de apreciar lo que quedaba del cráneo del saudita, tuvimos oportunidad de observar a Obama y su gabinete mirando por TV la cacería y asesinato en directo y detenernos en la impresión que la escena le provocó a Hilary Clinton tapándose la boca ante la manera de impartir justicia por el gobierno demócrata que preside el Premio Nobel de la Paz Barak Obama y del cual forma parte activa. En esa imagen que tuvo visitas record en la red, observamos que el gabinete observa aquello que no nos muestran. Para nosotros resulta suficiente el gesto de la sensible Hilary. La imagen es "atroz" y los únicos capacitados para enfrentarla son los funcionarios imperiales que desde hace siglos nos protegen de diablos, indios y terroristas. El Poder nos dice qué podemos ver, y a su vez nos muestran lo que sólo ellos tienen capacidad de ver ostentando una permanente tutela

---

[363] BAUDRILLARD, J. (1991) *La Guerra del Golfo no ha tenido lugar*, Editorial Anagrama, Barcelona.
[364] DIAZ DEL CASTILLO, B. (1992) *Historia verdadera de la conquista de la Nueva España*, Historia 16, Madrid, p.238.
[365] *Clarín*, edición del 4/05/2011, Buenos Aires.

sobre nuestra minoridad. Los motivos son altruistas, para preservarnos. Más allá de la notable confusión de las propias informaciones de Washington sobre el asesinato del líder de Al-Qaeda, es significativo que una vez muerto Ben Laden no concluye su capacidad para provocar terror, por eso su cadáver es capturado y continúa teniendo la misma importancia y peligrosidad como si estuviera vivo. *La Nación* sentencia: "Después de un tiroteo, mataron a Osama Ben Laden y tomaron su cuerpo bajo custodia"[366]. Pese al eufemismo "custodia", la frase es contundente. El cuerpo sigue siendo peligroso y sus matadores deben protegerse de la energía que emana del mismo. Se convierte en una brasa ardiente que es necesario neutralizar arrojándolo al agua, en este caso al océano Índico desde un portaviones. Para hacer más promiscua la cuestión, aseguran haber cumplido "escrupulosamente" el ritual musulmán, tirando también por la borda la normativa que establece esa misma liturgia y que ordena enterrar los cuerpos en tierra en dirección a la Meca.

Entre morir y no morir

La posesión que el poder ejerce sobre los restos busca convertirse en una suerte de segunda muerte y pone en evidencia que al fallecer, el cadáver no es libre ni siquiera de morir. Por el contrario, se toma como rehén para evitar que su corporalidad asuma el rol de un símbolo que indudablemente está más allá de sí mismo. La destrucción corporal no es suficiente. El espacio que ocupa la memoria de la corporalidad ausente es un problema grave. Y el poder se desespera con esa suerte de monstruo y lo descuartiza, lo incinera, lo arroja a una fosa secreta, lo exhibe en triunfo como un crucificado de ojos abiertos o lo arroja al mar desde los vuelos de la muerte como sucedió en Argentina. Pero el cuerpo sigue molestando. Y el poder vacila entre mostrar o no mostrar al cadáver. Occidente es el inventor de la muerte aséptica, quirúrgica y limpia, por eso opta por mostrar que no lo muestra, lo tiene para sí, una muerte que no muere y permanece en ese *impasse* jurídico que implica la categoría desaparecido. Sin embargo tal acto conjuratorio no le alcanza para disolver el cuerpo temido que sigue estando y sus cenizas, sus huesos y sus nombres continúan esgrimiendo una resistencia que resulta imposible de exorcizar, como lo demuestra el ejemplo de Túpac Amaru II cuyo descuartizamiento no hizo más que multiplicarlo en una enorme geografía.

---

366 *La Nación,* edición del 4/05/2011, Buenos Aires.

2) Espacios y reocupaciones

¿El no lugar?

El espacio humano es una producción, por lo tanto todo espacio es social y en ciertos casos termina contaminado de humanidad. Su significación tiene una concepción funcional, así nos encontramos con barrios obreros, lujosos, prostibularios, financieros, etc. Marc Augé nos habla del no-lugar, esos sitios de tránsito que no le pertenecen a nadie[367], puede que desde su visión europea tenga algo de razón, pero en general el espacio es de alguien, posee un dueño, un propietario ya sea un particular, una empresa, un país, y sobre todo, existen ciertos ámbitos geográficos que le conciernen al imaginario social, esos territorios le pertenecen a un nosotros inclusivo. Incluso en Sudamérica, esos lugares de tránsito que menciona Augé son reocupados por vendedores callejeros que instalan allí sus puestos o, personas desvalidas que acampan con sus bártulos y los utilizan para dormir y dejan de ser un no lugar.

El espacio humano siempre fue significante. Basta ver la evolución de la cartografía, desde los mapas de los primeros navegantes al bordear la costa americana. En los mares de tales portulanos ubican animales mitológicos mientras que en la tierra diseminan seres legendarios que ni unos ni otros guardan relación con la realidad objetiva. Incluso hoy en día, si tomamos un globo terráqueo observamos cómo se ha naturalizado la convención actual de ubicar al hemisferio norte arriba, y al sur abajo, en una relación de dialéctica asimetría, de un hemisferio vencedor alzado como un macho vencedor sobre la hembra sumisa. Durante el siglo XVII y hasta bien entrado el XVIII se ubicaba indistintamente el sur arriba y el norte abajo. En definitiva, advertimos que el espacio se humaniza, y en realidad se imagina y los mapas dan buena cuenta de ello como el ejemplo de la Patagonia, un territorio poblado de enormes gigantes que dejan las huellas de sus enormes patas. Y ni que decir del río más caudaloso del mundo que es el Amazonas, el nombre alucinado que le adjudican los primeros cronistas que fatigan sus riberas en busca de ese país maravilloso de mujeres hermosas, desnudas, sin hombres y con oro. ¿Cómo no embarcarse en su busca? El imaginario lo construye. Pero no vayamos tan lejos, pensemos en la estatuaria oficial y su ubicación en la ciudad. Se trata de una escritura y debe ser leída como

---

[367] AUGÉ, M. (1993) *Los no lugares. Espacios del anonimato. Antropología de la modernidad*, Ed. Gedisa, Buenos Aires.

tal. Es una inscripción del hombre en el espacio. La ciudad es un discurso y este discurso es un verdadero lenguaje. Y como tal, ese significado posee un significante. Y veremos cómo aquellos significantes pueden variar de rostro de una generación a otra, pero el significado permanece, algo que tiene que ver con la reutilización del espacio.

En lo que respecta a la geografía sagrada, podemos afirmar que la tierra no es un espacio indiferente, al menos determinadas porciones de territorio tienen una presencia que se impone al devenir generacional. Esto acontece en la India con los millones de fieles que realizan el baño ritual en el Ganges, entre los musulmanes que giran en torno a la Kaaba de la Meca o con los peregrinos católicos que hacen el camino de Santiago hacia Compostela. Se trata de lugares privilegiados donde el creyente participa de una relación estrecha con el poder de Dios o algún sucedáneo. Según la creencia generalizada tales sitios tuvieron en algún momento la visita de lo celeste y comulgaron con la historia divina recibiendo su impronta. A tal revestimiento debemos sumarle las generaciones de fieles que siguieron aportándole un plus valor religioso, que se renueva y robustece en cada ceremonia. Observemos el caso de Jerusalén un espacio puntual que tres religiones se disputan hace siglos. Los territorios son inmensos pero la geografía sagrada es algo puntual, mínimo, específico. Es lo más alejado al vacío donde el imaginario ancla, se concentra y se potencia. Obviamente es un bien escaso, y por ende resulta inevitable su reocupación. Un ejemplo evidente lo tenemos en la religión católica instalándose en Roma, en el núcleo imperial, para irradiar desde ese centro privilegiado su pretensión ecuménica. Tras la caída de Roma, el Papado pudo haberse situado definitivamente fuera de Europa, lo más lógico hubiese sido Judea, pero la Iglesia procuró heredar por transitividad, el prestigio que emanaba de la geografía romana y las excusas esgrimidas por San Agustín en su esforzada *Civitas Dei* son elocuentes al respecto. El espacio sagrado no abunda, son puntos de excepción, por eso se reutilizan. Incluso pueden ser lugares de enfrentamientos de creencias, donde el Dios que resulte vencedor aunque retenga los poderes del vencido, no tendrá necesariamente el monopolio de la palabra, la deidad derrotada siempre conseguirá asomar su rostro tras el ropaje oficial.

La conducta seguida por los conquistadores a lo largo de América, construyendo sus principales iglesias encima de los santuarios indígenas más atractivos simbólicamente, es una prueba contundente de lo que venimos planteando. Los ejemplos más claros los encontramos en México-Tenochitlan donde los ideólogos católicos deciden construir la Catedral sobre el Templo Mayor de Tlaloc y Huitzilopochtli. También la Virgen de Guadalupe se instala sobre el poderoso adoratorio de Tonanzintla (la Madre de la Tierra). En Lima, Pizarro construye su Palacio de Gobierno sobre una *huaca* (lugar sagrado). En Cuzco, sobre el Acllahuasi (casa de las vírgenes del sol) implantan el convento de monjas de clausura, en la misma ciudad, sobre el Coricancha, considerado por los incas el centro del omblligo del mundo levantan la iglesia de Santo Domingo. Podríamos hacer un largo listado de los puntos sobre los que se montaron los imaginarios vencedores, o como dice Gruzinski colonizando el imaginario del vencido[368], pero en aras de no complicar más las cosas, decido elegir un sitio único en su género, y donde esta dualidad del Dios de unos sobre el Dios de los otros, se manifiesta no sólo desde lo geográfico, sino también desde el plano semántico.

Perteneciente al imaginario andino, el santuario boliviano de la Virgen de Copacabana, ubicado a orillas del lago Titicaca, servirá para ilustrar mi punto de vista. Este sitio sagrado, fue depositario de residuos de significación arcaicos concitando no sólo la devoción de los cuzqueños, sino también de pueblos alejados como los cañares o chachapoyas "y así de toda la gente de naciones y parcialidades" que concurrían a rendirle culto a la huaca de Copacabana desde Ecuador hasta Chile. Durante la revuelta milenarista del Taky Onkoy de 1565 fue, junto con el santuario de Pachacamac, la dupla de *huacas* que "comandaron" a las restantes, para destruir a los castellanos y desterrar sus dioses, nombres y alimentos. Sin dudas se trató de un lugar problemático para los evangelizadores. Eso fue lo que escribió con todas las letras el fraile Martín de Murúa cuando consideró a "Copacabana lugar de la mayor idolatría que hubo en todo el Perú"[369]. Encabezar el ranking demoníaco no fue una licencia literaria. A los ojos del sacerdote neo cruzado, Copacabana merecía su identificación con el pecado ya que estaba considerada como "la sinagoga y academia de los idolatras"[370]. Tras la conquista de la zona, Copacabana mantuvo su embeleso de Jerusalén pagana y continuó atrayendo "tal romería de idólatras", que los dominicos estimaron la conveniencia de

---

368 GRUZINSKI, S. (1995) *La colonización de lo imaginario. Sociedades indígenas y occidentalización en el México español. Siglos XVI-XVIII*, FCE, México.
369 MURUA, Fray M. de (1992) *Historia general del Perú*; Cambio 16, Madrid, p.201.
370 CALANCHA, A. de la (1972) *Crónicas Agustinas del Perú*; Madrid, p.145.

levantar una primera iglesia. La construyen en 1550 y la dedican a Santa Ana para que los ayude a poner en caja a tanto descarriado. Sin embargo la propagación del Evangelio necesitó una ayuda extra. Muy pronto, una oportuna aparición de la Virgen vino a contrabalancear la pleitesía hacia aquel sitio herético. La imagen de la Virgen de la Candelaria a la que se empezó a rendir culto fue entronizada el 2 de febrero de 1583. Posteriormente el templo de adobe fue reemplazado por el actual complejo de iglesia, atrio y capillas posas construido entre 1614/1640. Esa Virgen, actual patrona de Bolivia y de enorme influencia en el sur peruano y noroeste argentino, rindió sus frutos. No obstante ello, no consiguieron despegarla semánticamente de la geografía sagrada del lugar. Y aquí viene lo más interesante. El padre Calancha, concienzudo cruzado contra la encarnación de Satán en la zona del Titicaca, al establecer una historia de la región, comentará con un desagrado no exento de asombro lo siguiente: "No hallo que haya en la cristiandad imagen de la Virgen que tenga el nombre del ídolo que en aquella parte se adoraba, si la hay no ha venido a mi noticia. Aquí dispuso Dios que el nombre del ídolo fuese sobrenombre de esta imagen...si no es que digamos que quiso como vencedora quedarse con el nombre del vencido"[371].

Pienso que el extirpador de idolatrías y bestialidades tiene razón en mostrar su desazón y extrañeza ante un caso que expone como inaudito en la cristiandad, donde una Virgen termina bautizada con el nombre del ídolo que vino a sustituir. Semejante actitud es más incongruente si advertimos que la intención de los que implantaron la adoración de María era desterrar toda huella de paganismo. Copacabana no sólo es el nombre de la *huaca*, sino que por transitividad semántica hereda al ídolo en cuestión. Sucede que ciertas nominaciones son indisociables del vínculo espacio/tiempo que les otorga identidad. Se trata de nombres que dejan de ser palabras. En el caso de la Virgen que retiene el nombre de la *huaca*, pasa a transformarse en el lugar al cual alude o representa. Evidentemente Copacabana fue un significado de un poder irreducible y por lo tanto intraducible, al que fue más fácil añadirle una nueva forma plástica (la Virgen) que desintegrarlo en una nominación vacía, carente de tal poder. Los extirpadores no tuvieron otra opción que mantener el nombre de ésta, produciéndose uno de los cócteles más interesantes entre significantes y significados[372]. Así como no existen dos individuos iguales,

---
371 CALANCHA, A. de la (1972), *op.cit.* p. 141.
372 VALKO, M. (2012a) *Ciudades Malditas. Ciudades Perdidas: huellas de geografía sagrada.*

lo mismo acontece con el paisaje. El espacio es único porque tiene memoria, está improntado por huellas mnémicas que le van dejando un residuo de significación particular a través del tiempo[373]. La Geografía Sagrada es espacio, pero también es tiempo como lo demuestra la reutilización del territorio. Un ejemplo breve para ir terminando. En Buenos Aires durante la Colonia, a los esclavos negros los desembarcaban en la Vuelta de Rocha en el Riachuelo, allí los subastaban. En la época del general Roca, último cuarto del siglo XIX a los millares de indios prisioneros que traían desde la Patagonia los desembarcaban en ese mismo lugar donde los entregaban como sirvientes. Tiempo y espacio. Ambas variables convergen de modo inseparable. Todo sigue ocurriendo en la temporalidad circular de América. El tiempo lineal sufre una tergiversación y se empantana en lo cíclico con periodos que terminan y vuelven a comenzar otra vez desde el principio. Pero también existe un empantanamiento temporal de otra índole, creado por el poder mediante la estatuaria oficial que, con su ejemplo de quietismo, busca impedir cualquier movimiento social.

3) Estatuaria y dialéctica disciplinadora

Mojones de la historia oficial

Debemos tener presente que las estatuas en su aparente inmovilidad, al igual que las imágenes de las láminas escolares o los nombres de las calles y plazas o grabados en los frontis de las escuelas no son inocentes, ni mucho menos inocuas. Nada es más peligroso que una estatua. Muy por el contrario, son modélicas, hablan en silencio con la exacta verborragia del poder. Sus bocas quietas no dejan de decir y sus ojos inmóviles nos observan. Su amenazante deber ser es permanente, no cesa. La estatuaria y sus derivaciones nos muestran arquetipos a seguir. En ese sentido, lo que representan sus nombres subrayan, designan, conmemoran, destacan, idealizan, remiten, ejemplifican, direccionan, proveen de sentido, dan existencia, proyectan, dan identidad, pero por sobre todas las cosas: naturalizan. Es decir, transforman una situación en cotidiana, en habitual, en natural. Presentifican sus ausencias.

Colección Desde América, Editorial Biblos, Buenos Aires, p.160.
373 VALKO, M. (2006) "Memoria y Resistencia: la fiesta de Ekeko-Alasitas en Copacabana", en LEPE, L.M. y GRANDA, O. (Coords.) *Comunicación desde la periferia: tradiciones orales frente a la globalización*, Anthropos-Tecnológico de Monterrey, Barcelona, p.87.

Y es así como nos encontramos con personajes que en lugar de una estatua en lo alto de un pedestal merecen prontuarios, no premios, merecen que la historia castigue sus memorias. No deben ser acreedores a semejantes sitiales de honor en nuestras calles y plazas y manuales. El travestismo ejercido por la varita mágica de la historia oficial convierte en próceres a individuos que lo único que hicieron fue defender los intereses de clase de los poderosos. Y la cantidad de homenajes posteriores que reciben son directamente proporcionales a esta defensa. Nada más peligroso que un monumento o el cartel de una calle. Los seres representados en ellos son habitantes del pasado que se presentifican modélicos. Son paradigmas embalsamados, mojones de la obra maestra del poder. Se trata de personajes que nos antecedieron e indican ejemplos a seguir y respetar. En general, pareciera que nadie percibe los monumentos y que no tuviesen más utilidad que proporcionarle un excelente mirador a las palomas desde el cual asolearse y realizar con comodidad sus necesidades, pero el asunto es algo más sutil y su utilidad está más allá de brindar un cómodo sitial para el deshago de las aves. La gente pasa a su lado sin reparar en la pedagogía que imparten desde su aparente inmovilidad. Sin embargo ellas están allí, dictando sin pausa, ordenando un pasado que se temporaliza en una suerte de presente perpetuo, imponiendo hacia el futuro un orden constante de prioridades morales desde una coartada estética. Nos adoctrinan, nos acostumbran y sobre todo naturalizan un estado de cosas que debe ser así y no de otra manera. En definitiva y aunque pareciera obvio, pero quizás no tan evidente, la estatuaria tiene que ver con lo estático, con un quietismo anestésico. Poseen doble rostro. Detrás de la máscara edulcorada, se encuentra agazapada la fea cara del poder consuetudinario.

En Argentina, la pedagogía de la desmemoria que conduce a una amnesia colectiva no es "interpretable", se encuentra íntimamente vinculada a la currícula académica construida por la historiografía oficial que se enseñorea en las aulas amaestrando las neuronas de generaciones de docentes y alumnos. Para estructurar semejante obra maestra de las elites del poder, no sólo emplearon los textos y láminas de los cándidos manuales escolares aprobados por el Ministerio de Educación, sino que también esparcieron por todas las concentraciones urbanas, en sitios de apariencia tan inocentes como una plaza donde juegan niños o desde las veredas de cualquiera de nuestras ciudades, una serie de estatuas o relieves que, como una suerte de hitos sagrados, custodian el discurso de nuestra temporalidad como

Nación[374]. Tal anestesia visual, para denominarla de algún modo, se trata de un mecanismo peligroso que tergiversa y suplanta la realidad mediante la laboriosa construcción de un imaginario social que obliga a pensar y pensarse con categorías mentales evidentemente opresoras. Lo aparentemente estático de la estatua tiene que ver con la profunda tensión que ejerce el poder para mantener el *statu quo*. Nada como la estatuaria para instaurar el orden de las huellas mnémicas de una sociedad e impartir desde lo alto del pedestal una determinada enseñanza que todavía no cesa. La estatuaria es útil al poder porque crea un relato tan conveniente como convincente. Por ejemplo el maquillado relato del "Descubrimiento" de América luego remixado como "Encuentro de dos culturas". Tras la victoria de las armas sobreviene el discurso que se corporiza en la estatuaria.

Nada es menos inocente que una estatua en su aparente inmovilidad. La estatuaria no cesa de decir, de mantener el *statu quo* dictaminado por la historia oficial diseñada por los apóstoles de las elites. Es inadmisible que aquellos que merecen prontuarios disfruten pedestales. Tener genocidas encumbrados en calles, plazas, ciudades es naturalizar un estado de cosas. La Historia Oficial, es una obra maestra de los sectores que siempre controlaron el poder económico y político, por eso resulta indudable que quien controla la historia, se siente heredero de la memoria de un país. Por eso es tan importante la historia y su construcción y explicitar lo que significa la presencia de la estatuaria oficial, la estatuaria de la desmemoria. Desmonumentar a quienes merecen prontuarios en lugar de pedestales busca recuperar la memoria apropiada, la memoria usurpada, tergiversada por la amnesia, en donde los nombres de las calles y la estatuaria desempeñan un mecanismo de disciplinamiento muy sutil. Y aquí es donde surge la gran pregunta sobre qué implica su reemplazo: ¿qué cambia con el cambio? Cambia un país hecho a imagen y semejanza de las elites tradicionales, por uno mejor, por el país fraterno e inclusivo de la Revolución de Mayo que fue usurpada y travestida por esos sectores para quienes revisar la historia significa autoincriminarse, algo que jamás van a aceptar. Revisar la historia es poner en riesgo el *statu quo* que implantaron y que defienden a rajatabla. El poder no admite cambios, sólo admite más poder, anhela una historia estática, inmovilizada en su momento de gloria. La historia argentina está detenida en Roca y en

---

374 VALKO, M. (2013) *Pedagogía de la Desmemoria. Crónicas y estrategias del genocidio invisible*. Ediciones Continente, Colección Artillería del Pensamiento, Buenos Aires.

lo que representa su victoria frente a todo tipo de barbarie ya sea indígena o del mundo laboral dado que en su primera presidencia (1880-1886) barre toldos y entrega 41.000.000 de hectáreas a 1.845 familias de la Sociedad Rural mientras que durante su segundo mandato (1898-1904) hace foco sobre los extranjeros de "ideas disolventes" que solicitan pretensiones tan alocadas como ocho horas de trabajo o descanso dominical pago y les aplica la Ley 4.144 hecha *ex profeso* para expulsarlos del país sin más trámite. ¡Cómo no convertir en el héroe favorito a un empleado tan eficiente! Por ello, la estatua ecuestre de Julio Roca la de mayor dimensión del país, emplazada a metros de la Plaza de Mayo, absorbe la potencia del cadáver que retorna a la vida, y como señala Verdery: es capaz de llenar de significado a la política en relación con su *currículum vitae*[375]. En el caso de Roca, su estatua ecuestre absorbe el significado del cadáver y se realiza una fusión de su cuerpo con una Nación creada a imagen y semejanza de las elites que se beneficiaron económicamente con tales políticas.

Esto explica la puja establecida en la actualidad sobre tal monumento y lo que representa para el imaginario de quienes lo defienden y quienes deseamos quitarlo tal como di cuenta en *Desmonumentar a Roca*[376]. Señalé, que a mi modo de ver, su efigie constituye una suerte de conjuro, un mándala de los sectores más recalcitrantes acostumbrados a manipular a los administradores del Estado en beneficio propio para lo cual utilizaron y aún pretenden utilizar su figura, casi como un espantapájaros para disciplinar los "desbordes populares" mediante duras represiones con palos, tiros, cárceles y legislaciones acordes. Nosotros pretendemos instalar en el sitio que ocupa el general a caballo una representación absolutamente diferente.

Estatua contra estatua

Cuando las Madres y Abuelas de Plaza de Mayo ingresaron a la ESMA acompañadas por el conjunto de organismos de DDHH, fue algo más que una recuperación popular de un sitio que fue emblema de una muerte atroz, fue una reocupación de su geografía y por eso se enfrentaron con todo el peso de un dolor alzado como territorio. Desde el primer día, como una suerte de "limpia shamánica", comenzó la tarea de conjurar aquel ámbito manchado de

---

[375] VERDERY, K. (1999) *The politic life of the dead bodies,* Columbia University Press, p.27
[376] VALKO, M. (2013b) *Desmonumentar a Roca. Cronicas y estrategias del genocidio invisible,* Editorial Sudestada, Buenos Aires.

muerte atroz. Contra el emblema que fue orgullo de la represión, se alzaron signos vitales acompañados de nuevas manos y nuevas voces. La "limpia" realizada por los pañuelos blancos y demás organismos comenzó también por la pluralidad social. Hoy en día la ex ESMA es un ámbito desolado, difícil, como explicamos al comienzo del texto. El paisaje es neutral hasta que la superficie se accidenta con un suceso que lo despierta del letargo topográfico, santificándolo o condenándolo. Mucho falta por recorrer aún, la geografía de la ESMA es tan inmensa y profunda como oscura y macabra, pero la metamorfosis está en marcha de la mano de los distintos organismos de DDHH. Parte de esa "limpia" le va a corresponder a una obra de arte. Allí, en la ex ESMA se está creando el Monumento a la Mujer Originaria (MMO) que encabeza el escultor Andrés Zerneri utilizando el bronce necesario con las donaciones de millares de llaves. Se necesitan diez toneladas, en este momento que mandamos el artículo a la imprenta ya superamos las siete toneladas. La estatuaria se padece pero también puede ser liberadora.

Que se comience a gestar el MMO en ese espacio de dolor que constituye el mayor campo de concentración de la Dictadura de 1976, posee una significación sorprendente. El objetivo es reemplazar con esa mujer indígena de bronce a la estatua de Julio Roca erigida en la Diagonal Sur de la ciudad de Buenos Aires. Obviamente para que ese reemplazo se pueda efectuar es necesario contar con la aprobación de la legislatura de la ciudad, algo por ahora complicado dado que el actual intendente Mauricio Macri, señala el curioso axioma: "en historia hay que mirar para adelante". Por lo pronto se está trabajando en la obra de esa mujer indígena que padeció lo inenarrable, que sufrió violaciones masivas, el asesinato de sus familiares y hasta el rapto de sus hijos. Esa mujer va a renacer de ese espacio de horror, resignificándolo una vez más. No hay casualidad, esto es mágico. Es un augurio. Es providencial que allí, donde se ocultó tanto dolor se transforme en el útero donde crece la estatua, y por eso, posee una significación trascendente que va a terminar de consolidar para siempre el puente que une al concepto del indígena con el desaparecido. Dolores de parto entre invisibilizados y desaparecidos. Argentina siempre se intoxicó con la creencia de ser un apéndice de Europa perdido en medio de la oscura barbarie Latinoamérica. Es más, un refrán popular asegura que todos los argentinos descienden de los barcos. Un país donde los indios son extranjeros como lo demuestra el caso del Malón de la Paz de 1946 donde los kollas que bajaron de la puna para solicitar sus tierras fueron alojados por el Gobierno de Perón en el Hotel de los Extranjeros, donde alojaban a los inmigrantes europeos que bajaban en el puerto[377]. Indudablemente los indígenas fueron los primeros desaparecidos, por eso el bronce de cada una de las llaves donadas por miles de ciudadanos va a ensamblar invisibles y desaparecidos, es un puente de luz que los va a fusionar sin confundirlos. Cuando esa mujer indígena de bronce refulgente esté finalizada va atravesar el portón de la ESMA y saldrá a la calle, ya no como una invisible, sino alguien que emerge para siempre de la larga noche de horror. Va a ser un momento increíble, tremendo, más allá de que efectivamente consigamos desplazar la estatua ecuestre del general Roca. Como vemos, los signos no descansan, se actualizan permanentemente. La cocina de lo sígnico trabaja a destajo y su viaje atraviesa el tiempo generacional.

Existe una disciplina de la taumaturgia que afirma que un objeto muy íntimo de una persona queda de alguna manera improntados por ésta, y que sería posible conocer a quien le perteneció mediante su contacto. Aseguran que algo de eso ocurre cuando se pone a prueba al niño que es la nueva encarnación del Dalai Lama. Lo enfrentan con diversos objetos, alguno de los cuales le pertenecieron en su vida anterior. La teoría es simple. Si es el mismo Lama encarnado, es natural que escoja aquello que había sido de su propiedad en el pasado. ¿A que viene esto? La materia tiene memoria y es hora de abordarla.

4) La memoria como un espacio de disputa

Morir, soñar, tal vez evocar...

Después de hablar de la presentificación de cuerpos ausentes y el temor que puede suscitar su evocación, tras enumerar espacios geográficos que se reocupan con permanentes significaciones y de la estatuaria oficial como ejemplo de un espacio puntual que concentra e irradia el *statu quo* que anhela el poder, es hora de culminar este trabajo hablando sobre la memoria. Acabamos de ver cómo la memoria ancla en la carne, en la piedra, en la historia generacional. Existen recuerdos imprescindibles en la vida de los

---

377 VALKO, M. (2012b) *Los indios Invisibles del Malón de la Paz. De la apoteosis al confinamiento, secuestro y destierro*, 3ra. edición revisada, Cuadernos de Sudestada N. 10, Ediciones Continente, Buenos Aires.

pueblos y otros que se pretenden imponer. Joël Candau en su *Antropología de la Memoria* afirma que lo único que una sociedad o grupo comparte realmente es aquello que olvidaron de su pasado común[378]. Ahora bien: ¿una sociedad olvida realmente? Creo exactamente lo contrario. En ciertos momentos de su historia puede fingir olvidar, que no es lo mismo. Los recuerdos permanecen en silencio, tal vez durante varias generaciones, son latencias, como semillas en espera del agua del despertar. No lo digo en sentido poético o metafórico, sino como algo real. Aquellos relatos orales prohibidos salen a la luz. Las huellas mnémicas que permanecían en la oscuridad de la represión impuesta afloran en cosmovisiones, en dolores, en despojos. Aquello detenido que permaneció hibernando, estalla con las condiciones favorables. Y la memoria tergiversa al olvido, lo contradice. Porque la memoria también es un derecho que lleva implícita a la justicia. No en vano los organismos de DDHH invariablemente asocian la memoria con la justicia y esgrimen en sus pancartas la consigna de no olvidar. La memoria determina el sentido de lo real y por eso es un espacio de disputa. Observemos lo que sucede actualmente en Argentina con la irrupción de los pueblos originarios a todo lo largo del territorio. El país que había bajado de los barcos, ¡oh sorpresa!, descubre que lo habitan indígenas de norte a sur. El proceso de re-etnización que hoy se aprecia en Argentina es enorme y vino para quedarse. Y los pueblos originarios toman la palabra y niegan la equivocidad del olvido, lo obturado por el silencio rebalsa de nuevas voces viejas, de miradas y sueños que provienen de tan lejos. Y esa memoria viaja a través de los cuerpos mediante los fluidos corporales como lo plantea el *Popol Vuh*, a través del semen del padre o la leche materna "en mi saliva y mi baba te he dado mi descendencia" y la flor de la palabra retorna[379].

    Y si entendemos a la memoria como un espacio de disputa, observamos que puede calzar múltiples ropajes al ser depositada en cuerpos rotos, en espacios que dejan de ser neutros, en evocaciones que emergen de los estratos más profundos aunque la disfracen de equivocidad, o tiñan de opacidad semántica. Y en la disputa nos encontramos con memoria permitida, negada, prohibida, usurpada, inventada, impuesta, traumática pero siempre como base de toda resistencia. Y la memoria aúlla y se despierta vengativa contra tanto recuerdo obligatorio que pretende enfermar a la sociedad de olvido,

---

378 CANDAU, J. (2002) *Antropología de la Memoria,* Nueva Visión, Buenos Aires.
379 DE LA GARZA, M. (comp.) (1980) *Literatura Maya,* Biblioteca Ayacucho, Caracas, p.36.

con tanta evocación interrumpida e inconclusa y se levanta hambrienta y se lanza a desmonumentar estatuas y nombres de calles que lastiman el presente con su carga de pasado sangriento. Memoria y materia son dos herramientas para abordar, pensar y comprender la realidad de un pueblo en su devenir temporal aunque en ocasiones muestre saltos temporales que dejan atrás una generación para aflorar en la siguiente.

Por último, permítanme cerrar con un episodio personal. Hace unos años, comunidades kollas del noroeste enterraron en una ceremonia denominada *corpachada* dos ejemplares de mi texto sobre el Malón de la Paz. La *corpachada* es una suerte de ventana que se abre en la tierra para comunicarse con los ancestros, el pasado dialoga con un presente de futuro. Por supuesto que abrir tales orificios en el *uku pacha* o mundo de abajo que comunican semejantes dimensiones también puede ocasionar peligros como lo sabe el mundo andino[380]. Retomando los ejemplares enterrados, un libro lo ofrendaron en Abra Pampa (2007) y el otro en Naranjito (2009). En ambos casos hicieron un pozo, depositaron el libro, le dieron de comer derramando sobre el mismo diversos alimentos y hojas de coca, le dieron de beber y lo enterraron o, para hablar con más propiedad, lo sembraron. La idea que subyace consiste en que el libro le cuente a la tierra lo sucedido y que la *Pachamama* (Madre Tierra) y los ancestros le ayuden al texto a divulgar un episodio oculto por la historiografía oficial. Mediante el ritual, el objeto material (libro) se convierte en ese espacio puntual, en una memoria que se temporaliza en un presente perpetuo. Y el libro deja de ser libro y se convierte en un signo del vasto alfabeto social. Es un signo que abre la tierra para entrar en comunión con sus antepasados y que demuestra que aunque el vendaval de la represión pueda soplar durante generaciones, la memoria de los pueblos no se disuelve en el aire del olvido impuesto, permanece aferrado a los cuerpos, a las ausentificaciones de sus presencias y a la tierra grave y doliente.

---

[380] KUSCH, R. [1971] (2000) "El pensamiento indígena y popular en América", en *Obras Completas* (Tomo II), Ed. Fundación Ross, Rosario, p.360. / GUTIERREZ ESTEVES, M. (2002) "Interioridades", en *Según cuerpos. Ensayo de diccionarios de uso etnográfico*, Cicon Ediciones, Badajoz, p.99.

Bibliografía

AUGÉ, Marc (1993) *Los no lugares. Espacios del anonimato. Antropología de la modernidad*, Editorial Gedisa, Buenos Aires.

BAUDRILLARD, Jean (1991) *La Guerra del Golfo no ha tenido lugar*, Editorial Anagrama, Barcelona.

CANDAU, Joël (2002) *Antropología de la Memoria,* Nueva Visión, Buenos Aires.

CALANCHA, Antonio de la (1972) *Crónicas Agustinas del Perú.* Madrid.

DE LA GARZA, Mercedes (comp.) (1980) *Literatura Maya,* Biblioteca Ayacucho, Caracas.

DIAZ DEL CASTILLO, Bernal (1992) *Historia verdadera de la conquista de la Nueva España,* Historia 16, Madrid.

GUTIERREZ ESTEVES, Manuel (2002) "Interioridades", en *Según cuerpos. Ensayo de diccionarios de uso etnográfico,* Cicon Ediciones, Badajoz.

GRUZINSKI, Serge (1995) *La colonización de lo imaginario. Sociedades indígenas y occidentalización en el México español. Siglos XVI-XVIII*, FCE, México.

KUSCH, Rodolfo [1971] (2000) "El pensamiento indígena y popular en América", en *Obras Completas T. II,* Editorial Fundación Ross, Rosario.

[1962] (1999) *América Profunda*, Biblos, Buenos Aires.

LEWIN, Boleslao (2004) *La rebelión de Túpac Amaru*, SELA, Buenos Aires.

MURUA, Fray Martín de (1992) *Historia general del Perú*, Cambio 16, Madrid.

SELSER, Gregorio (1984) *Sandino, general de hombres libres*, Editorial Abril, Buenos Aires.

TILLEY, Christopher (1994) *A Phenomenology of Landscape*, Berg, Oxford.

VALKO, Marcelo (2005) "La representación que no cesa. Actos del imaginario andino", en *Cuadernos Hispanoamericanos*, nro. 664, Agencia Española de Cooperación Internacional, Madrid.

(2006) "Memoria y Resistencia: la fiesta de Ekeko-Alasitas en Copacabana", en Lepe, Luz M. y Granda, Osvaldo (Coords.) *Comunicación desde la periferia: tradiciones orales frente a la globalización*, Anthropos-Tecnológico de Monterrey, Barcelona.

(2011) "Entre la nostalgia incaica y el futuro independentista. Los amoríos del rebelde Ollanta", en *Huellas del mito prehispánico en la literatura latinoamericana*, Ed. Iberoamericana, Madrid.

(2012a) *Ciudades Malditas. Ciudades Perdidas: huellas de geografía sagrada.* Colección Desde América, Editorial Biblos, Buenos Aires.

(2012b) *Los indios Invisibles del Malón de la Paz. De la apoteosis al confinamiento, secuestro y destierro,* 3ra. edición revisada, Cuadernos de Sudestada N. 10, Ediciones Continente, Buenos Aires.

(2013) *Pedagogía de la Desmemoria. Crónicas y estrategias del genocidio invisible.* Ediciones Continente, Colección Artillería del Pensamiento, Buenos Aires.

(2013b) *Desmonumentar a Roca. Crónicas y estrategias del genocidio invisible,* Editorial Sudestada, Buenos Aires.

VERDERY, Katherine (1999) *The politic life of the dead bodies,* Columbia University Press.

1€ de cada libro vendido irá destinado al:

Centro de Estudios e Investigaciones
Arqueología y Memoria
(Rosario, Argentina)

repensar.la.arqueologia@gmail.com